Michaela Müller

Schnipsel und PIXEL

Haupt
GESTALTEN

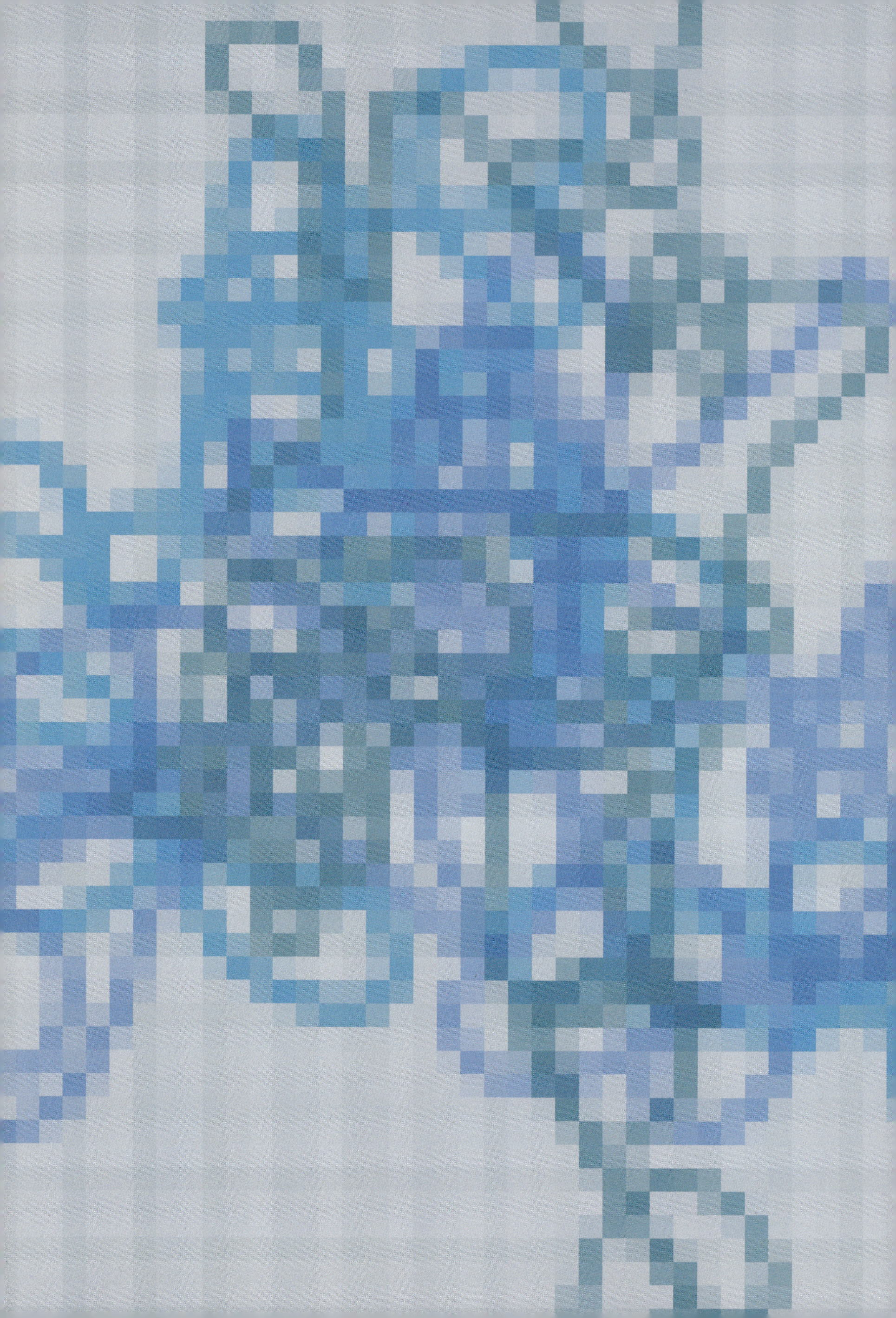

0%

Michaela Müller

Schnipsel und PIXEL

Individuelles gestalten
mit Skizzenbuch und Tablet,
Pinsel und Plotter,
Schere und Scan

Haupt Verlag

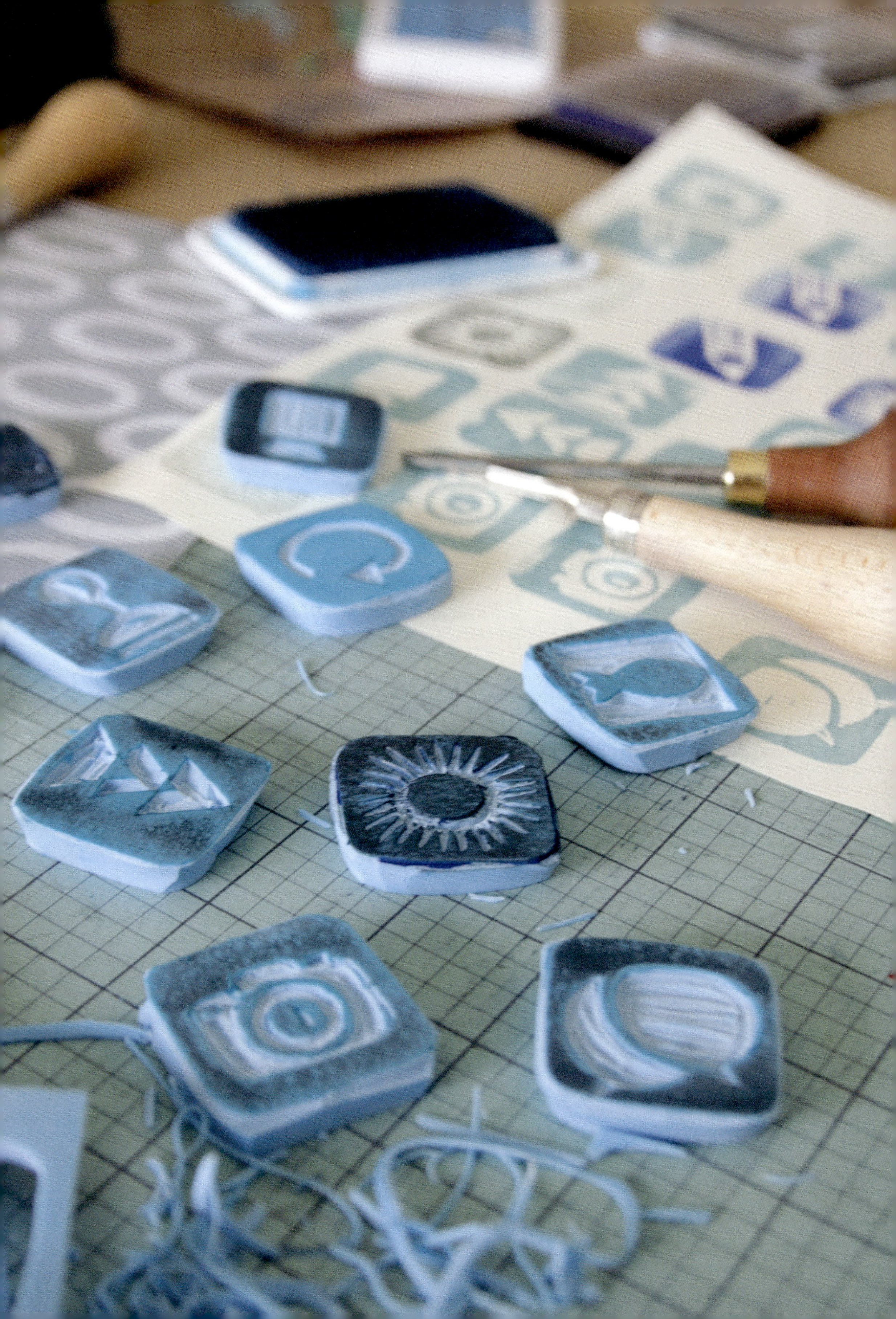

Inhalt

Neustart

Wir leben in digitalen Zeiten, haben alle immer einen kleinen Computer bei uns, mit dem wir kommunizieren, fotografieren, ohne den wir offenbar nicht mehr leben können. Ein Leben ohne Internet scheint kaum noch vorstellbar.

Gleichzeitig wächst die Sehnsucht nach Handwerk, nach echten Dingen, die wir mit den Händen erschaffen und wirklich in unseren Händen halten können. Wir sehnen uns nach dem Haptischen. Nach langen Arbeitstagen am Bildschirm haben viele den Wunsch, etwas selbst zu gestalten, nicht nur eine Datei abzuspeichern. Ich merke immer in meinen Workshops, wie schön es für die Teilnehmer:innen ist, eine Technik wirklich zu begreifen und am Ende etwas Echtes in die Tasche stecken zu können.

Das Begreifen fällt uns bei digitalen Tätigkeiten schwerer, da wir oft die Prozesse hinter der Anwendung nicht verstehen. Doch die analoge und die digitale Welt sind kein Gegensatz mehr, sie vermischen sich zunehmend. Wir holen uns unsere Inspirationen aus dem Netz, kommunizieren über soziale Netzwerke, nehmen an Onlinekursen und Challenges teil. Deswegen möchte ich in diesem Buch Projekte und Techniken vorstellen, die die Grenze überschreiten: digitale Werkzeuge nutzen, um Unikate herzustellen im Spannungsfeld zwischen Handarbeit und Kunst. Und umgekehrt: digitale Dinge herstellen, die ihren Ursprung in der echten, analogen Welt haben.

Ich bin noch analog aufgewachsen. Meinen ersten Computer bekam ich erst am Ende des Studiums und ich kann mich noch gut an die Tränen erinnern, die zu Anfang flossen, weil ich nicht wusste, was ich mit ihm tun sollte. Das hat sich mit den Jahren geändert, ohne digitale Werkzeuge ist meine Arbeit nicht möglich.

Heute brauche ich beide Welten, suche mir immer das Werkzeug aus, das zur jeweiligen Aufgabe am besten passt – oder zu meiner jeweiligen Stimmung. Wenn ich eine exakte Vorlage für eine neue Schablone brauche, ist die digitale Zeichnung eine gute Grundlage. Mit den Schablonen drucke ich dann wieder ganz analog auf Papier oder Stoff. Wenn ich Abstand vom Bildschirm brauche, nehme ich mein Skizzenbuch in die Hand und mache mir die Finger mit Kleber und Farbe dreckig. Ich habe auch schon aus Versehen versucht, mein Handy als Stempelkissen zu benutzen, das hat aber nicht geklappt.

0%

Auch ein Buch ist ein digitales Produkt: Bevor man darin blättern kann, ist es eine Datei, die aus Texten und Bildern besteht. Doch der Ursprung für diese Texte und Bilder ist wiederum sehr analog.

Dieses Buch möchte dich dazu anregen, digitale Werkzeuge zu nutzen und sie für das analoge gestalterische Arbeiten einzusetzen. Es soll aber keine Anleitung für einzelne Programme oder Tools sein, diese veralten viel zu schnell. Es geht darum, Berührungsängste abzubauen und digitale Tools auszuprobieren, offen zu sein für die Möglichkeiten, die uns zur Verfügung stehen, um die eigenen Ideen umzusetzen.

Dieses Buch braucht kein Kabel, keinen Akku, keine Ladestation, stattdessen soll es deine kreativen Akkus aufladen. Wir fangen mit ein paar technischen Details und Systemvorausetzungen an, arbeiten uns ein wenig in Bildbearbeitung ein, die wir für viele Projekte brauchen. Dann wird es greifbar und bunt, wir drucken mit Stempeln, Schablonen und digital auf Papier und Stoff. Für Farbspritzer auf der Kamera oder Tastatur übernehme ich keine Haftung. Ich stelle unterschiedlichste Techniken und Werkzeuge vor. Ganz oft darf dabei der Fisch in all seinen Varianten die Hauptrolle spielen, nach Müllerin Art eben.

Viel Vergnügen!
Michaela

100%

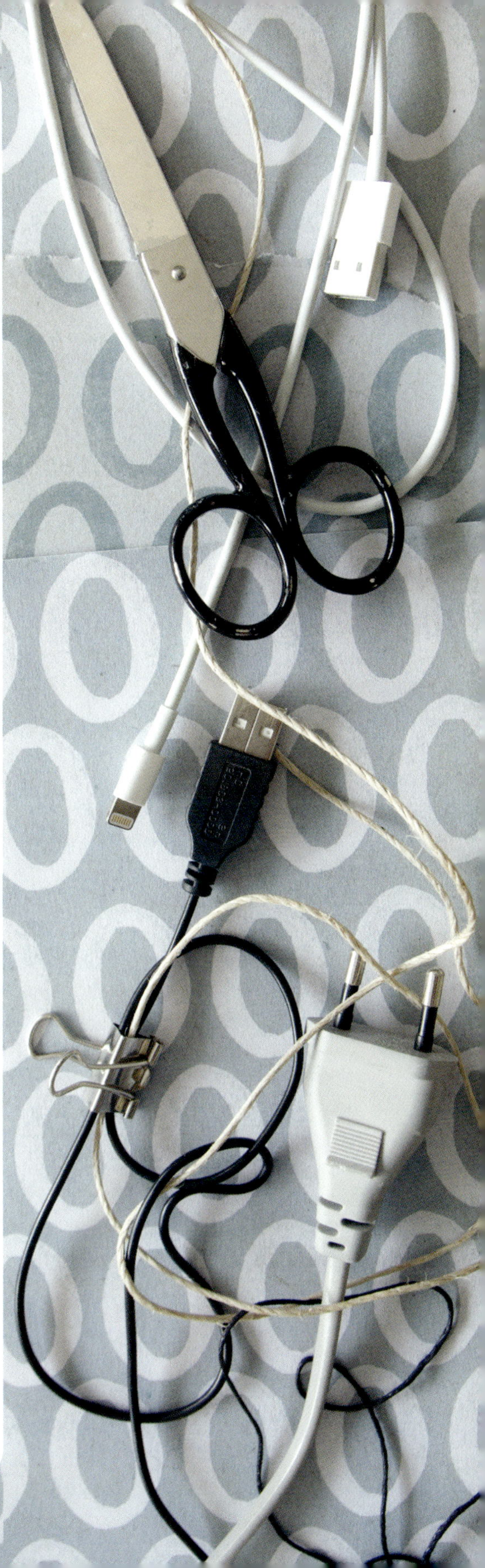

Tools

Ob Bleistift oder App, Schere oder Plotter – all das sind nur Werkzeuge. Ein Bleistift hat keine Ideen, auch der Computer nicht, selbst wenn es manchmal scheint, dass wir mit den richtigen Tools – englisch für Werkzeuge – von Zauberhand gestalten können. Das stimmt aber nicht, auch hier haben uns kreative Menschen Vorlagen gestaltet und einen Rahmen geschaffen, den wir nur noch füllen müssen. Das kann hilfreich sein, doch oft auch langweilig und austauschbar. Ich bin dafür, all diese Möglichkeiten, ob analog oder digital, als gleichwertige Werkzeuge anzusehen, mit denen ich meine eigene Kreativität austoben und meine Projekte umsetzen kann.

Alle in diesem Buch angesprochenen Techniken und Projekte sind Beispiele, sie sollen neugierig machen auf das Wechselspiel zwischen Analog und Digital. Weder musst du dir alle Geräte anschaffen, noch teure Software kaufen. Schau dir an, was für dich passen könnte oder was sowieso schon im Büro steht und auch anders genutzt werden kann. Vielleicht bist du technisch bereits gut ausgestattet und brauchst nur noch ein paar Ideen, wie du kreativ mit all der Technik umgehen kannst.

Software und Apps wechseln schnell und immer wieder gibt es neue, vorher ungeahnte Möglichkeiten. Ich versuche, weniger auf aktuelle Programme einzugehen, sondern Lust darauf machen, zu erkunden, was möglich ist. Dieses Buch soll ja nicht nächstes Jahr schon veraltet sein. Das Netz bietet viele gute Erklärvideos und Anleitungen für alle möglichen technischen Details. Wenn du an einer Stelle hier im Buch oder anhand des mitgelieferten Videomaterials nicht weiterkommst, mach dich selbst auf die Suche. Oft sind es nur ein paar Mausklicks, wenn du weißt, was du suchst.

Als digitale Grundausstattung reicht ein Laptop und ein Smartphone – und natürlich eine funktionierende Internetverbindung. Ein Drucker wäre schön, ein Scanner und ein Schneidplotter auch, ein Tablet mit Zeichenstift ist sehr komfortabel. Aber all das sind keine Voraussetzungen für digital-analoge Kreativität.

Zu den digitalen Techniken stehen kleine Videos zur Verfügung, die einzelne Schritte besser erklären können als der Text.
Du findest sie über den QR-Code auf der Seite:
https://muellerin-art-studio.de/schnipsel-und-pixel

Werkzeuge

Analoge Werkzeuge halten oft ein Leben lang und sind trotzdem günstiger als die schnelllebigen digitalen. Eine kleine Grundausstattung zur Papierverarbeitung – Schere, Cutter, Falzbein, Lineal und Geodreieck – hast du als kreativer Mensch bestimmt im Hause.

Für einige Projekte benötigst du Künstlermaterial zum Zeichnen, Collagieren und Drucken. Versuche, zunächst das zu nutzen, was in deinem kreativen Vorrat bereits vorhanden ist. Was du für die einzelnen Projekte brauchst, findest du in den InfoBoxen im jeweiligen Kapitel.

Software

in diesem Buch bezeichnet bei den analogen Projekten das Verbrauchsmaterial.

Hardware

ist dementsprechend das Werkzeug, das du für die Projekte benötigst.

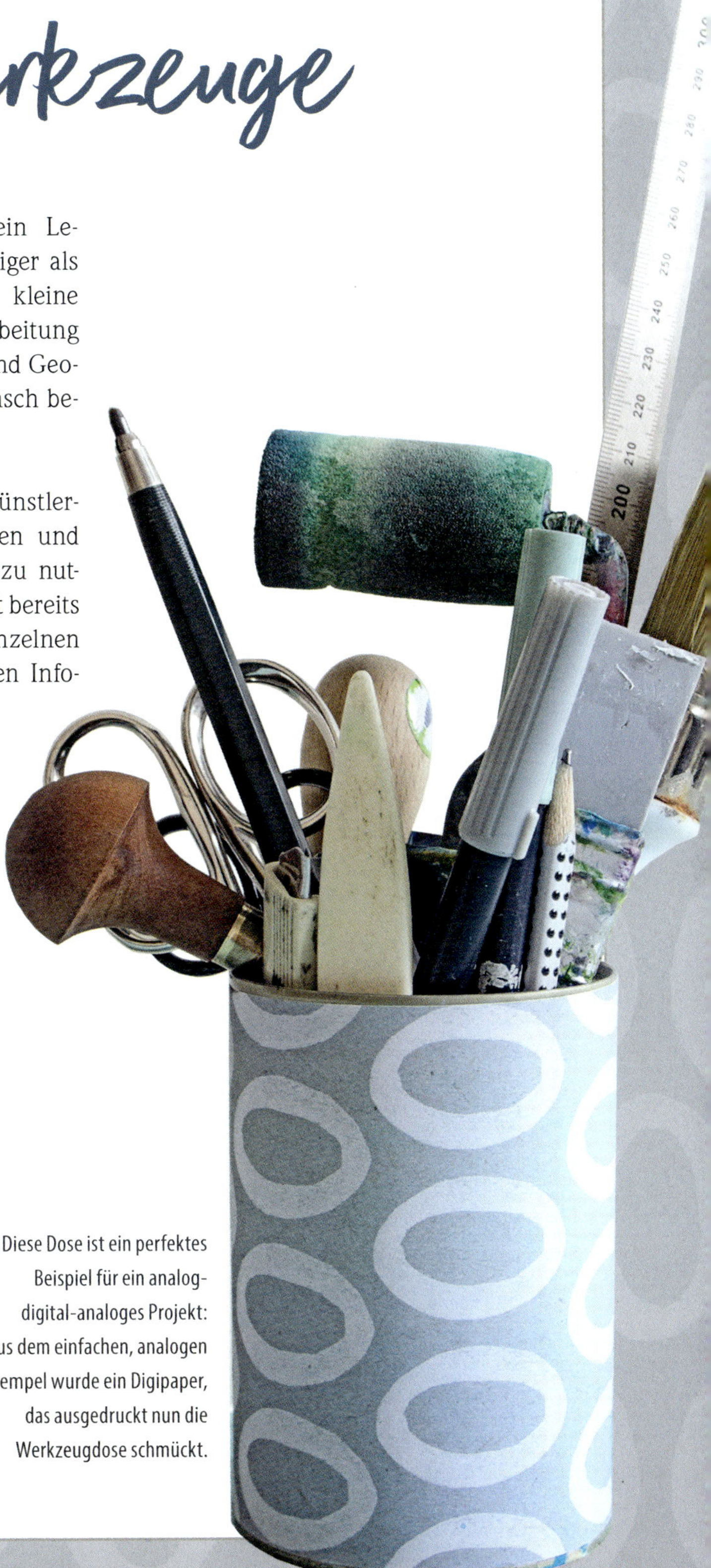

Diese Dose ist ein perfektes Beispiel für ein analog-digital-analoges Projekt: Aus dem einfachen, analogen Stempel wurde ein Digipaper, das ausgedruckt nun die Werkzeugdose schmückt.

Dateiformate

JPG, PNG, EPS, TIFF, SVG, GIF ... Alles klar? Es kann schon sehr verwirrend sein, in welchem Format eine Datei abgespeichert wird, abhängig vom Betriebssystem, der Software, ihrer aktuellen Version und ihrem Verwendungszweck. Je nachdem, ob du deine Datei im Web, zum Plotten, zum Ausdrucken auf dem eigenen Drucker oder für eine Druckerei nutzen möchtest, ist es sinnvoll, sich einen kleinen Überblick über die wichtigsten Formate und ihre Eigenschaften zu machen.

Die grundlegende Unterscheidung von Dateiformaten im Grafikbereich ist die zwischen Pixel- und Vektordateien. Digitale Fotos sind Pixel- bzw. Rasterformate. Das heißt, sie sind aus kleinen Bildpunkten bzw. Quadraten aufgebaut, den sogenannten Pixeln. Mit ihrer Hilfe lassen sich große und hochauflösende Bilder darstellen. Doch können sie nicht verlustfrei vergrößert werden, sie sind immer abhängig von ihrer Auflösung. Die Auflösung wird in dpi (dots per inch) berechnet. Die Bildauflösung gibt an, wie viele Bildpunkte pro Zoll vorhanden sind. Je mehr Bildpunkte zur Verfügung stehen, desto schärfer wird das Bild.

Pixel- oder Rasterformate

Ein Foto auf deiner digitalen Kamera wird meist als JPEG abgespeichert (Joint Photographic Experts Group). Es ist ein komprimiertes Bildformat mit geringer Dateigröße. JPEGs können weder transparente Hintergründe noch Ebenen darstellen.

Gute Kameras speichern Bilddaten im RAW-Modus. RAWs sind digitale Negative, die unverarbeitete Bildinformationen enthalten, dementsprechend sind die Dateien sehr groß. Die Fotos müssen in einem Bildbearbeitungsprogramm „entwickelt" werden, um sie zu bearbeiten, zu drucken oder zu veröffentlichen.

PSD ist das Bildformat von Photoshop, es lässt sich aber auch in anderen Programmen abspeichern. Es ermöglicht Ebenen und viele Bearbeitungsoptionen. Für die endgültige Veröffentlichung oder den Druck werden die Bilder als JPEG oder TIFF abgespeichert.

TIFFs (Tagged Image File Format) sind verlustfreie Bilddaten. Dein Scanner bietet dir dieses Format vielleicht als Möglichkeit an. Photoshop oder RAW Dateien kannst du für den Druck umwandeln und als hochauflösende TIFFs abspeichern. Die Dateien sind sehr groß und nicht für das Internet geeignet.

Pixel

- Digitale Fotos bestehen aus kleinen quadratischen Rasterpunkten.
- eingeschränkte Bildgröße, Auflösung wird kleiner mit Vergrößerung
- in vielen Programmen lesbar
- Dateiformate: JPG, RAW, TIFF, PSD, PNG, GIF

PNG (Portable Network Graphics) ist das Standardformat für Bilder im Internet. Es bietet die Möglichkeit, Motive mit transparentem Hintergrund abzuspeichern und hat eine hohe Farbtiefe.

Das GIF (Graphics Interchange Format) ist das Format für bewegte Bilder im Netz. Es ist ein kleines Dateiformat, aber nicht zum Druck geeignet.

>Zu Auflösung und Bildgrößen siehe auch Seite 16.

Vektor

- Vektordateien bestehen aus Flächen, abgegrenzt von Konturen, die aus einzelnen Ankerpunkten und Kurven klar definiert sind.
- unendlich skalierbar ohne Qualitätsverlust
- notwendig fürs Plotten
- große Datenmengen bei komplexen Zeichnungen
- nur mit Vektorsoftware lesbar
- Dateiformate: AI, EPS, SVG

Vektorformate

Vektordateien sind mathematische Beschreibungen von Linien und Kurven, die sich unendlich verlustfrei vergrößern und verändern lassen, sie haben keine „Auflösung“. Linien und Flächen lassen sich an Ankerpunkten bearbeiten und in jeder Größe darstellen. Hiermit werden z. B. Logos und Grafiken und Illustrationen erstellt. Wir nutzen diese Dateien beispielsweise für den Plotter, der eine Angabe braucht, wo das Messer schneiden soll.

Zum Erstellen von Vektorgrafiken brauchst du ein entsprechendes Programm. Adobe Illustrator ist der Klassiker unter den Vektorprogrammen, das Dateiformat heißt AI. Mittlerweile gibt es auch kostengünstigere Software, mit der Vektordateien erstellt werden oder Pixelbilder in Vektoren umgewandelt werden können, z. B. Affinty Designer oder Inkscape.

Als EPS (Encapsulated PostScript) speichert man Logos oder Grafiken größenunabhängig für den Druck ab.

SVG (skalierbare Vektorgrafik) ist das Standardformat für zweidimensionale Vektorgrafik, das plattformunabhängig besonders im Web genutzt wird, um eine verlustfreie Darstellung zu gewährleisten.

1. Foto

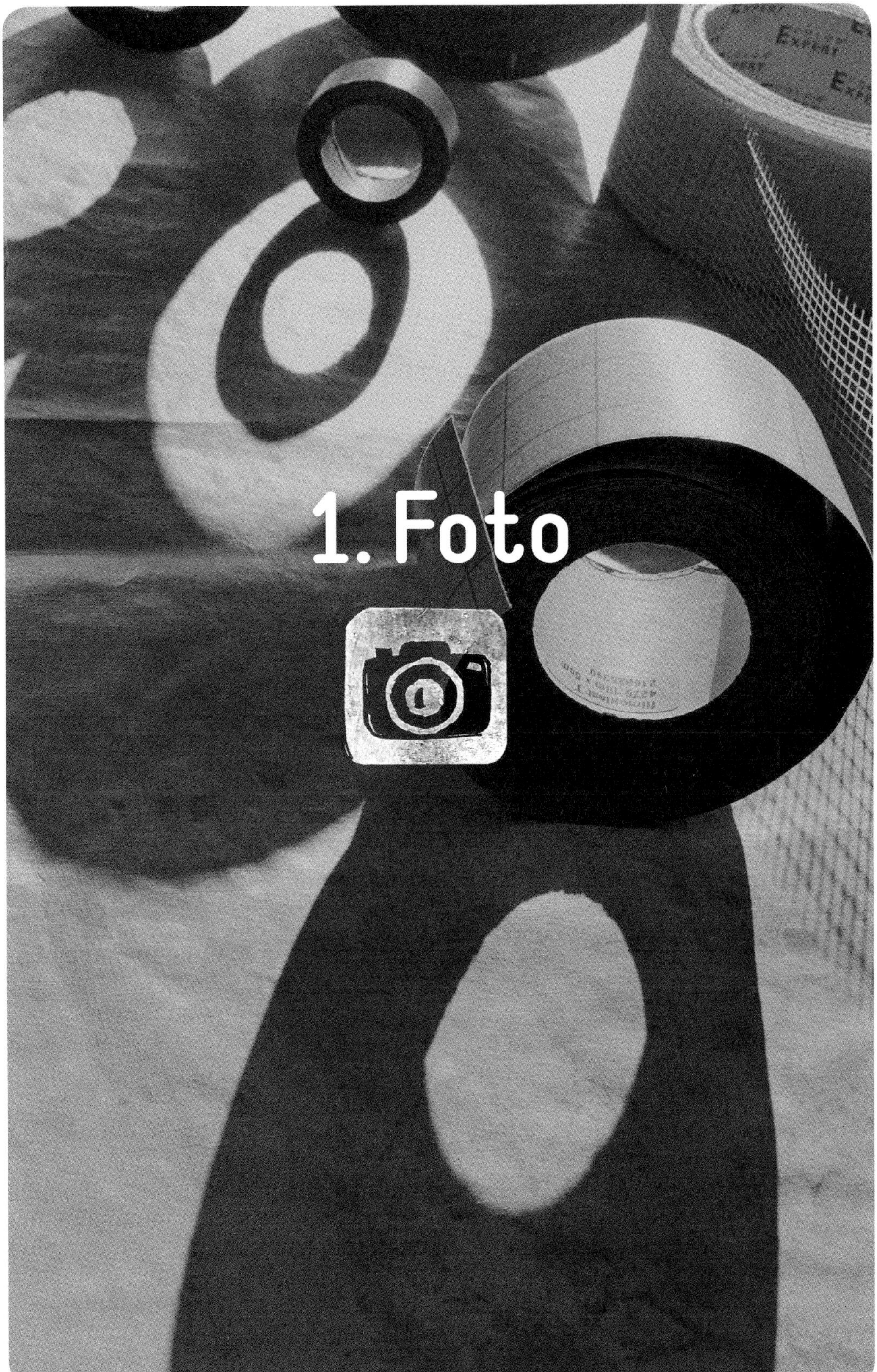

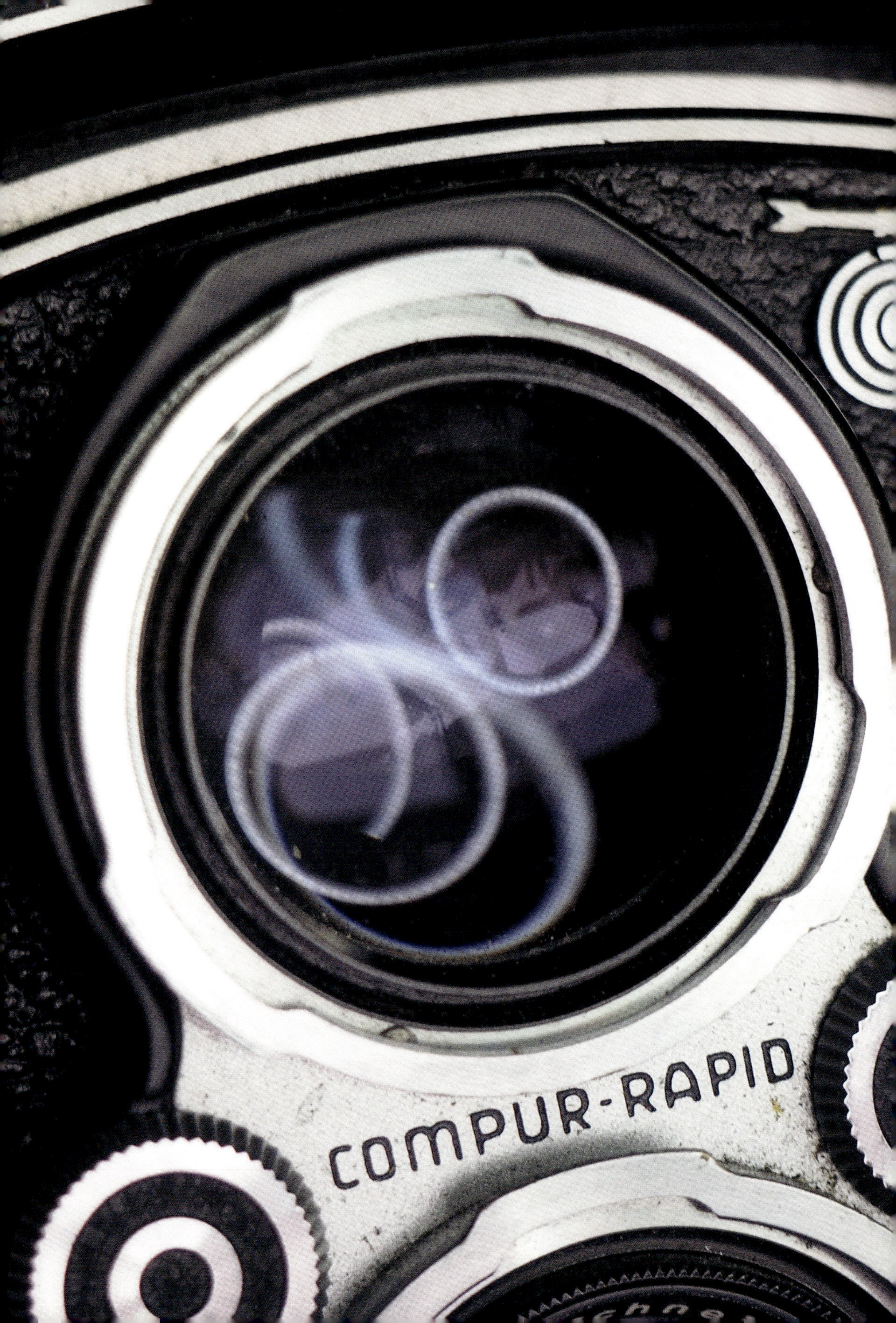
COMPUR-RAPID

Entwicklung

So lange ist es gar nicht her, dass wir analog fotografiert haben. Ich kann mich noch genau erinnern, wie ich zu Schulzeiten eine provisorische Dunkelkammer im Keller eingerichtet habe, um Schwarz-Weiß-Abzüge zu machen. Durch irgendeine Ritze drang immer Licht, die Chemikalien stanken furchtbar und am Ende blieben braune Flecken auf den Abzügen, weil ich sie nicht genug abgespült hatte.

Auch wenn man nicht selbst entwickelt hat, war ein Film kostbar, jede Aufnahme wurde sorgsam eingeteilt und auf die fertigen Fotos musste man einige Tage warten. Im Grafikdesign-Studium war Fotografie nicht mein Schwerpunkt, aber Grundlagen habe ich dabei noch analog gelernt.

So habe ich Dias gerahmt, Negative sortiert und Kontaktabzüge gemacht. Meine erste digitale Kamera bekam ich vor knapp 20 Jahren (auch nicht gerade gestern), aber damals war ich früh dran. Für meine Kinder war es dann selbstverständlich, jedes Bild nach dem „Knipsen“ sofort sehen zu können. Welch eine Entwicklung.

Heute haben wir alle immer eine Kamera dabei, was nicht bedeutet, dass bessere Fotos gemacht werden, aber viel mehr. Bilderfluten umgeben uns und viele Bilder lagern unbeachtet auf Speicherkarten und Festplatten. Die gute Nachricht? Wir können sie dort herausholen und für analoge Kreativprojekte nutzen!

Für mich ist Fotografie ein Werkzeug, um Ideen zu sammeln, meinen kreativen Prozess zu dokumentieren und Analoges in die digitale Welt zu transportieren. Dabei fotografiere ich eher intuitiv und so wird es in diesem Kapitel keine Anleitungen für gute Fotos geben. Vielmehr zeige ich einige Grundlagen, die mir für das Arbeiten mit digitalen Bildern wichtig sind, und Möglichkeiten der Fotobearbeitung als Vorbereitung für analoge Projekte.

Moderne Handykameras sind unglaublich gut, und oft staune ich, wie lichtstark und perfekt die Fotos sind. Trotzdem fotografiere ich auch noch gern mit meiner digitalen Spiegelreflex- oder Systemkamera, um die Möglichkeiten der Einstellungen selbst in der Hand zu haben.

Bildbearbeitung brauchst du bei den Projekten aus diesem Buch immer wieder, auch wenn das Motiv gar kein Foto ist, sondern eine Zeichnung oder ein Muster.

Labor

Nichts stinkt mehr, nichts ist giftig oder muss verdunkelt werden, aber eigentlich machen heutige Fotobearbeitungsprogramme und Apps nichts anderes als wir früher in unserem gelb beleuchteten Kellerlabor. Dabei ist es zunächst unabhängig davon, ob du mit Profi-Software oder dem vorinstallierten Programm auf dem Handy arbeitest. Du kannst Helligkeit, Kontrast, Farbton, Sättigung, Dynamik und Balance verändern und Filter anwenden. Digital geht das genauso wie analog. Wenn das Negativ allerdings unscharf oder schlecht belichtet ist, macht die Bearbeitung mehr Arbeit oder ist sogar unmöglich: Ein unscharfes Foto lässt sich nur bedingt nachschärfen, fehlende Bildinformationen in überbelichteten Fotos kann auch die beste Software nicht sichtbar machen.

Wie gut, dass bei digitalen Bildern Fehler sofort auffallen, da sie direkt angesehen werden können. Lass dich aber nicht abschrecken von den unendlichen Möglichkeiten der Bildbearbeitung und nutze nur das, was du für deine Anwendungen brauchst. Denn Bildbearbeitung ist eine Wissenschaft für sich. Obwohl ich schon viele Jahre mit Adobe Photoshop arbeite, kenne und nutze ich nur einen Bruchteil der Funktionen. Kostenlose oder günstige Programme wie Gimp oder Affinity Photo sind für die meisten Anwendungen eine gute Alternative und bieten die wichtigsten Funktionen ebenso an. Schön an der digitalen Bearbeitung ist, dass du jederzeit zurückkannst! Speichere möglichst immer einen Zwischenzustand und dein Originalbild ab, um später darauf zurückgreifen zu können.

Auflösung und Bildgröße

Die Qualität eines Bildes wird bestimmt von seiner Auflösung, die in dpi angeben ist. Je nach Anwendungszweck muss die Bildgröße angepasst werden. Dabei ist es immer gut, zunächst mit großen Bilddaten zu arbeiten und diese später für den jeweiligen Zweck zu verkleinern. Pixelbasierte Bilder lassen sich nicht beliebig vergrößern. Für den professionellen Druck brauchst du höher aufgelöste Bilder als fürs Web. Je höher die Auflösung und die Bildgröße, desto mehr Speicherplatz benötigt die Datei.

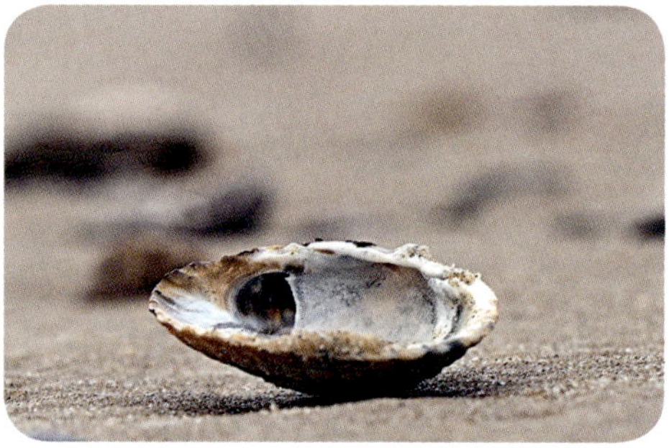

Diese Muschel habe ich in Dänemark am Strand fotografiert. Meine Kamera hat sie mit einer Auflösung von 350 dpi abgespeichert. Die Original-Bildmaße betragen 33,44 x 25,08 cm bzw. 4608 x 3456 Pixel, die Dateigröße beträgt 45,6 MB. Das ist schon sehr groß. Verkleinere ich die Auflösung, behalte die Dateigröße aber bei, werden die Bildmaße größer. Das Bild wäre bis zu 39 cm Breite für den hochwertigen Druck mit einer Auflösung von 300 dpi zu gebrauchen. Für die Abbildung hier im Buch in der Breite von 6 cm entspricht es 1800 x 1200 Pixel und ist nur noch 6,21 MB groß.

Bildformat

Eines der wichtigsten Werkzeuge der Bildbearbeitung ist das Zuschneiden des Formats. Für unterschiedliche Zwecke habe ich Formatvorlagen eingerichtet, damit die Bilder in meinem Blog oder beispielweise in diesem Buch immer die gleiche Größe und Auflösung haben.

Ebenen

Die meisten Bildbearbeitungsprogramme sowie Layout- oder Zeichen-Software sind nach dem Ebenen- bzw. Layer-Prinzip aufgebaut: Stelle dir einen Stapel transparenter Papiere vor, die übereinanderliegen. Auf jeder Ebene kannst du unterschiedliche Elemente zeichnen, radieren oder ausschneiden. Alle Ebenen übereinandergelegt ergeben zusammen das Gesamtbild. Das ist sehr praktisch, da man so unterschiedliche Teile eines Bildes bearbeiten kann, ohne den Rest zu verändern. Gerade für digitale Collagen ist es wichtig, einzelne Elemente auf unterschiedlichen Ebenen zu platzieren, um sie unabhängig vom Hintergrund oder der darunterliegenden Ebene zu verschieben. Zu Anfang erscheint es umständlich und kann etwas nerven, wenn dein Motiv sich manchmal nicht direkt bewegen lässt. Doch dann liegt es meistens einfach auf einer anderen Ebene, als du dich gerade befindest.

Das Ebenenprinzip funktioniert in Adobe Photoshop, Adobe Illustrator, Affinity Foto, Publisher und Designer, Gimp und auch in der Zeichen-App Procreate.

>> Im Video zu der Collage auf Seite 43 kommen die Ebenen zum Einsatz.

Modus

RGB, CMYK oder Graustufen sind die unterschiedlichen Modi der Bildbearbeitung. Digitale Fotos sind grundsätzlich im RGB-Modus aufgenommen, das heißt sie sind nach dem Prinzip der additiven Farbmischung aus den drei Kanälen Rot, Blau und Grün zusammensetzt, die zusammen Weiß ergeben. Für alle Bildschirmdarstellungen ist dies der richtige Modus, aber auch für die Ausbelichtung von Fotoabzügen und Fotobüchern. Alles, was später im Offsetdruck gedruckt wird, muss in CMYK umgewandelt werden. Das Bild setzt sich dann aus den vier Farben Cyan, Magenta, Yellow und Schwarz (Key) zusammen. Hier gilt die subtraktive Farbmischung: Je mehr Farbe dazu kommt, desto dunkler wird das Bild.

Retusche und Filter

Fotosoftware bietet eine Menge Möglichkeiten, die Bilder zu manipulieren, von der Korrektur roter Augen oder der Änderung der Farbstimmung bis hin zu komplexen Fotomontagen. Filter können Fotos so aussehen lassen, als wären sie mit Ölfarbe gemalt oder mit Bleistift gezeichnet, können verzerren, Strukturen einfügen. Viele dieser Effekte sind nette Spielereien, aber machen die Bilder nicht besser, ein Fotofilter wird nie eine echte Zeichnung ersetzen können. Nutze nur die Hilfsmittel, die du wirklich brauchst, und lass dich nicht von den vielen Möglichkeiten verwirren.

Licht und Schatten

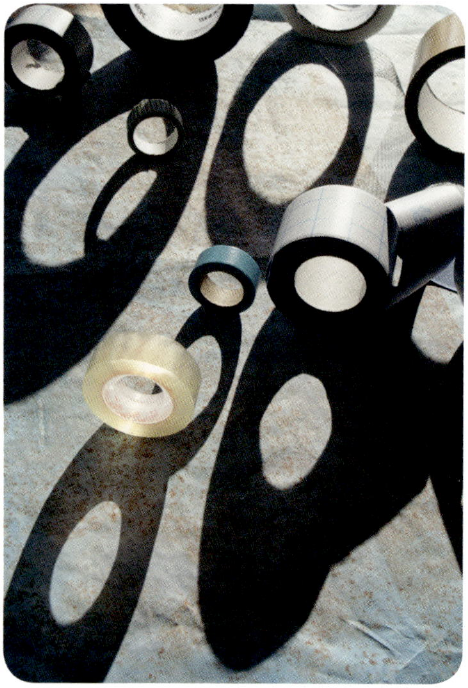

Fotografiert mit der digitalen Spiegelreflexkamera

Im Winter ist das Fotografieren oft schwierig: Entweder es ist zu dunkel oder die Schatten sind mittags übertrieben lang, weil die Sonne so tief steht. Für neutrale oder Dokumentationsfotos ist das meistens ungünstig.

Diese Klebebänder lagen auf meinem Tisch und warfen faszinierende ovale Schatten. Sie inspirierten mich zu Licht- und Fotospielereien, sowohl mit der digitalen Spiegelreflexkamera als auch mit dem Handy. Aus diesen Schattenfotos ist der Umschlag für meinen Kalender auf Seite 29 geworden und sie sind außerdem die Vorlagen für die Schablonen auf Seite 120–121.

Das Zauberwort ist Tageslicht! Unter trübem, gelbem Lampenlicht kann kein gutes Foto entstehen. Auch Fotoleuchten nutze ich selten, für Fotos ohne lange Schatten warte ich auf neutrales Licht.

Fotografiert mit dem iPhone

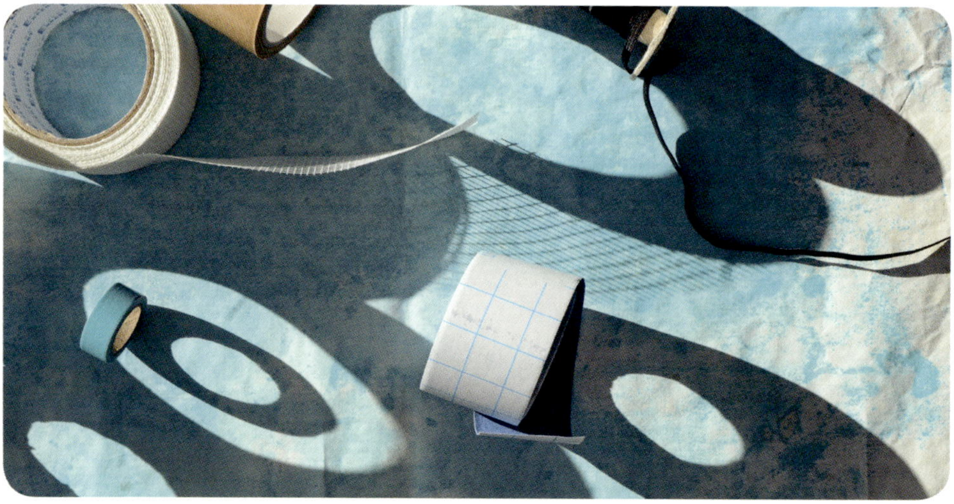

Foto-Druck

Wie kommen die Fotos von der Festplatte auf Papier? Wenn du digitale Fotos für deine analogen Projekte nutzen willst, hast du nicht unbedingt einen guten Drucker zu Hause oder im Büro, der die Bilder so wiedergibt, wie du sie auf dem Bildschirm siehst.

Farbdrucker, gleichgültig ob Laser- oder Tintenstrahl, sind zwar heute nicht mehr unerschwinglich und bieten auch eine sehr gute Qualität, aber Toner, Tintenpatronen und Spezialpapiere sind oft ziemlich teuer. Zudem liefert der Druck selten die Bildqualität, wie sie auf dem Display zu sehen ist. Das liegt nicht zuletzt daran, dass der hinterleuchtete Bildschirm eine brillantere Darstellung hat als Papier, auf das Farbe aufgetragen wird und das Licht schluckt.

Wenn du die Drucke als Ideenmaterial, als Vorlage für Zeichnungen oder für Collagen nutzt, ist die Qualität des Ausdrucks nicht so wichtig. Wenn du aber farbgenaue Drucke, brillante Abstufungen und eine gute Fotoqualität brauchst, lass die Bilder am besten ausdrucken. Das ist günstiger und nervenschonender als viele Fehlversuche mit dem eigenen Drucker, die nur die Farbpatronen leeren.

Der Copyshop, der Fotodienstleister oder die Online-Druckerei bieten den Druck auf vielen Materialien und in allen Formaten.

Für die Projekte in diesem Kapitel habe ich beides gemacht: Teilweise habe ich auf meinen beiden Druckern (einem Laser- und einem Tintenstrahldrucker) selbst ausgedruckt, so die Innenseiten des Papp-Buchs und den Umschlag des Kalenders. Für das graue Fotobüchlein habe ich einen Fotoservice in Anspruch genommen.

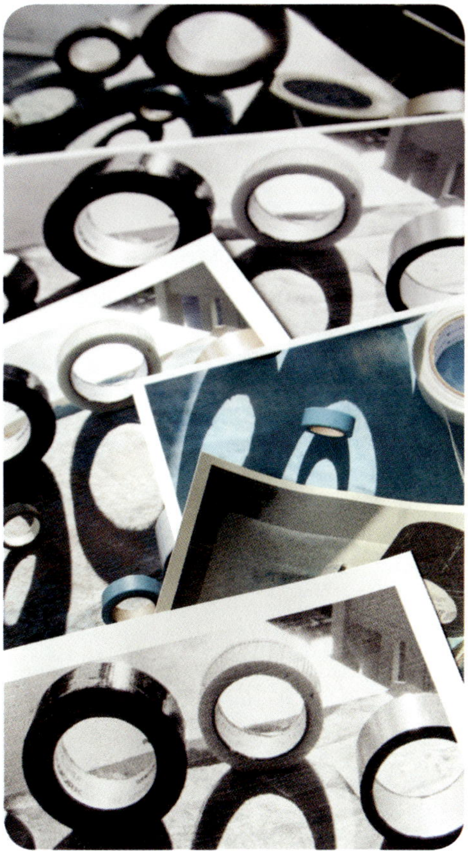

Schwarz und Weiß

Niemand muss heute vor dem Fotografieren entscheiden, ob das Bild farbig oder Schwarz-Weiß wird. Früher wurde dafür der passende Film eingelegt. Heute fotografieren wir digital farbig, die Umwandlung in Schwarz-Weiß ist im Nachhinein möglich und reduziert das Motiv noch auf das Wesentliche.

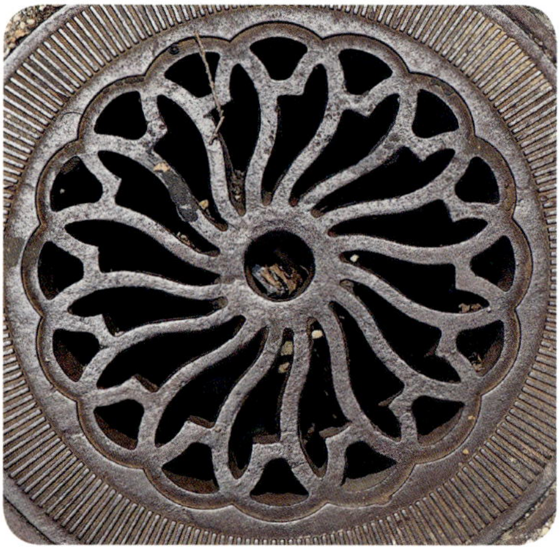

Beim Fotografieren kannst du aber schon überlegen, welche Motive sich gut für eine schwarz-weiße Umsetzung eignen. Gerade wenn du deine gefundenen Motive später als Schablonen oder Muster nutzen willst, macht es Sinn, unnötig unruhige Hintergründe und Verzerrungen zu vermeiden.

Im Foto des Gullideckels stecken viele Farbinformationen, obwohl es nicht bunt ist. Um das Foto als Vorlage für ein Stempelmotiv zu nutzen, erhöhst du am besten die Kontraste. In der Bildbearbeitung lässt sich selektiv ausprobieren, welche Farbregler du nutzt, um ein möglichst klares kontrastreiches Schwarz-Weiß-Bild zu bekommen.

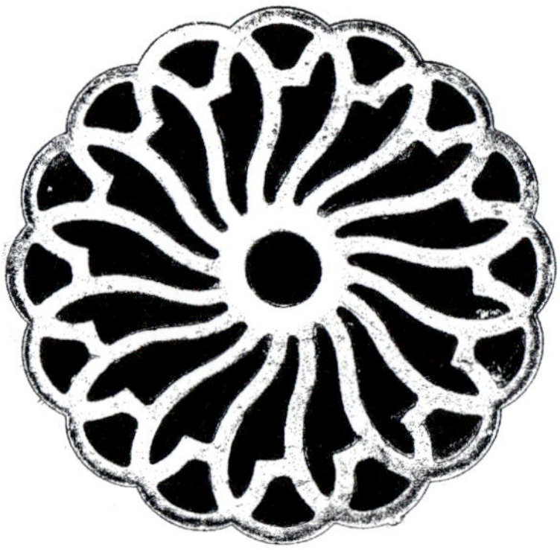

Der Gullideckel ist eine Vorlage für einen Stempel oder eine Schablone.

Je nachdem, wie du das Bild später weiterverarbeitest, ist das Speicherformat zu wählen. Beispielsweise ein TIFF in Graustufen oder auch ein Bitmap (Reduktion auf Schwarz-Weiß) bietet in anderen Anwendungen die Möglichkeit, das Bild anders einzufärben.

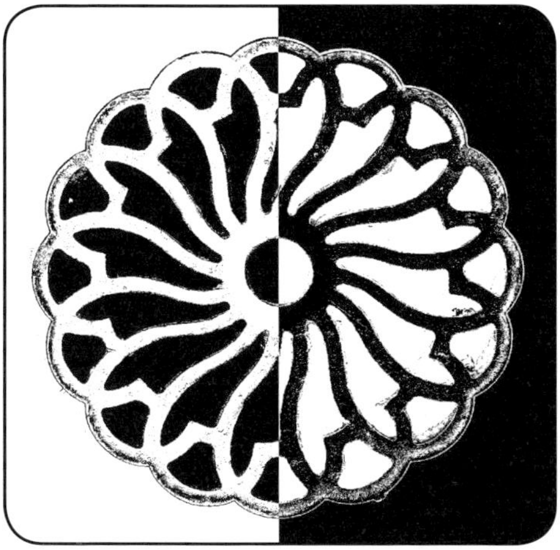

Positiv und Negativ

Auch wenn wir bei digitalen Bildern keine Filmrollen und Negative mehr haben, können wir mit der Umwandlung von Positiv und Negativ spielen. Für die Bearbeitung von Stempel- und Schablonenmotiven nutze ich den Schwarz-Weiß-Modus und die Umkehrung.

Freisteller

Ein Foto hat normalerweise einen Hintergrund. Für manche Anwendungen benötigen wir aber Bilder ohne Hintergrund. Es handelt sich dann um Bildelemente, die frei im Raum schweben und beliebig auf anderen Hintergründen positioniert werden können. Solche Bilder heißen Freisteller. Wenn du schon genau weißt, dass ein Bild freigestellt eingesetzt werden soll, z. B. in einem Layout oder in einer Collage, kannst du das Motiv schon vor einem neutralen weißen Hintergrund fotografieren. Das erleichtert das Freistellen. In Bildbearbeitungsprogrammen gibt es unterschiedliche Wege, Elemente in Fotos freizustellen – über sogenannte Zauberstäbe, Pfadwerkzeuge bis hin zum Radiergummi. Je nachdem, wie detailliert ein Motiv im Randbereich ist, kann dies recht aufwändig sein.

Es gibt auch Apps, die diese Aufgabe erledigen. Die interne Fotobearbeitung des iPhones erkennt mittlerweile Objekte durch Antippen und stellt sie mithilfe von künstlicher Intelligenz frei. Je nach Motiv funktioniert das erstaunlich gut, bei diesem Gullideckel allerdings noch nicht ganz sauber.

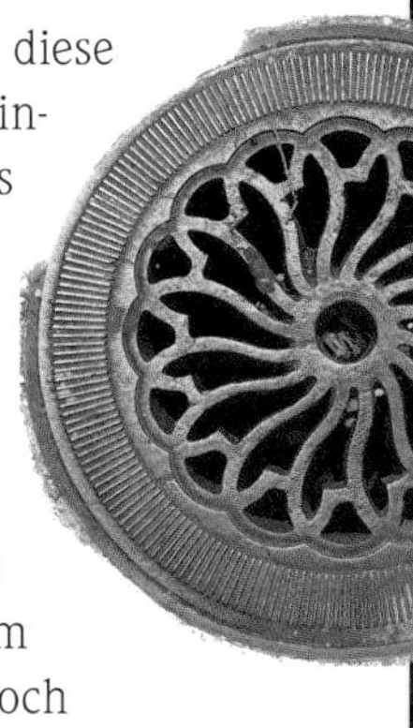

Ein freigestelltes Bild kannst du als PNG, PSD oder TIFF abspeichern, damit der Hintergrund nicht mit dargestellt wird. Ein JPG hingegen hat immer einen deckenden Hintergrund.

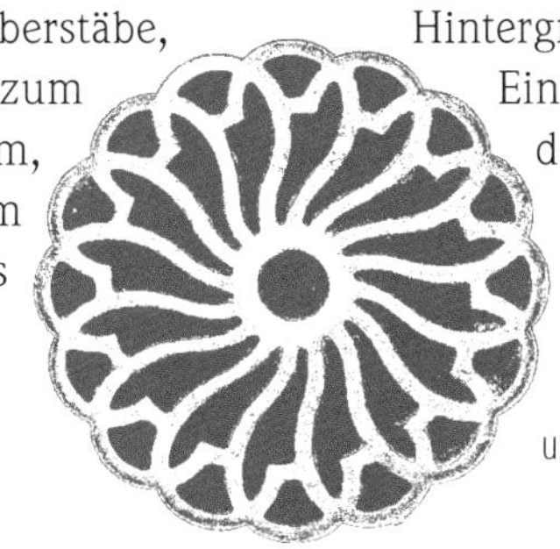

Ein TIFF mit eingebettetem Beschneidungspfad kann im Layout vom Text umflossen werden.

Grau-Buch

Software

interne Fotovorschau des Computers

Fotobuch Software, z. B. von Pixum oder Cewe

Hardware

Computer

Ein Fotobuch als Erinnerung an eine Reise, eine Festlichkeit oder als Jahresrückblick ist mittlerweile Standard. Aber was ist mit all den anderen Bildern, die sich auf der Festplatte oder dem Handy ansammeln? Ich mache viele Detailfotos in der Natur oder im Urlaub, nur einige davon finden Verwendung, meist eingebettet in den Kontext der aktuellen Reise oder in den Sozialen Medien. Viele vergesse ich auch einfach. Beim Stöbern in den Bildern auf meinem Computer kommt mir die Idee: Ein Farben-Büchlein oder mehrere? Keine chronologische oder inhaltliche Sortierung, nur eine farbliche. Ich starte komplett unbunt und suche die Schönheit der Graustufen.

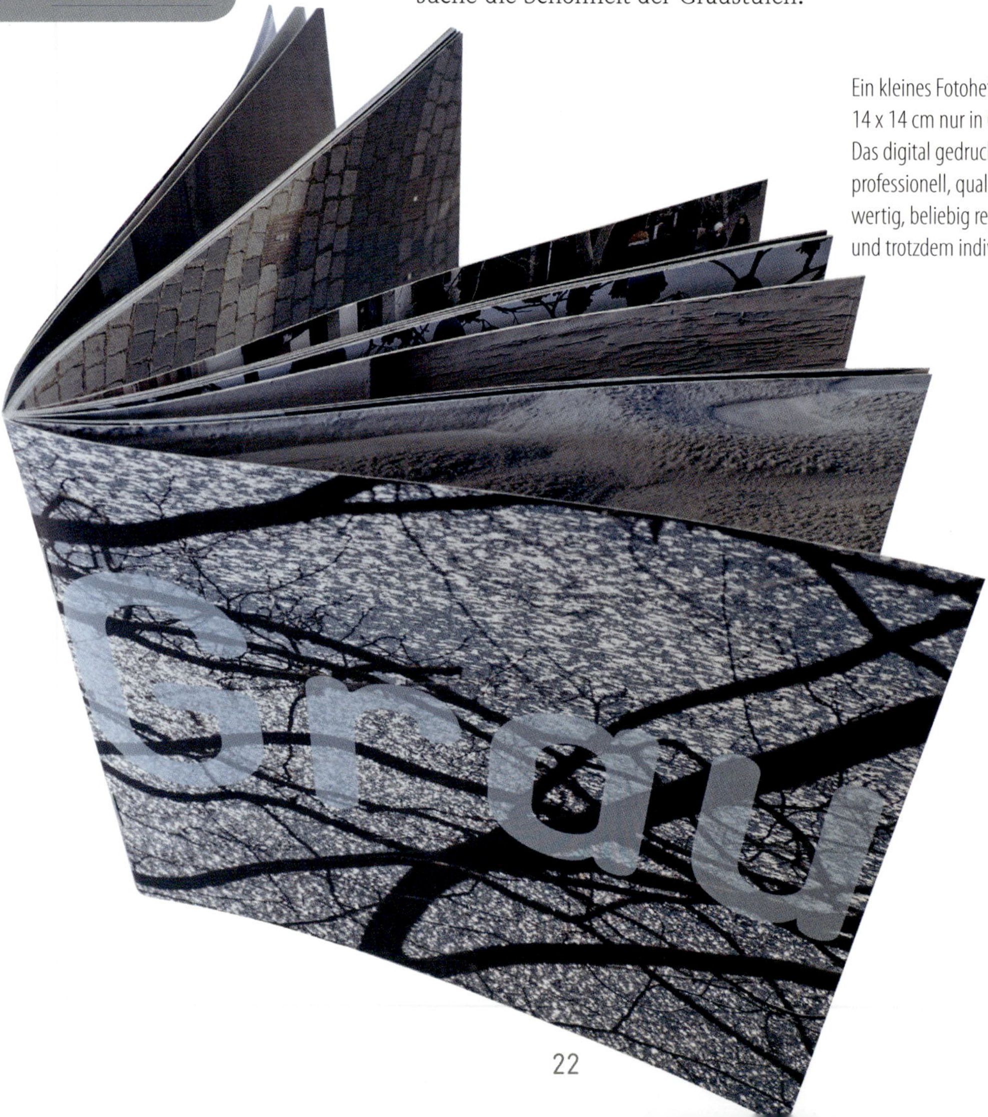

Ein kleines Fotoheft im Format 14 x 14 cm nur in Grautönen. Das digital gedruckte Buch ist professionell, qualitativ hochwertig, beliebig reproduzierbar und trotzdem individuell.

Dafür lege ich einen neuen Ordner an, nehme mir eine Stunde Zeit, um am Bildschirm durch mein Fotoarchiv zu wandern. Alle grauen Bilder, die mich ansprechen, Winterstimmungen, Architektur-Details, Straßenkreuzungen aus verschiedenen Jahren kopiere ich in den neuen Ordner – Achtung, kopieren, nicht nur verschieben, damit sie im Original-Ordner nicht verschwinden!

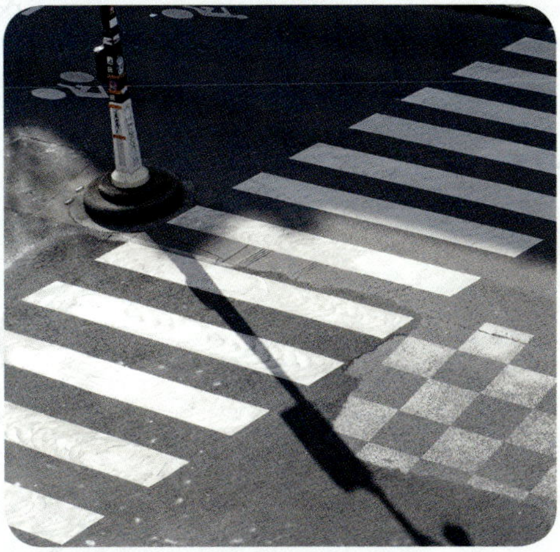

Obwohl ich im Arbeitsalltag mit professioneller Layout-Software arbeite, erstelle ich Fotobücher mit der intuitiven, kostenlosen Software des Herstellers. Für dieses Büchlein im kleinen quadratischen Format habe ich erstmals die automatische Funktion ausprobiert, mit der das Programm die Seiten des Buches selbst füllt. 50 Bilder für 50 Seiten, das einfachste Layout mit vollflächigen Fotos, ein Klick, die Seiten sind gefüllt. Ich kann auswählen, nach welchen Kriterien die Software sortiert. Die automatische Auswahl ist gar nicht so schlecht, umsortieren und Ausschnitte wählen kann ich später selber. Dabei versuche ich, spannende und ungewöhnliche Kombinationen zu finden, Ruhiges neben Wildem, Grafisches neben Natürlichem.

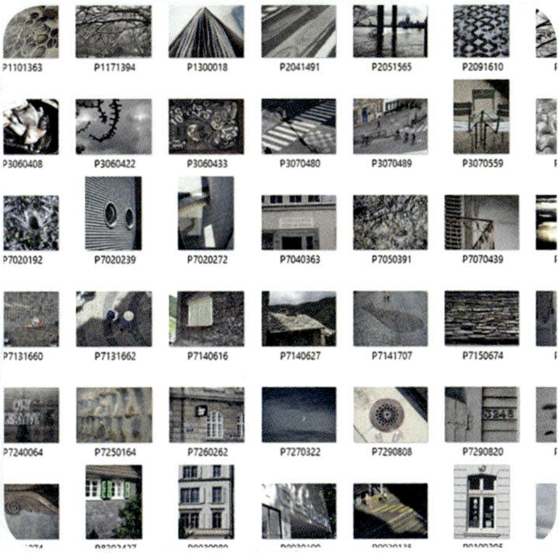

Das Programm hat auch eine integrierte Bildbearbeitung, um Helligkeit oder Farbe noch anzupassen – sehr praktisch.

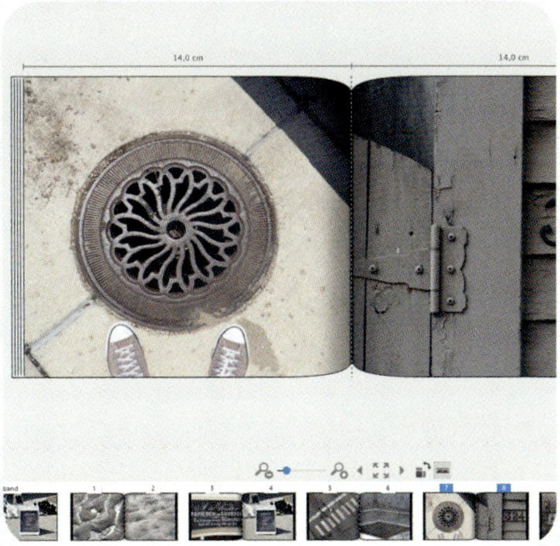

Du möchtest lieber ein Blau-Buch oder ein Buch nur mit gelben Blumen? Such dir ein Thema, eine Farbe oder ein Motiv, das du immer schon fotografiert hast, und durchforste deinen Foto-Fundus.

Papp-Journal

Nach so viel technischen Details und Computerarbeit ist es endlich Zeit für ein freies analoges Projekt: ein kleines Papp-Bilderbuch aus gemischten Papieren und diversen Fotoausdrucken.

Jeden Monat ein neues Büchlein – das habe ich 2020, 2021 und 2022 durchgezogen. In dem kleinen simplen Buch aus einem Verpackungskarton sammelte ich im Januar 2021 meine Ideen, Skizzen, Muster, Fundstücke. Darin entstand auch die Idee für dieses Buch. Ein Gummiband hält die Seiten und den einfachen Buchdeckel zusammen und macht es gleichzeitig flexibel.

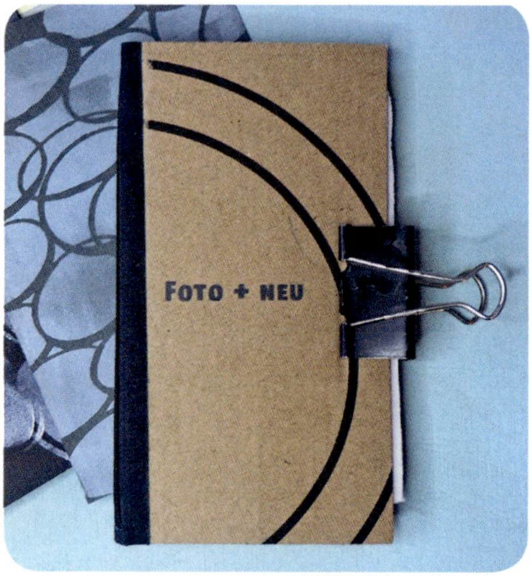

In diesem analogen Projekt kannst du ein erstes Büchlein binden ohne Buchbindekenntnisse. Das Gummiband gibt die Möglichkeit, Papiere zu ergänzen oder umzusortieren. Es können unterschiedliche Papiere und Ausdrucke zusammenspielen mit Zeichnungen und Collagen. Später kannst du weitere Fotos und Schnipsel einkleben, den Deckel mit Stempeln oder Schablonenmustern gestalten.

Das Buch kann ein beliebiges Format haben. Bei dem folgenden Projekt habe ich mich wieder für ein quadratisches Format entschieden, damit die beiden Büchlein zusammenpassen. Das Grau-Buch von Seite 22 lässt sich sogar in das Papp-Journal einhängen.

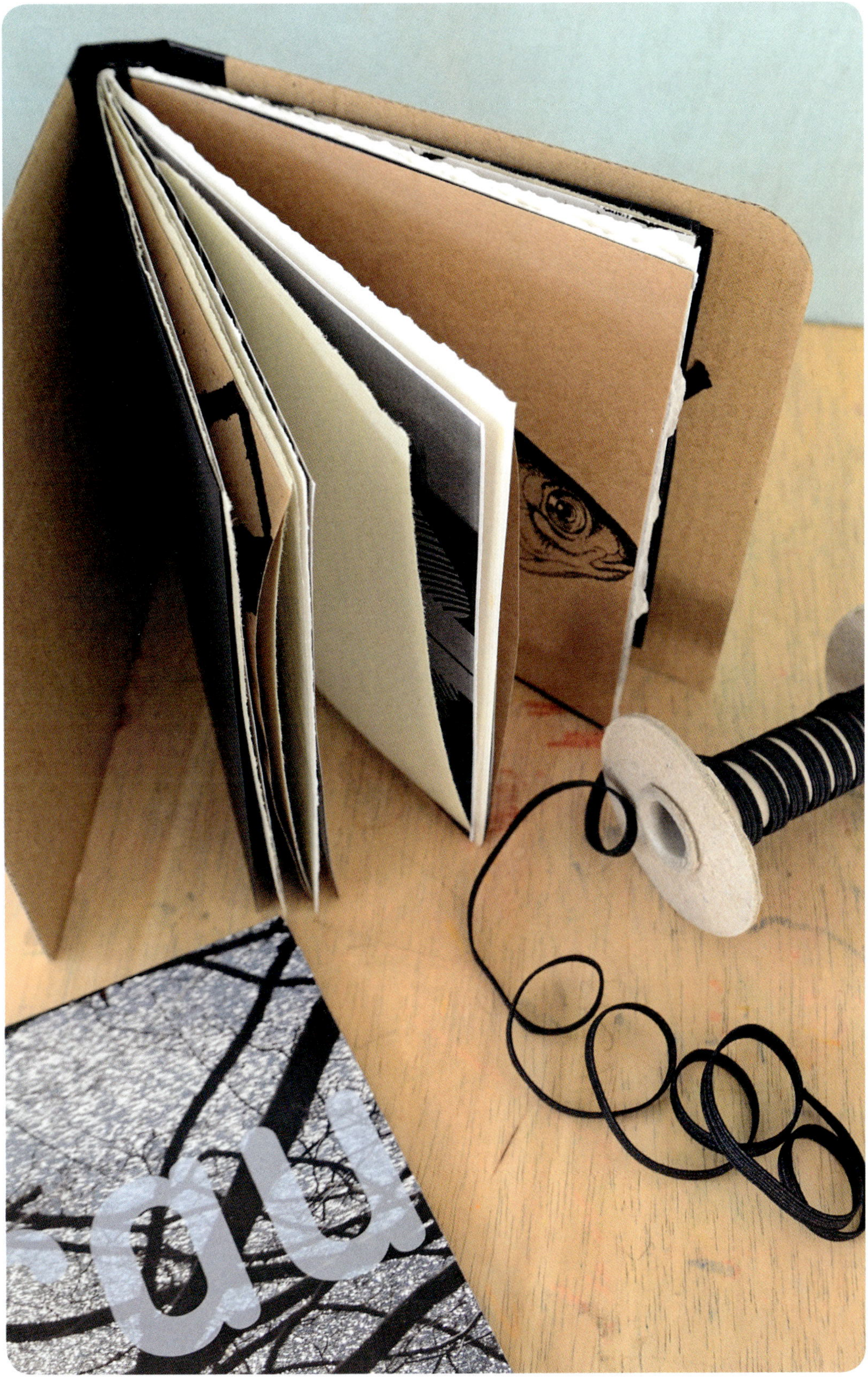
au

So bindest du ein Papp-Journal

(1) In Schwarz-Weiß umgewandelte Fotos druckst du auf unterschiedlichen Papieren aus. Dazu kombinierst du Packpapier, Transparentpapier und Aquarellpapier und schneidest die Papiere auf ein einheitliches Format. Ich habe mich hier für 14 x 28 cm entschieden, um den DIN-A4-Ausdruck gut auszunutzen. Bei einigen Papieren kannst du die Kanten reißen. Die Formate können auch unterschiedlich sein, kleinere Zwischenseiten wirken spannend.

(2) Die Papiere falzt du auf die Hälfte und steckst sie zu einer Lage zusammen. Hier sind es 15 Bögen, viel mehr sollten es nicht sein. Vielleicht kommen im Laufe der Zeit noch weitere Seiten dazu, das ist bei der Bindung ja möglich.

(3) Die Pappen schneidest du etwas größer zu. Mein Karton hatte abgerundete Ecken, davon bleibt jeweils eine erhalten, ein witziges Detail.

(4) Einen Streifen Panzertape oder Textilklebeband, etwas mehr als 30 cm lang, legst du mit der Klebeseite nach oben auf den Tisch und platzierst einen 1,5 cm breiten Kartonstreifen darauf und mit etwas Abstand die beiden Pappen links und rechts davon. Das Klebeband klappst du nach oben und unten um – fertig ist der Buchdeckel!

(5) Jetzt kannst du ein Gummiband nur über den Rücken führen und darin die Innenseiten einklemmen. Alternativ schlitzt oder lochst du in die Rückeneinlage zwei Löcher und ziehst dort das Gummiband hindurch, das ist etwas stabiler.

(6) Rund um die Innenseiten kannst du ein zweites Gummiband anbringen. Dort habe ich mein Graubuch eingehängt. So ließen sich das digitale Fotobuch und das analoge Buch für Skizzen, Collagen und Notizen kombinieren.

Software

- Verpackungspappe
- unterschiedliche Papiere und Fotoausdrucke
- Textilklebeband oder Panzertape
- Gummiband

Hardware

- Cutter oder Schneidemaschine
- Falzbein
- Schere
- evtl. Drucker

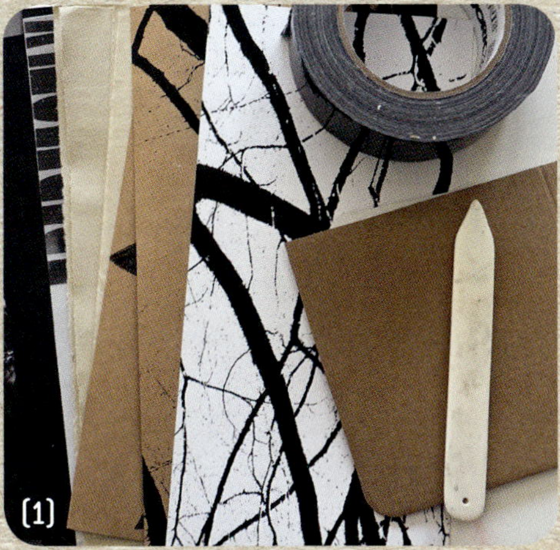
(1)

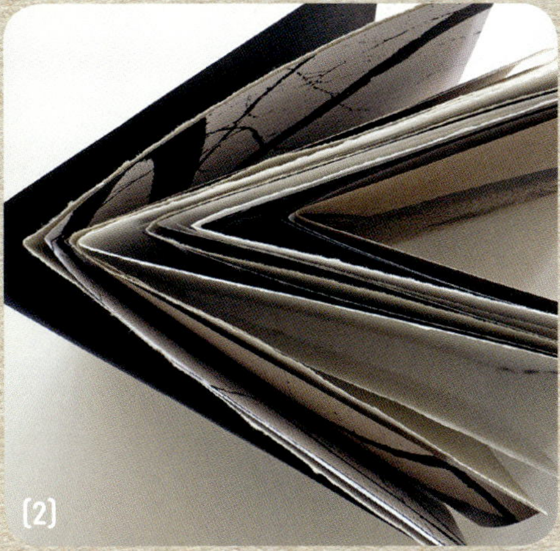
(2)

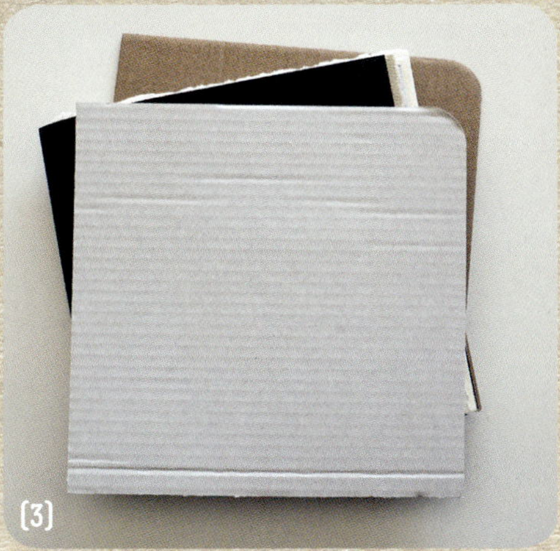
(3)

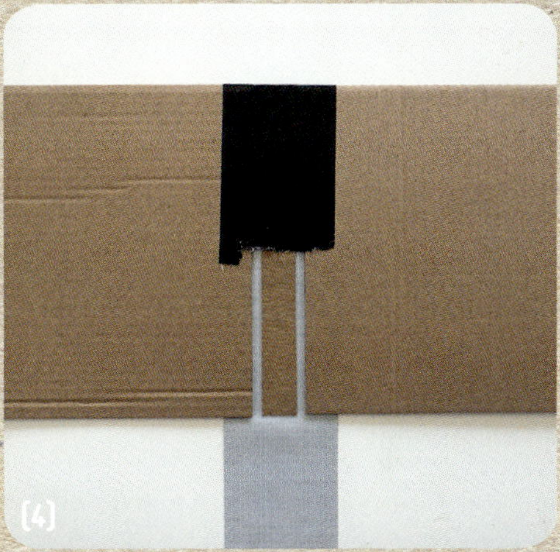
(4)

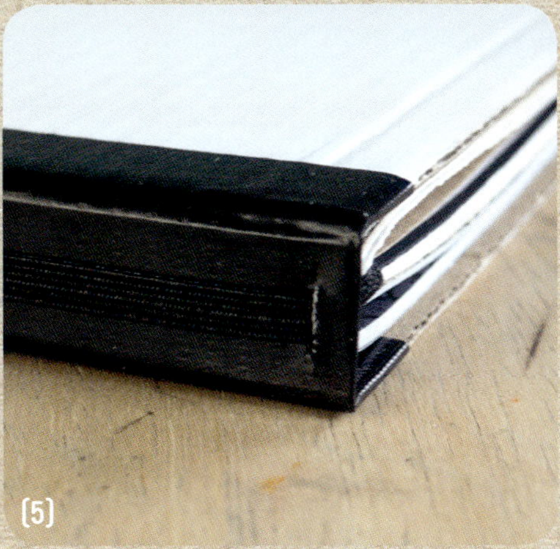
(5)

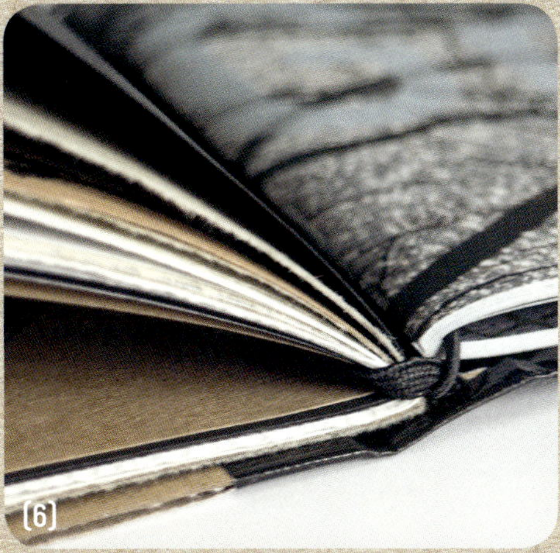
(6)

Taschenkalender
mit Gummiband-Bindung

Nach dem gleichen Prinzip, ich nenne es die Gummiband-Bindung, kannst du deinen Taschenkalender selbst gestalten.

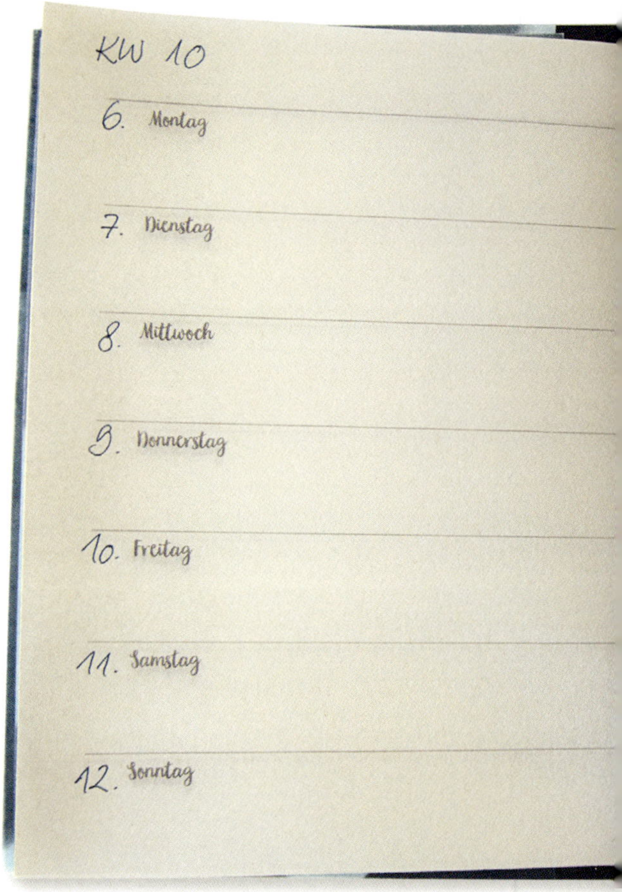

Planst du lieber digital oder analog? Am Kalender scheiden sich die Geister ... Digitale Kalendertools sind praktisch, immer verfügbar, als Familie oder Team gemeinsam nutzbar. Sie bieten unendlich viel Platz, lassen sich synchronisieren, strukturieren den Tag, die Woche, die Monate, das Jahr. Trotzdem bin ich persönlich bisher nie damit warm geworden und brauche einen Kalender aus Papier, in den ich meine Termine, To-dos, Ideen, Gedanken und Notizen eintragen kann. Damit habe ich einen viel besseren Überblick und nichts ist schöner, als mit einem Stift eine erledigte Aufgabe durchzustreichen oder abzuhaken.

Obwohl es jede Menge digitaler Planungstools gibt, ist der Gegentrend eindeutig. Bullet Journaling ist nur ein Stichwort – mit jeder Menge Listen, in denen sich Gewohnheiten und Ziele in schönster Handschrift haargenau dokumentieren lassen.

Meinerseits brauche ich mehr Freiheit, deshalb bin ich auch mit fertig gekauften Kalendern oft nicht glücklich. Sie haben entweder zu viel oder zu wenig Platz, überflüssige Informationen oder fehlende Seiten, sie passen nicht wirklich, deshalb gestalte ich meine Kalender selbst.

Die Vorlage dafür erstelle ich digital, sie enthält nur eine Wochenübersicht ohne Datum. Die Seiten drucke ich aus und ergänze handschriftlich Monat, Kalenderwoche, Datum. So spare ich mir, die Datei digital jedes Jahr auf den neuen Stand zu bringen, da das viel mehr Arbeit ist und beim Ausdrucken zu Fehlern füh-

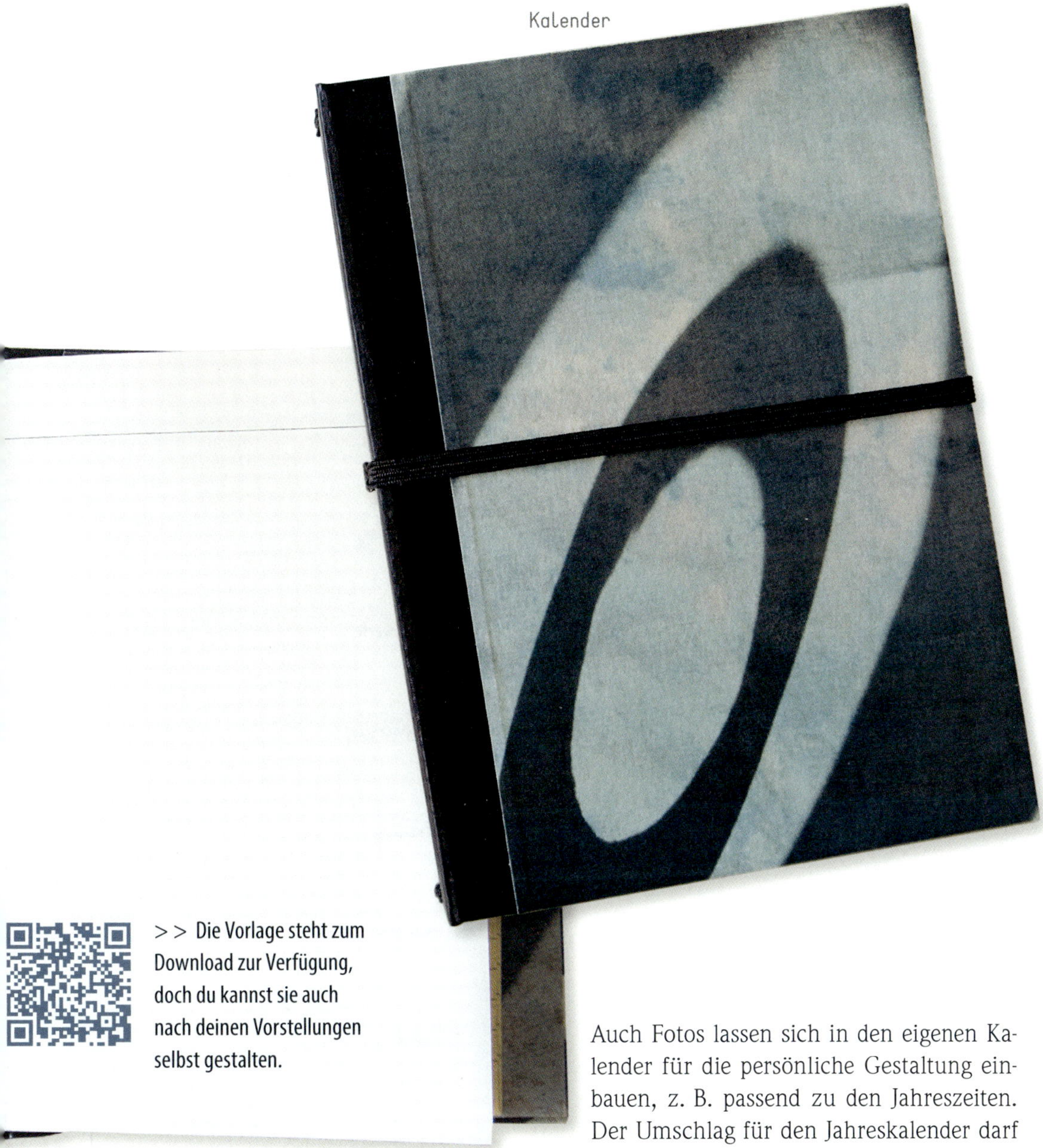

>> Die Vorlage steht zum Download zur Verfügung, doch du kannst sie auch nach deinen Vorstellungen selbst gestalten.

ren kann. Die handschriftliche Variante ist für mich in der Zeit zwischen den Jahren ein schönes analoges Ritual, mich auf das kommende Jahr vorzubereiten. Wiederkehrende Termine wie Geburtstage übertrage ich aus dem alten Kalender und freue mich auf das neue vor mir liegende Jahr, das ich nach meinem Geschmack gestalten kann.

Auch Fotos lassen sich in den eigenen Kalender für die persönliche Gestaltung einbauen, z. B. passend zu den Jahreszeiten. Der Umschlag für den Jahreskalender darf etwas aufwändiger sein als das Papp-Buch. Schließlich soll er mindestens ein Jahr lang täglich genutzt werden oder noch länger, da die Innenseiten einfach austauschbar sind. Du könntest auch ein weiches Leder benutzen oder einen textilen Einband herstellen, es gibt viele Möglichkeiten. Hier habe ich den Einband wie das Papp-Buch auf Seite 24 gefertigt, aber die Pappen mit Fotoausdrucken bezogen.

Taschenkalender

Software

- Papier für die Innenseiten
- Fotoausdrucke
- Graupappe
- Leinenklebeband oder Panzertape
- Buchbinderleim-Kleistermischung
- Gummiband

Hardware

- Drucker
- Cutter oder Schneidemaschine
- Falzbein
- Klebepinsel
- Lochzange oder Ahle
- Schere

(1) Die Vorlage der Innenseiten ist zweimal auf DIN A4 angelegt. Für einen Kalender im Postkartenformat druckst du 14 x die Vorlage doppelseitig aus. Die Seiten schneidest du zur Hälfte auf DIN A5 und faltest die Seiten. Die 28 Bögen teilst du in zwei Päckchen auf und steckst die Seiten jeweils ineinander. So kannst du ein halbes Jahr jeweils zu einem Heft zusammenheften oder einfach die gesamte Lage unter das Gummiband stecken.

(2) Das Foto für den Umschlag beschneidest du in deinem Bildbearbeitungs- oder Layoutprogram auf die passende Größe. (Du brauchst an drei Seiten einen Beschnitt von ca. 2 cm, die um die Pappen geklebt werden, damit ergibt sich ein Format von ca. 12 x 19,5 cm.) Für die „Spiegel" auf der Umschlaginnenseite brauchst du weiteres Papier, das kann auch ein Ausdruck sein, ein gemustertes oder einfach ein Blanko-Papier. Drucke die Fotos auf einem ca. 90–120 g/qm starken Papier aus, kein Fotopapier, kein Karton!

(3) Die Pappen schneidest du auf 11 x 15,5 cm zu. Mit einem Streifen Klebeband baust du die Buchdecke zusammen – wie auf Seite 26 beschrieben.

(4) Die Rückseiten der Fotoausdrucke bestreichst du dünn und gleichmäßig mit der Kleister-Leim-Mischung und platzierst sie etwas über dem Klebeband.

(5) Die Ecken schneidest du schräg ab und lässt ca. 2 Pappstärken stehen. Klappe zunächst den Überstand oben und unten um, drücke die Ecke ein und schlage dann die vordere Kante um. Glattstreichen. Die Spiegelpapiere klebst du von innen dagegen. Alles gepresst trocknen lassen.

(6) In den Buchrücken stichst du mit der Ahle oder einer Lochzange fünf Löcher, jeweils zwei oben und unten für die durchlaufenden Gummibänder und eins in der Mitte für den Verschluss.

>> Im Video siehst du, wie die Gummiband-Technik funktioniert.

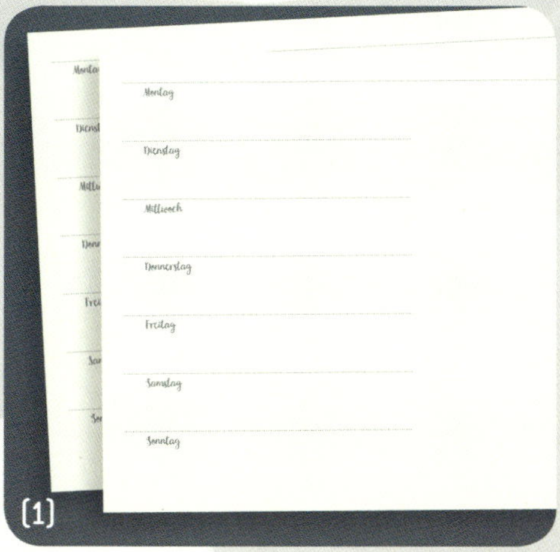
Montag
Dienstag
Mittwoch
Donnerstag
Freitag
Samstag
Sonntag

(1)

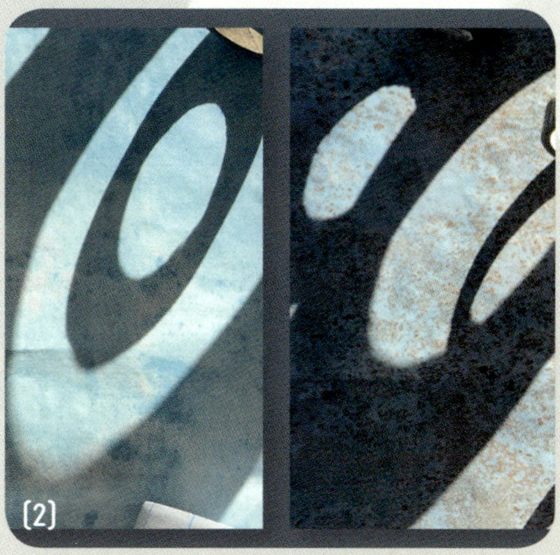

(2)

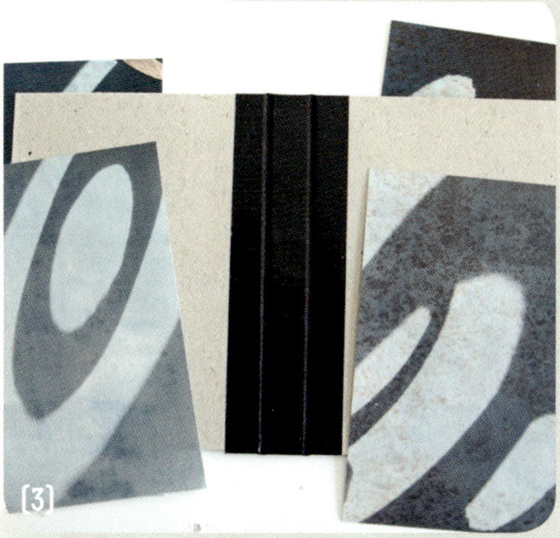

(3)

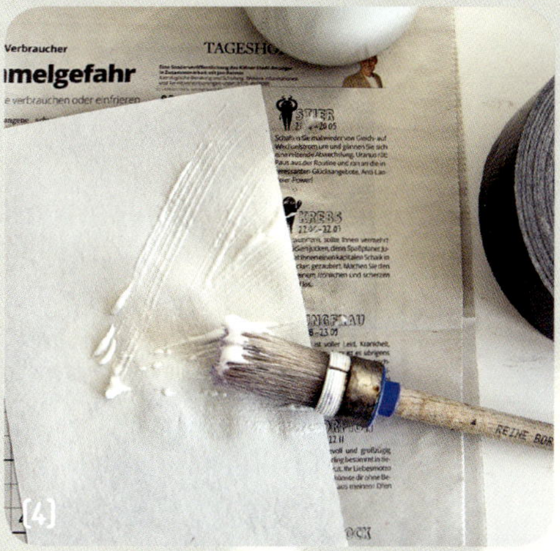

(4)

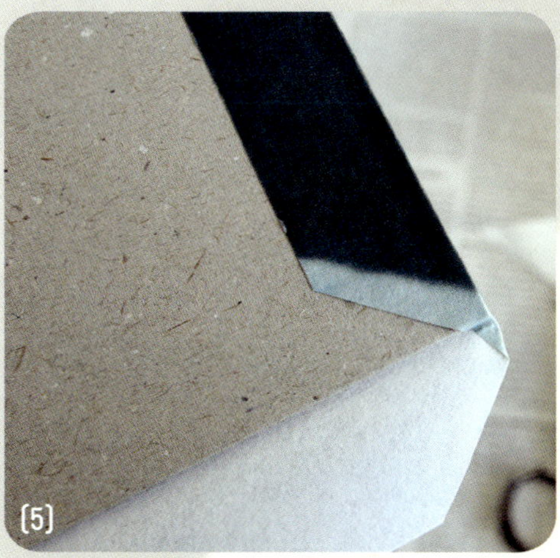

(5)

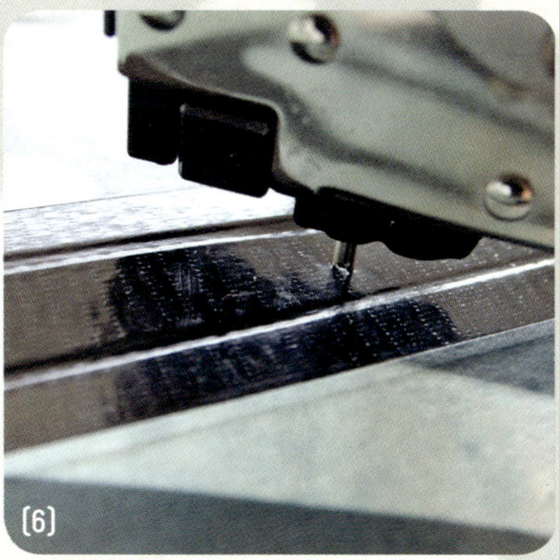

(6)

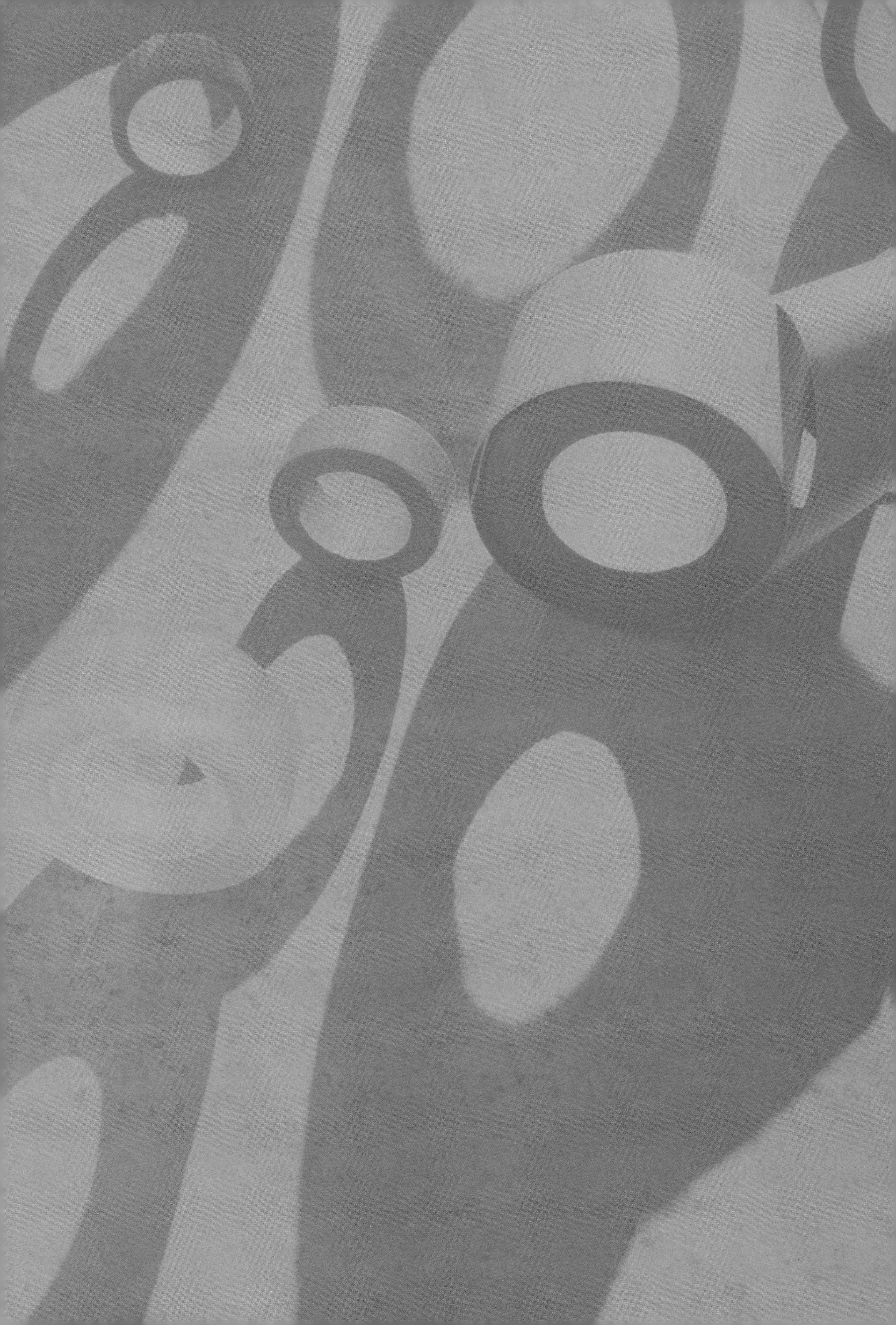

2. Collage

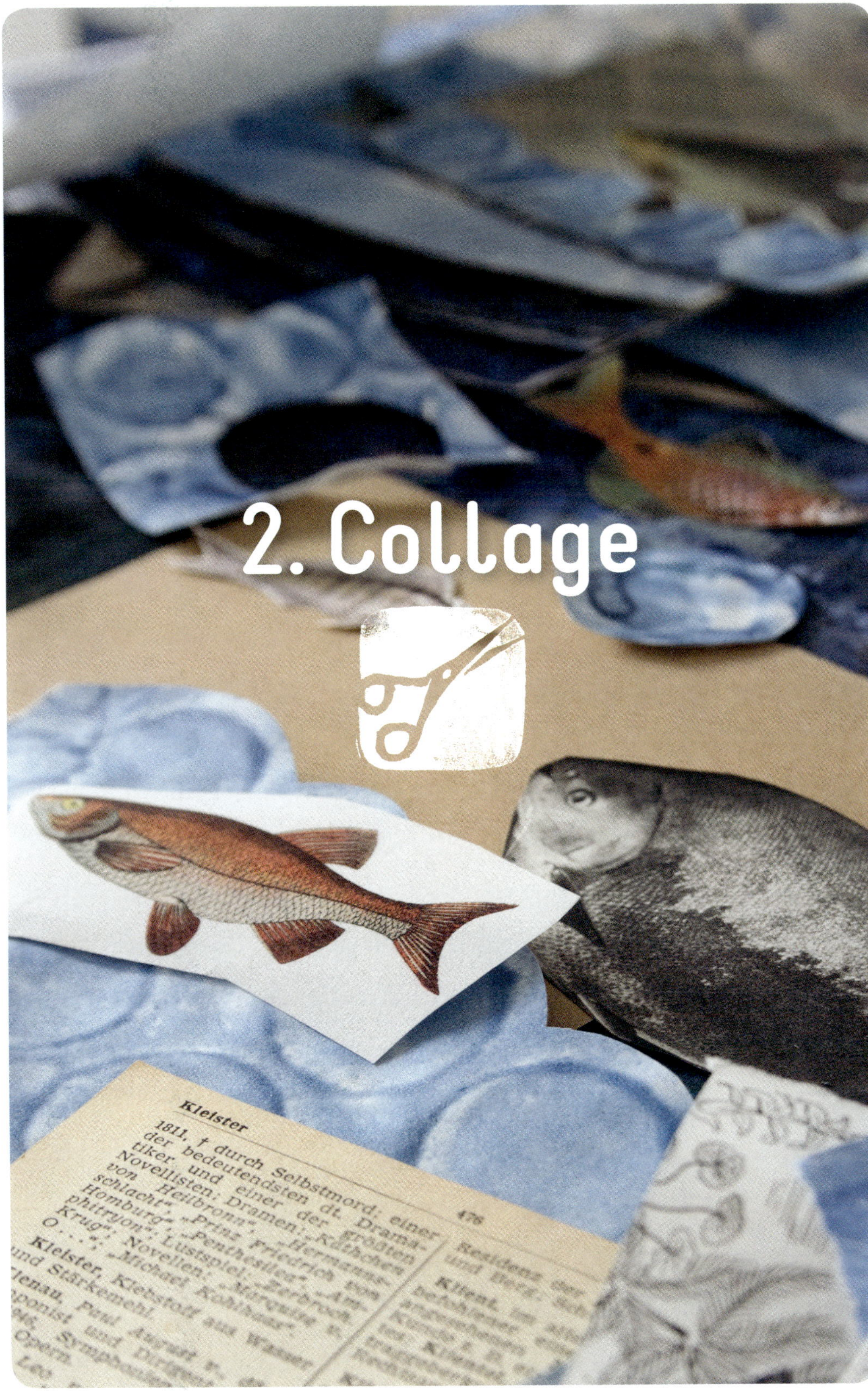
Kleister
476
1811, † durch Selbstmord; einer
der bedeutendsten dt. Drama-
tiker und einer der größten
Novellisten; Dramen: „Käthchen
von Heilbronn", „Hermanns-
schlacht", „Prinz Friedrich von
Homburg", „Penthesilea", „Am-
phitryon", Lustspiel: „Zerbroch
Krug"; Novellen: „Marquise v.
O...", „Michael Kohlhaas".
Kleister, Klebstoff aus Wasser
und Stärkemehl.

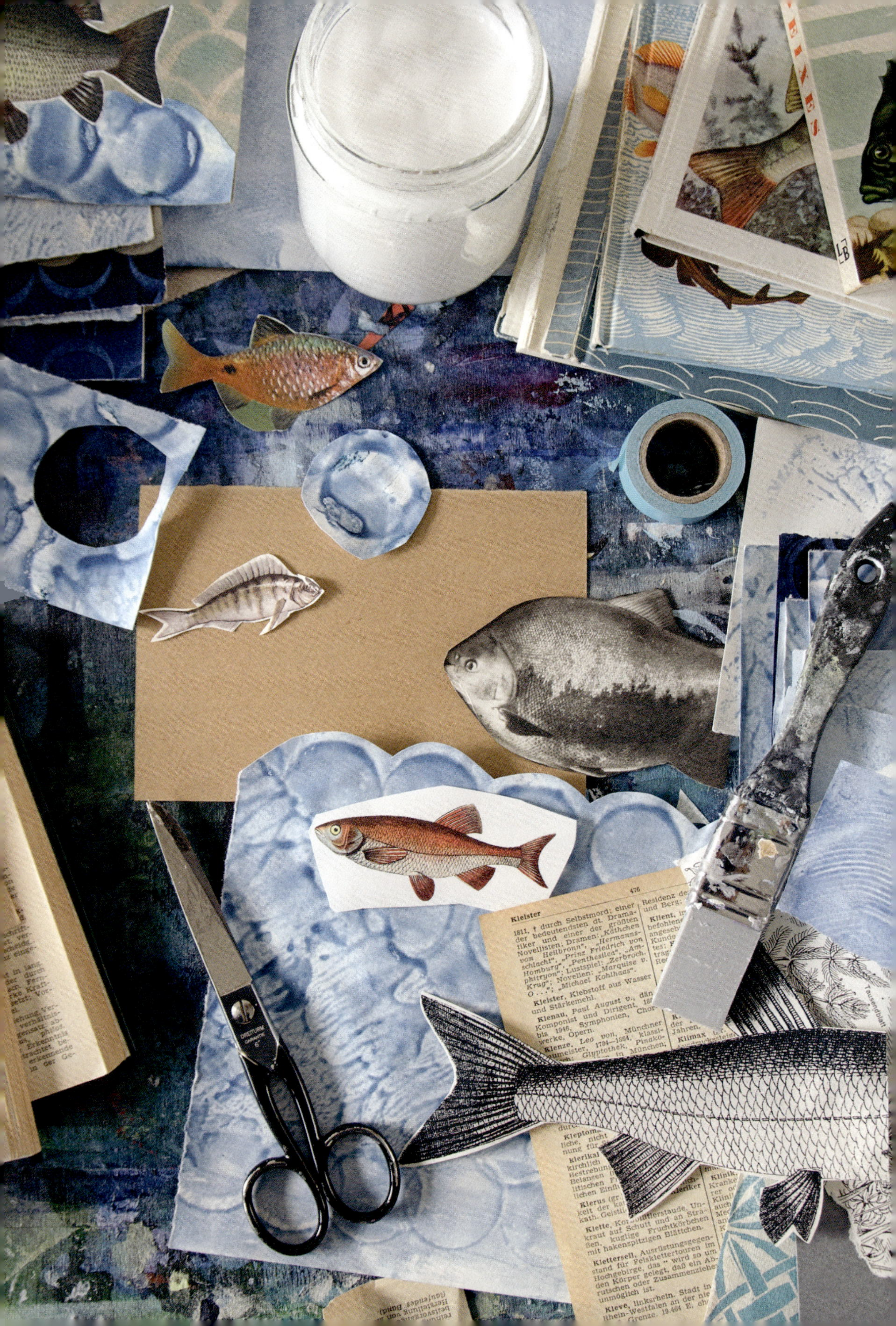
Kleister
Kleister, Klebstoff aus Wasser
Klimax

Schnipselwerk

Material zu finden, zu zerschneiden, neu zusammenzufügen, festzukleben – das ist das Prinzip der Collage, das sowohl mit Schere und Kleber als auch mit digitalen Mitteln funktioniert.

Analog kannst du Fundstücke, Erinnerungen, Restpapiere, Stoffe und vieles mehr zusammenfügen und daraus etwas Neues schaffen. Du kannst zunächst unverbindlich ausprobieren, kannst Schnipsel legen und verschieben, bis du deine endgültige Gestaltung gefunden hast. Ich wühle gerne in Papierkisten und lasse mich überraschen, was mir in die Hände fällt. Papiere fühlen sich unterschiedlich an, sind dicker oder dünner, knittern, lassen sich reißen und schneiden. Das manuelle Collagieren ist sehr intuitiv und hat einen großen Zufallsfaktor. Man ist abhängig vom gefundenen Material, was inspirieren, aber auch begrenzen kann.

Mit Leim lassen sich Papiere zusammenfügen, doch kommt man bei der Arbeit mit mehreren Schichten an Grenzen. Werden mehrere Lagen aus Papier übereinandergeklebt, verdeckt die obere Schicht die darunterliegende – wenn nicht transparentes Papier verwendet wird.

Digital kannst du mit einzelnen Ebenen arbeiten, mit Deckkraft und Transparenz spielen, du kannst radieren und maskieren. In digitalen Collagen lassen sich einzelne Elemente vergrößern und verkleinern, beliebig duplizieren. Aber die Arbeit am Bildschirm ist nicht so haptisch und intuitiv wie ein Tisch voller Papierschnipsel.

Nehmen wir uns also aus beiden Welten das Beste und fügen es zu digital-analogen Collagen zusammen. Dafür erstellen wir zunächst manuell schönes Papier, das sich dann sowohl analog als auch digital weiterverarbeiten lässt.

Collage-Inspiration gibt es bei Katja Gohe #katjagohe auf Seite 162

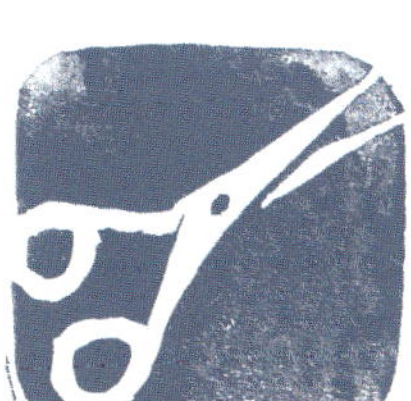

Achtung Copyright:

Collagen fügen Fundstücke zu neuer Kunst zusammen. Bitte sei vorsichtig und verletze dabei nicht das Urheberrecht der Künstler:innen. Nicht alles, was im Netz veröffentlicht ist, kann man einfach nutzen.
Achte auf das Copyright!

Kleisterpapier

Starten wir analog und machen uns zunächst so richtig die Finger schmutzig. Natürlich kannst du auch Handschuhe anziehen, aber das mache ich nur bei ganz hartnäckigen Farben. Sonst geht mir zu viel von der Haptik und dem Gefühl bei der Handarbeit verloren.

Die Kleisterpapier-Technik ist eine einfache Möglichkeit, schön gemustertes Papier herzustellen, das traditionell zum Buchbinden genutzt wurde. Wir tauchen nicht tief in dieses Handwerk ein, sondern ziehen lediglich ein paar dekorative Spuren auf dem farbigen Kleister und lassen Strukturen entstehen – ein perfektes Grundmaterial für Collagen.

Software

- Papier, ca. 120 g/m², z. B. Vorsatzpapier oder Tonpapier
- Tapetenkleister oder Reiskleister
- Acrylfarbe oder Tusche

Hardware

- wasserfeste Unterlage
- breiter Pinsel
- Kamm
- Verschlussdeckel oder ähnliche Gegenstände
- Wäscheständer

(1) Rühre den Kleister nicht zu dick an (ca. 2 EL Tapetenkleister in 250 ml kaltes Wasser). Alternativ dazu habe ich gute Erfahrungen mit Reismehl gemacht, das wie ein dicker Pudding zu Kleister gekocht wird.

(2) Fülle einen Teil des Kleisters in ein Marmeladenglas um und färbe ihn mit Acrylfarbe bzw. bunter Tusche ein oder vermische beides auf einer Glasplatte oder einem Teller.

(3) Lege das Papier glatt auf eine wasserfeste Unterlage und streiche es großzügig mit dem Kleister ein. Arbeite zügig, damit der Kleister nicht zwischendurch trocknet. Für den Anfang ist es besser, mit kleineren Formaten zu starten.

(4) Mit einem Werkzeug kannst du nun den feuchten Kleister auf dem Papier verschieben und damit Muster erzeugen: Ein Kamm erzeugt feine Linien, je nachdem wie du ihn führst, in Wellen oder Schwüngen. Eine Verschlusskappe einer Flasche schafft dreidimensional wirkende Kreise. Mit der halben Kappe ziehst du japanische Wellen.

(5) Die Papierbögen trocknest du auf dem Wäscheständer oder liegend. Sie werden sich wellen, lassen sich aber später bügeln oder pressen.

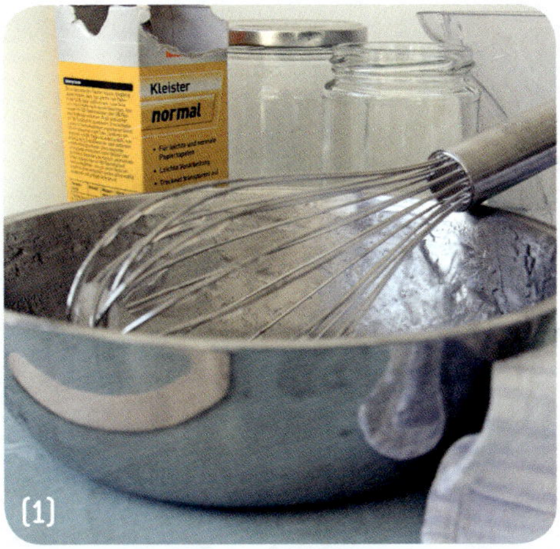

(1)

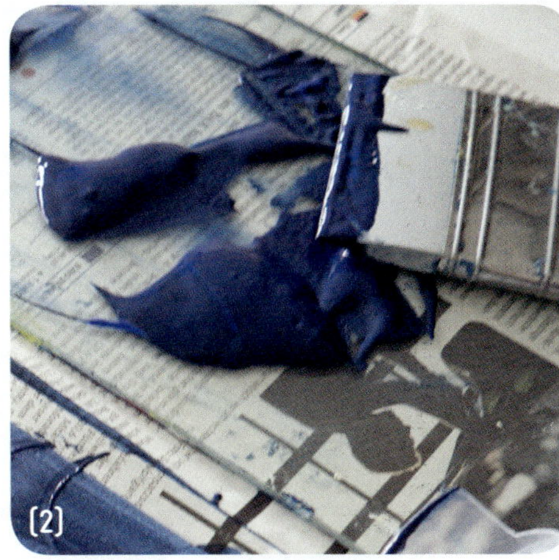
(2)

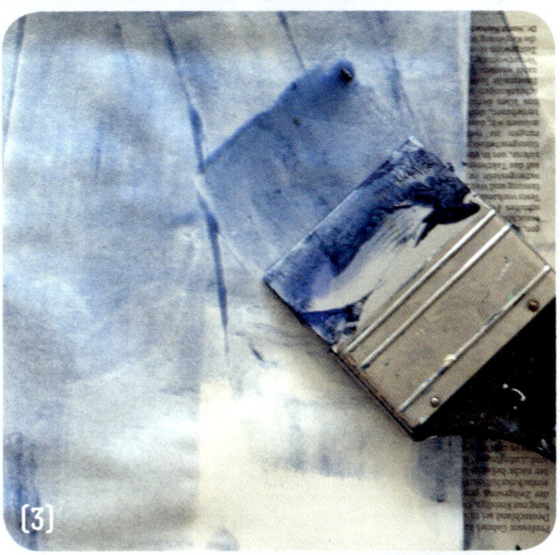
(3)

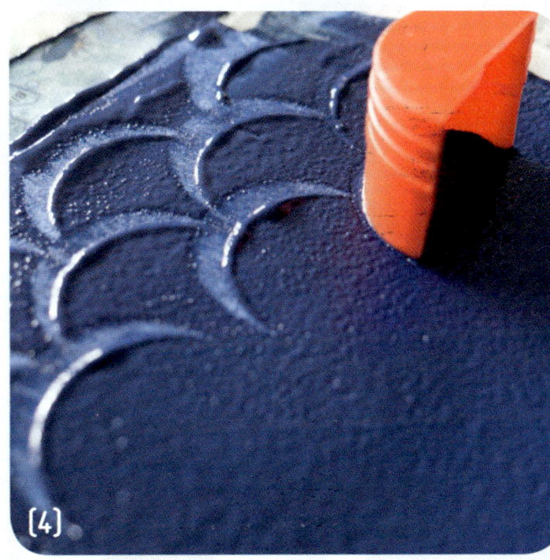
(4)

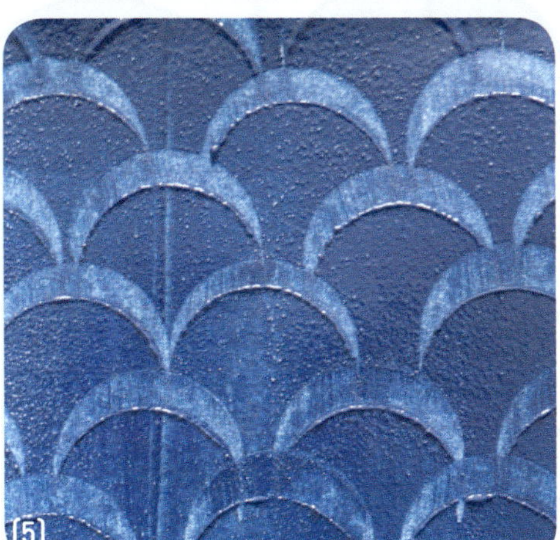
(5)

Wenn du dein Papier noch im nassen Zustand fotografierst, kannst du die Glanzlichter festhalten, die sich in der feuchten Farbe spiegeln. Fotografiere gut ausgeleuchtet ganz gerade von oben und nutze das Bild für deine digitalen Collagen oder als Bildschirmschoner.

Exkurs: Foto oder Scan?

Wenn wir analog starten und digital weiterbearbeiten, stellt sich irgendwann die Frage: Wie gelangt die Zeichnung, der Entwurf, das gedruckte Papier oder der Scherenschnitt in den Computer? Um eine analoge Vorlage zu digitalisieren, gibt es verschiedene Wege: Früher habe ich fast alles gescannt, mittlerweile nutze ich viel mehr die Kamera oder das Handy, die immer griffbereit sind. Doch kommt es auf die Vorlage und den Einsatzzweck an.

Prozessbilder beim Malen oder Drucken, während die Farbe noch nicht getrocknet ist, sind nur als Foto zu realisieren. Mit Fotos kann ich dokumentieren und Zwischenstände festhalten. Strukturen im Papier und Lichtreflexe lassen sich besser abbilden. Allerdings muss ich beim Fotografieren viel mehr darauf achten, wie gut meine Vorlage ausgeleuchtet ist.

Der Scanner beleuchtet alles automatisch und ist überall gleichmäßig scharf. Weniger Bildbearbeitung ist nötig, wenn der Scan direkt richtig eingestellt ist, um z. B. aus einem echten Stempelabdruck ein digitales Muster zu machen.

Allerdings kann der Scanner nur flache Vorlagen abbilden, und es gibt oft unschöne Schatten, wenn die Vorlage nicht ganz plan aufliegt. Beim Foto kann hingegen das Bild verzerren, wenn es nicht ganz gerade von oben fotografiert wird.

Entscheide also je nach Situation, viel lässt sich in der Bildbearbeitung auch später noch anpassen. Einen Scanner extra anzuschaffen, ist sicher nicht nötig. Mittlerweile habe ich ein Kombi-Gerät, das kopieren, drucken und scannen kann. Das ist praktisch und vielseitig einsetzbar.

Das Kleisterpapier im Hintergrund: links fotografiert im nassen Zustand ...

... und rechts gescannt nach dem Trocknen

Foto

+ pro

- Handy oder Digitalkamera immer griffbereit
- Prozessbilder möglich, Zwischenstadien, feuchte Farbe

– kontra

- Beleuchtung schwieriger
- Hintergründe weisen oft Verläufe auf
- Verzerrungen möglich

Scan

+ pro

- gut und gleichmäßig ausgeleuchtet
- überall gleich scharf

– kontra

- nur Plano-Vorlagen
- Prozess schlecht zu dokumentieren
- Scanner nicht immer griffbereit
- Verbindung mit Computer nötig

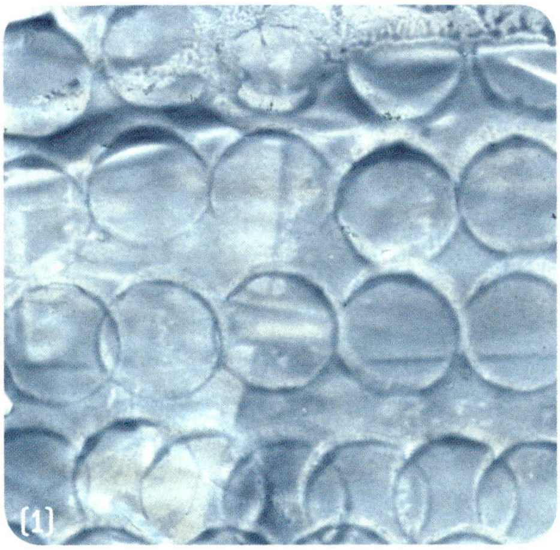

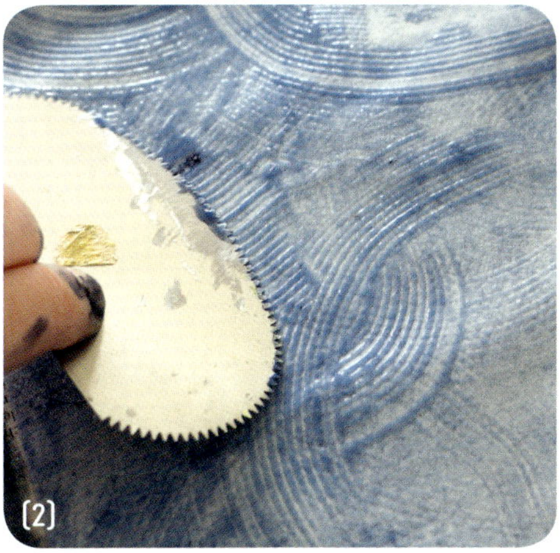

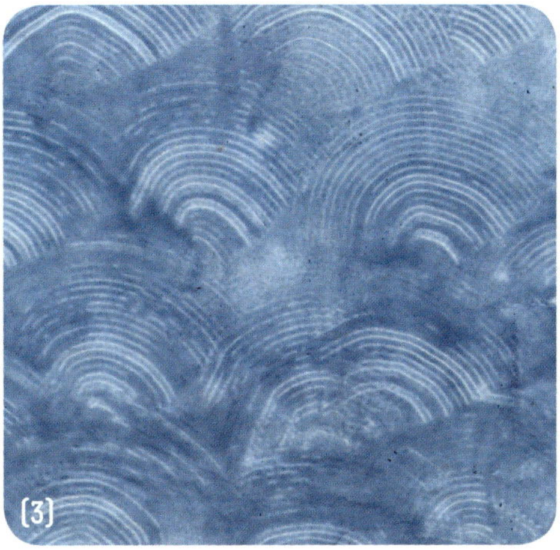

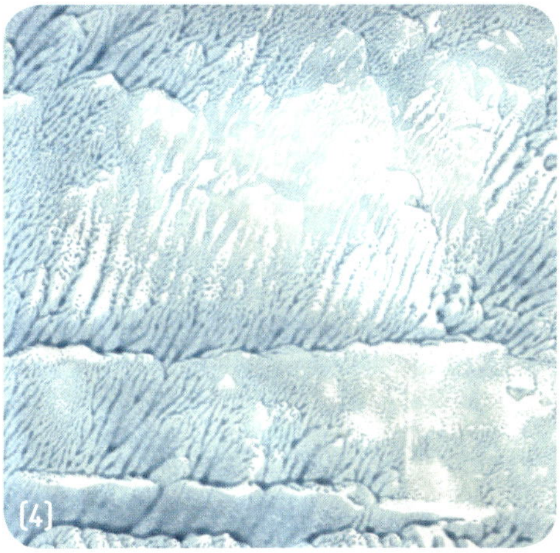

Andere Kleisterpapier-Muster entstehen z. B. , wenn du einen Flaschendeckel durch den Kleister ziehst (1) oder mit einem dünnen Kamm Schwünge (2) oder Wellen (3) zeichnest. Eine spannende Struktur entsteht durch die Abklatschtechnik (4): Einfach ein zweites Papier über das eingekleisterte Papier legen und wieder abziehen. All diese Muster kannst du sowohl nass als auch trocken fotografieren oder trocken scannen. Diese Papiere habe ich trocknen lassen, danach gebügelt und gepresst und gescannt. So habe ich digitales und analoges Collagematerial, das sich vielseitig einsetzen lässt, z. B. als Hintergrundbild auf meinem Smartphone.

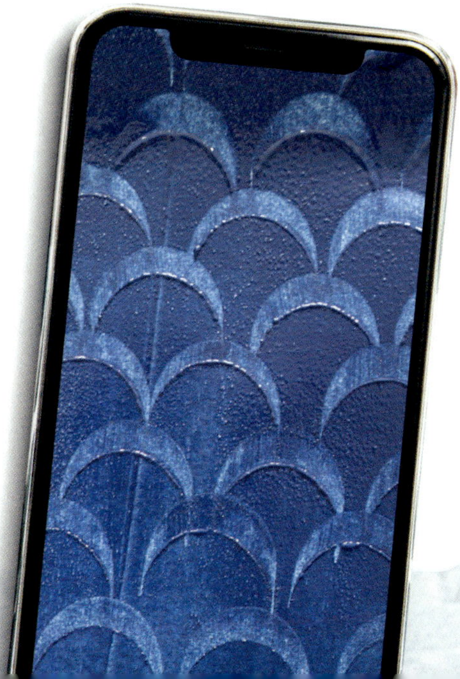

Collagen kleben

Das Wort „Collage“ kommt vom französischen Verb „coller“ (leimen, kleben). Digitale Collagen benötigen keinen Kleber, analoge aber sehr wohl.

Grundsätzlich braucht man für Papier einen Klebstoff, der flächig aufzutragen ist. Völlig ungeeignet ist ein flüssiger Kraftkleber, der nur punktuell klebt oder gar Spuren durchscheinen lässt. Für einfache Papiercollagen reicht oft ein Klebestift. Auf meinem Arbeitsplatz liegt immer ein Schmierpapier bereit, auf dem ich Papierstücke auf der Rückseite flächig mit Klebestift bestreichen kann.

Den Kleister, mit dem wir das Papier von Seite 36–37 gestaltet haben, können wir auch als Kleber für Collagen nutzen. Allerdings feuchtet er das Papier stark durch und trocknet langsam. Je nach Untergrund kann sich die Collage anschließend stark wellen. Außerdem ist die Klebkraft von Kleister allein oft nicht stark genug.

Am liebsten klebe ich mit einer Mischung aus Buchbinderleim und Kleister. Damit kann ich auch die Untergründe, also Papier auf Karton, kaschieren. Die Mischung zieht nicht so schnell an und das ermöglicht, die Papiere nach dem Aufkleben noch zu verschieben. Der getrocknete Leim ist transparent, aber leicht glänzend.

Oft werde ich nach der Anleitung für die Leim-Kleister-Mischung gefragt – es ist ganz einfach ein Verhältnis von 1:1, siehe nebenstehendes Rezept. Auch aus Reismehl oder anderer Stärke kannst du einen puddingartigen Kleister kochen, der sich für Collagen und Kleisterpapier eignet.

Neben diesen günstigen Klebern gibt es ein Acryl- oder Gel-Medium, matt oder seidenmatt. Doch ist das Medium viel teurer. Das Medium kann so aufgetragen werden, dass gleichzeitig die Vorderseite mit eingestrichen und versiegelt wird. Über diese Schicht kannst du anschließend zeichnen oder malen.

Zum Kleben mit Medium oder auch der Buchbinderleim-Kleister-Mischung nutze ich gerne einen Gummipinsel. Damit lässt sich der Leim gut verteilen und die eingetrockneten Reste kannst du leicht abknibbeln. Borstenpinsel habe ich schon genug ruiniert.

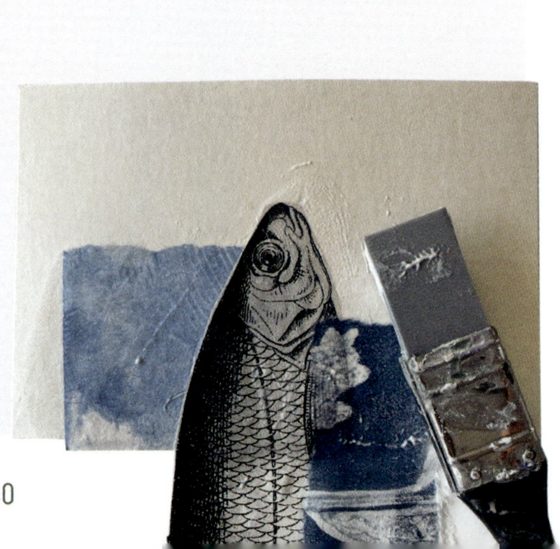

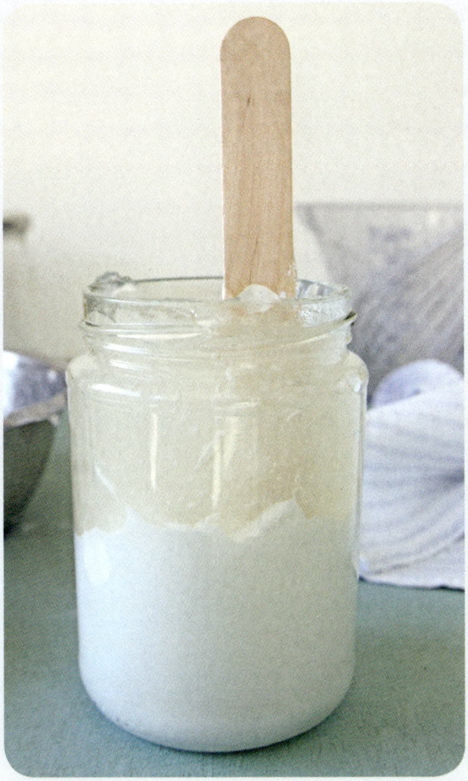

Leim-Kleister-Mischung

2 EL Tapetenkleister mit dem Schneebesen in 250 ml kaltes Wasser ohne Klümpchen einrühren, ca. 10 Minuten quellen lassen und danach nochmals sorgfältig durchrühren.

Ein Marmeladenglas zur Hälfte mit Buchbinderleim füllen, mit der gleichen Menge Kleister auffüllen und verrühren.

Angerührter Kleister ist leicht verderblich, er fängt bei Zimmertemperatur schnell an zu schimmeln oder wird wieder flüssig, im Kühlschrank hält er sich länger. Wenn der Kleister einmal mit dem Dispersionsleim vermischt ist, hält er sich auch ungekühlt.

Alles klebt:
Medium (matt oder seidenmatt),
Bastelkleber, Klebestift, Buchbinderleim,
Tapetenkleister, Sprühkleber

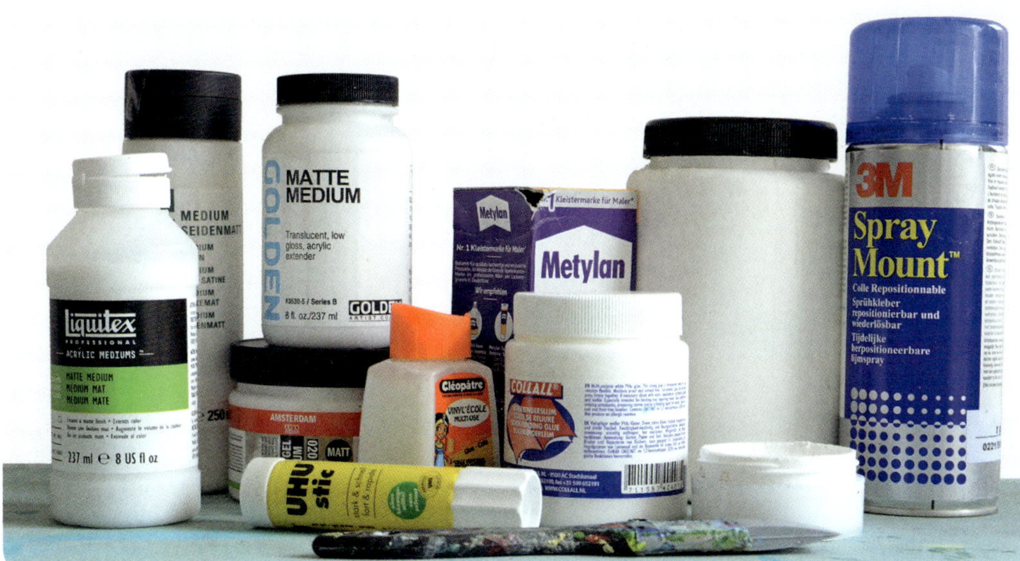

Schnipsel

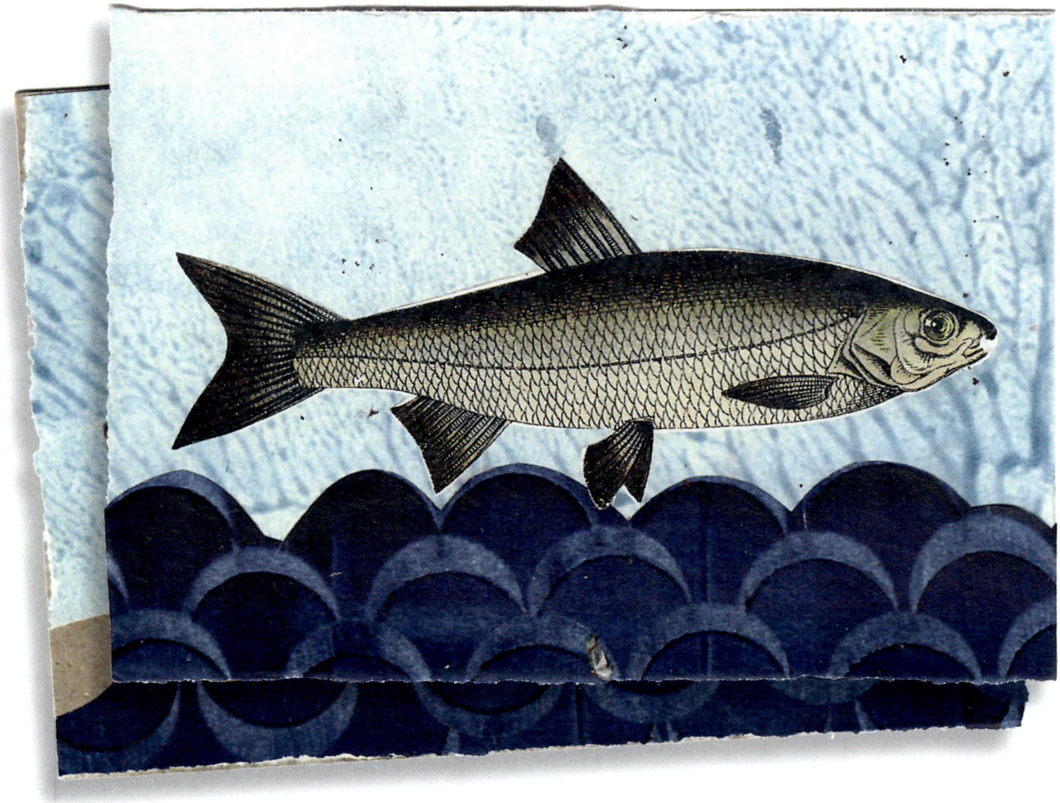

Das Grundmaterial dieser beiden Collagen ist das gleiche: Kleisterpapier und Fische.

Für die analoge Collage reißt du Kleisterpapier mit Abklatsch-Strukturen auf Postkartengröße und klebst es auf einen Karton. Die ausgedruckten Fische (aus einem digitalen Fotoarchiv zur freien Nutzung) schneidest du rundum aus, ebenso die Wellen des Kleisterpapiers. Arbeite an mehreren Karten gleichzeitig, schiebe die Elemente hin und her, bevor du endgültig alles aufklebst. Die Schnitt- und Reißkanten sind absichtlich etwas grob. Die Finger kleben, die Größen der Materialien sind vorgegeben, du gestaltest mit dem, was vorhanden ist.

Software

- Postkartenkarton
- Kleisterpapier
- ausgedruckte Fischillustrationen

Hardware

- Schere
- Kleber z.B. Klebestift oder Matt Medium

oder Pixel?

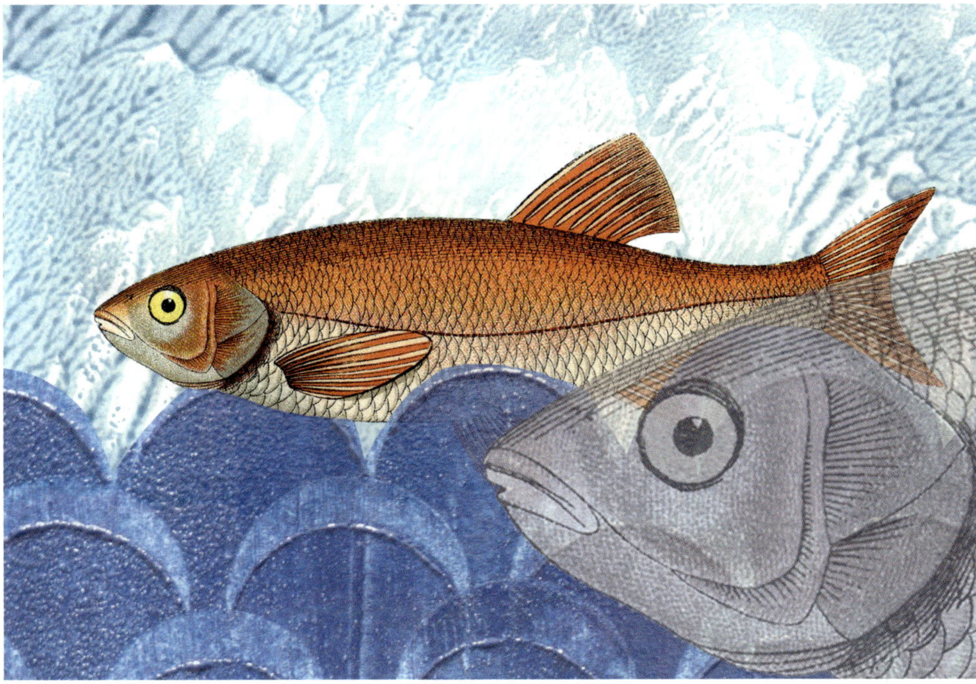

Die digitale Collage wird in einer Datei im Postkartenformat mit 300 dpi Auflösung angelegt. Als Hintergrund wird das gescannte Abklatschpapier eingefügt. Alle Elemente lassen sich per drag & drop auf der Hintergrundfläche platzieren. Sie liegen auf unterschiedlichen Ebenen und können beliebig verschoben, skaliert und einzeln bearbeitet werden. Aus dem Foto des nassen Kleisterpapiers kannst du mithilfe des Pfadwerkzeugs Wellen schneiden. Den Fisch stellst du frei, das heißt, die weiße Fläche rund um das Motiv wird gelöscht (siehe Seite 21). Er schwebt jetzt vor einem transparenten Hintergrund. Der große Fisch im Vordergrund ist ein Duplikat des ersten Fisches. Digital kannst du einzelne Elemente beliebig verdoppeln und die Deckkraft verändern.

Software

Fotobearbeitungs-software mit Ebenen-funktion, z. B. Adobe Photoshop, Affinity Photo, Gimp o. Ä.

Kleisterpapier gescannt oder fotografiert

Fischillustrationen

Hardware

Computer oder Tablet

>> Im Video siehst du, wie die Collage aufgebaut ist.

Was klebt wo?

Ganz egal ob digital oder analog, ein paar Grundlagen zu Bildaufbau und Komposition solltest du im Hinterkopf haben. Collagen sind ein wunderbares Übungsfeld für Kompositionen, da die Position der einzelnen Bildelemente nicht sofort feststehen muss.

Oft arbeite ich unbewusst nach diesen Prinzipien, habe sie verinnerlicht. Hier zeige ich dir meine Herangehensweise.

Format

Lege als Erstes deine Grundfläche fest. Ob du Papier zuschneidest oder eine Datei anlegst, ist dabei egal. Ein Standard-DIN-Format ist einfach, aber auch etwas langweilig. Gerne mag ich persönlich ein quadratisches Format, das hier als Beispiel dient. Wenn du direkt mehrere Flächen im gleichen Format vorbereitest, kannst du parallel arbeiten und in eine kleine Serie gehen. Ich starte gerne mit einem gemusterten Papier als Hintergrund, das ich auf einen Karton kaschiere. Eine 2 mm dicke Graupappe oder Reste eines Verpackungskartons, Zeichenblockrückseiten eignen sich gut als Grundfläche.

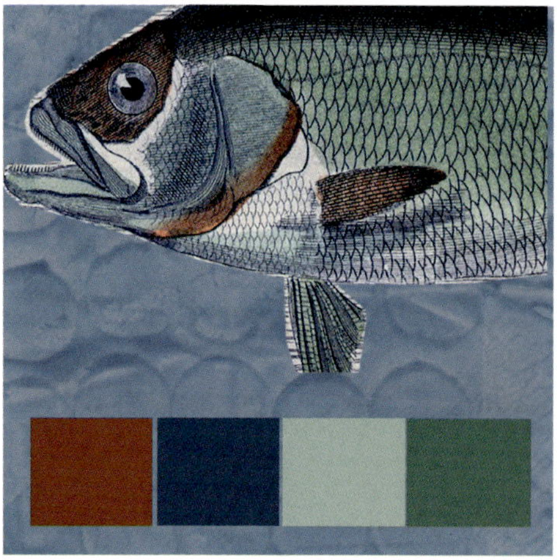

Farben

Beschränke dich. Gefundene Schnipsel oder Papiere geben oft schon einen Farbklang vor. Nimm dir einen Schnipsel als Grundlage und kombiniere dazu maximal eine Komplementärfarbe (sie liegt im Farbkreis gegenüber). Ansonsten suche dir analoge Farben dazu, das heißt, die Farben liegen im Farbkreis neben deiner Grundfarbe, variieren nur leicht in Helligkeit und Kontrast. Digital kann ich die Farben aus meinem Ausgangsmotiv wählen und beliebig verändern. Analog muss ich eher mit dem arbeiten, was ich vorfinde. Das macht es manchmal einfacher.

Anschnitt

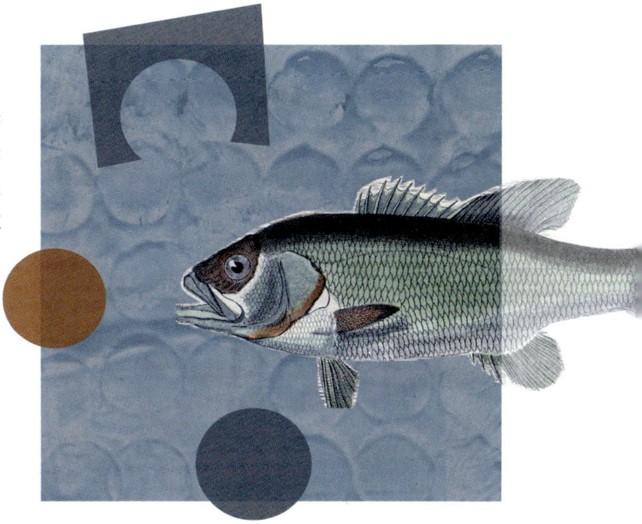

Denke über die Seitenränder hinaus. Nutze die volle Fläche und lasse keinen Rand. Die Bildelemente dürfen und sollen von den Seiten hereinragen und aus dem Format laufen. Das verleiht Spannung und öffnet das Bild. Falls Bildteile bei der Collage abfallen, kannst du sie für eine andere Collage nutzen.

Positiv und Negativ

Manuell ausgeschnittene Formen hinterlassen Negativformen, also das Papier rund um das ausgeschnittene Motiv. Diese Schnipsel sind oft genauso brauchbar wie das Motiv selbst und ergänzen die Collage harmonisch.

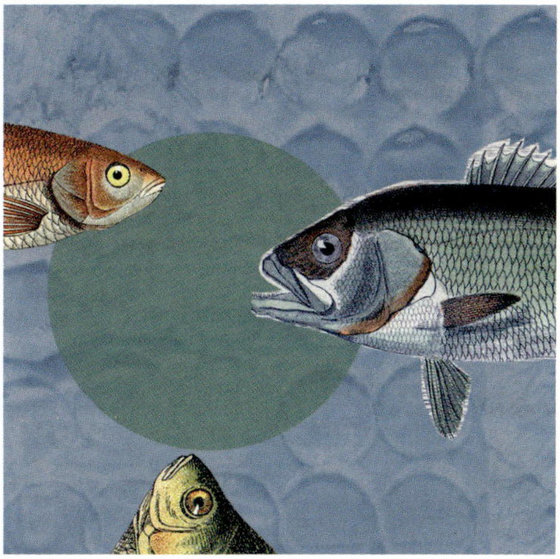

Beziehungen

Spiele mit den Bildelementen und ihrem Bezug zueinander. Zwei gleichwertige Elemente stehen sich gegenüber oder bilden eine Diagonale. Drei Elemente bilden ein Dreieck und erzeugen Spannung. Der große Kreis verbindet hier die drei Fische.

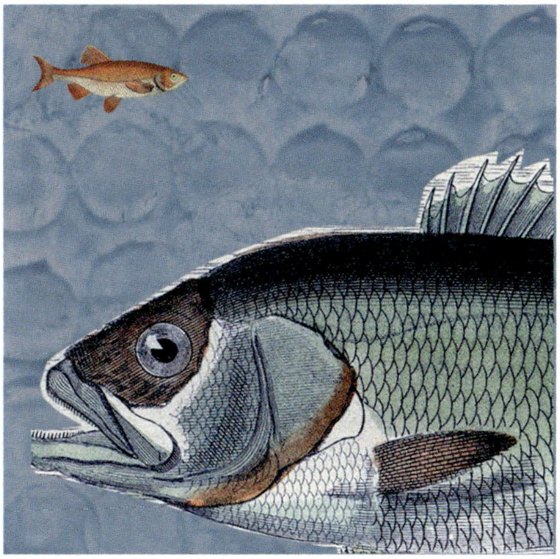

Größen

Baue Spannung auf mit unterschiedlich großen Elementen, die zueinander in Beziehung stehen. Digital kann ich meine Collageelemente nach Bedarf vergrößern und verkleinern.

Miniaturen

Ideen- und Motivfindung

Suchst du nach Ideen, Inhalten und Inspirationen für eigene Collagen? Manchmal ergeben sich diese aus gefundenem Material, manchmal sind ein Schlagwort oder eine Challenge hilfreich.

2021 rief Susanne Heiß von nahtlust.de zum „großen Jahr der Miniaturen“ aus. Sie sammelte vorab Themen und veröffentlichte diese Anfang des Jahres, für jede Woche ein Thema. Dazu konnte jede:r eine Miniatur entwerfen und auf Instagram posten, meist waren es Collagen bis maximal 15 x 15 cm. So entstand eine Reihe von Collagen, bei denen ich neben dem Wochenthema auch den Fisch in den Vordergrund rückte. Meine Serie ist nicht vollständig, aber es sind einige Kostbarkeiten entstanden zu Themen, die mir nie alleine eingefallen wären, die aber durch das kleine quadratische Format und den Fisch zusammenpassen.

Das vorgegebene Thema ist der Startpunkt, daran kannst du dich abarbeiten, passendes Material suchen, Verbindungen finden. Du kannst dir auch deine Themenliste selbst erstellen. Suche dir wahllos oder gezielt Begriffe, die dich ansprechen. Vielleicht nimmst du einfach eine Zeitung oder ein altes Buch und schneidest Worte aus, mischst und sortierst sie oder schaust gezielt im Netz nach Challenges. Besonders für Collage-Künstler:innen gibt es spannende Aktionen, die über einen bestimmten Zeitraum Begriffe vorgeben, beispielsweise die #februlage.

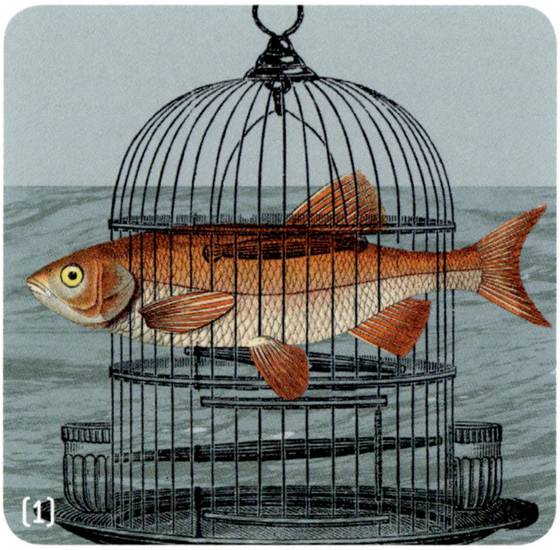
(1)

Von digital nach analog

(1) Die Collage zum Thema „Käfig“ entstand zunächst digital. Dafür konnte ich mir passende Abbildungen suchen und auf die richtige Größe zusammenstellen.

(2) Die Collage wird ausgedruckt, auf einen Karton aufgezogen und mit Acrylfarbe und Tusche bearbeitet. So entsteht eine aufgeraute Oberfläche – unregelmäßig und lebendig.

(3) Dazu werden kleine Textschnipsel aus einem alten Wörterbuch und eine Zeile aus einem Roman ergänzt. Sobald Textelemente auftauchen, entsteht eine Geschichte. Wir lesen automatisch. Ich schlachte sehr gern alte Bücher für Collagen aus.

(4) Der gleiche Fisch kam auch beim Thema „Türkis“ zum Einsatz. Hier habe ich allerdings nur analog collagiert mit ausgedrucktem Fisch, Landkarten und Farbschnipseln.

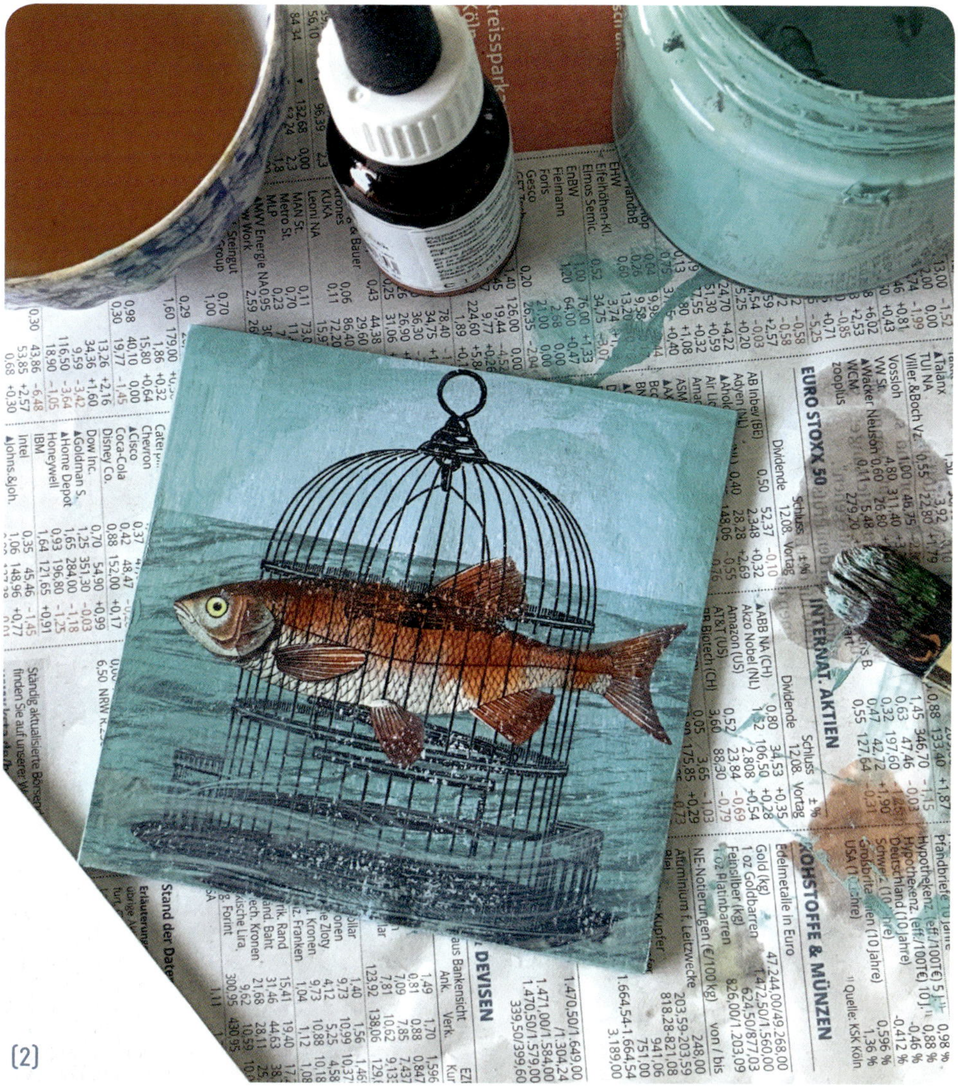

(2)

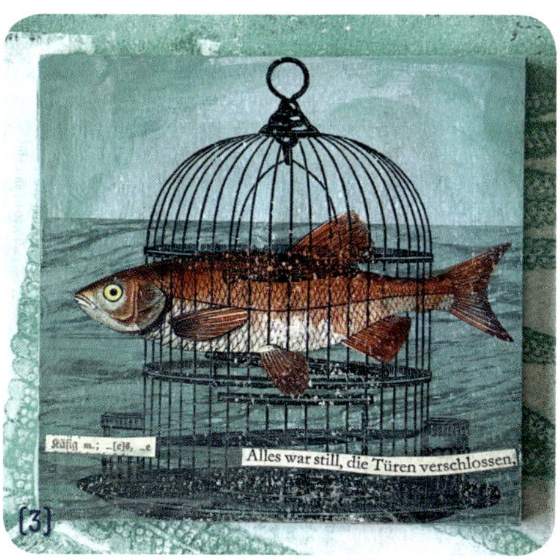
Alles war still, die Türen verschlossen,

(3)

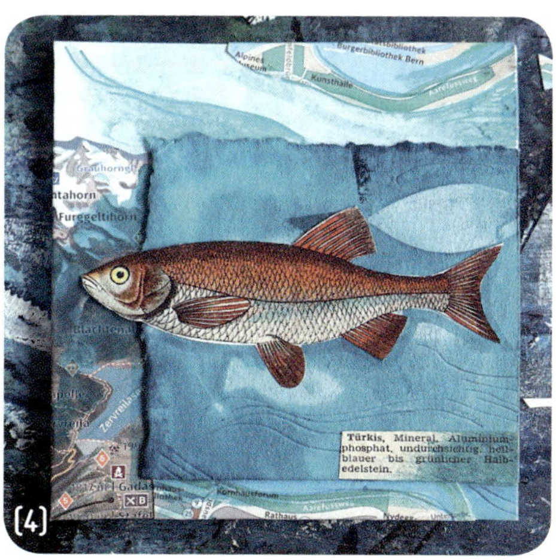
Türkis, Mineral, Aluminiumphosphat, undurchsichtig, hellblauer bis grünlicher Halbedelstein.

(4)

Maximal

Eine Collage muss nicht zwingend ein Thema oder einen Titel haben. Sie kann auch nur aus abstrakten Farbflächen oder Mustern bestehen, so wie die Collagen meiner Schwester Brigitte und mir für unseren „zweihändigen" Kalender.

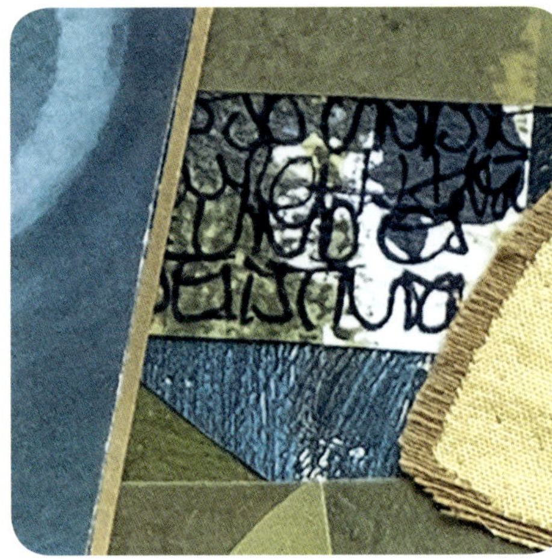

Großformatdruck

Unsere analogen Collagen aus Papier und Stoff gestalten wir gemeinsam, fotografieren sie und lassen sie als Postkarten-Kalender drucken. Einige Motive haben wir auch schon viel größer ausdrucken lassen. Bei Fotodruck-Dienstleistern ist das auf Aluminium, Kunststoff, Leinwand und auch auf Holz möglich. Der Großformatdruck gibt den Collagen, die im Original eigentlich 15 x 30 cm groß sind, eine ganz andere Anmutung und ungeahnte Möglichkeiten. Kleine Details werden riesig vergrößert, Strukturen, Kleckse, Farbverläufe bekommen in der Vergrößerung mehr Gewicht.

Auch wenn das Bild noch gar nicht in echt an der Wand hängt, kannst du digital schon ausprobieren, wie es wirkt. Entweder du montiert es in einer Fotobearbeitungssoftware in ein echtes Foto deiner Wand. Oder du nutzt sogenannte „Mock-ups". Das sind Vorlagenbilder, in die du deine eigenen Motive einbauen kannst.

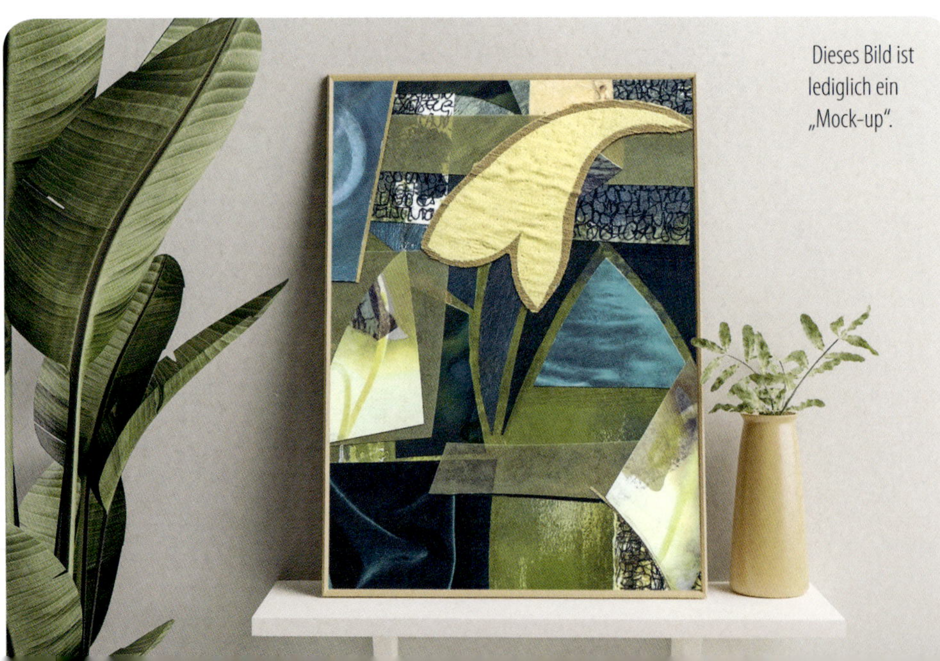

Dieses Bild ist lediglich ein „Mock-up".

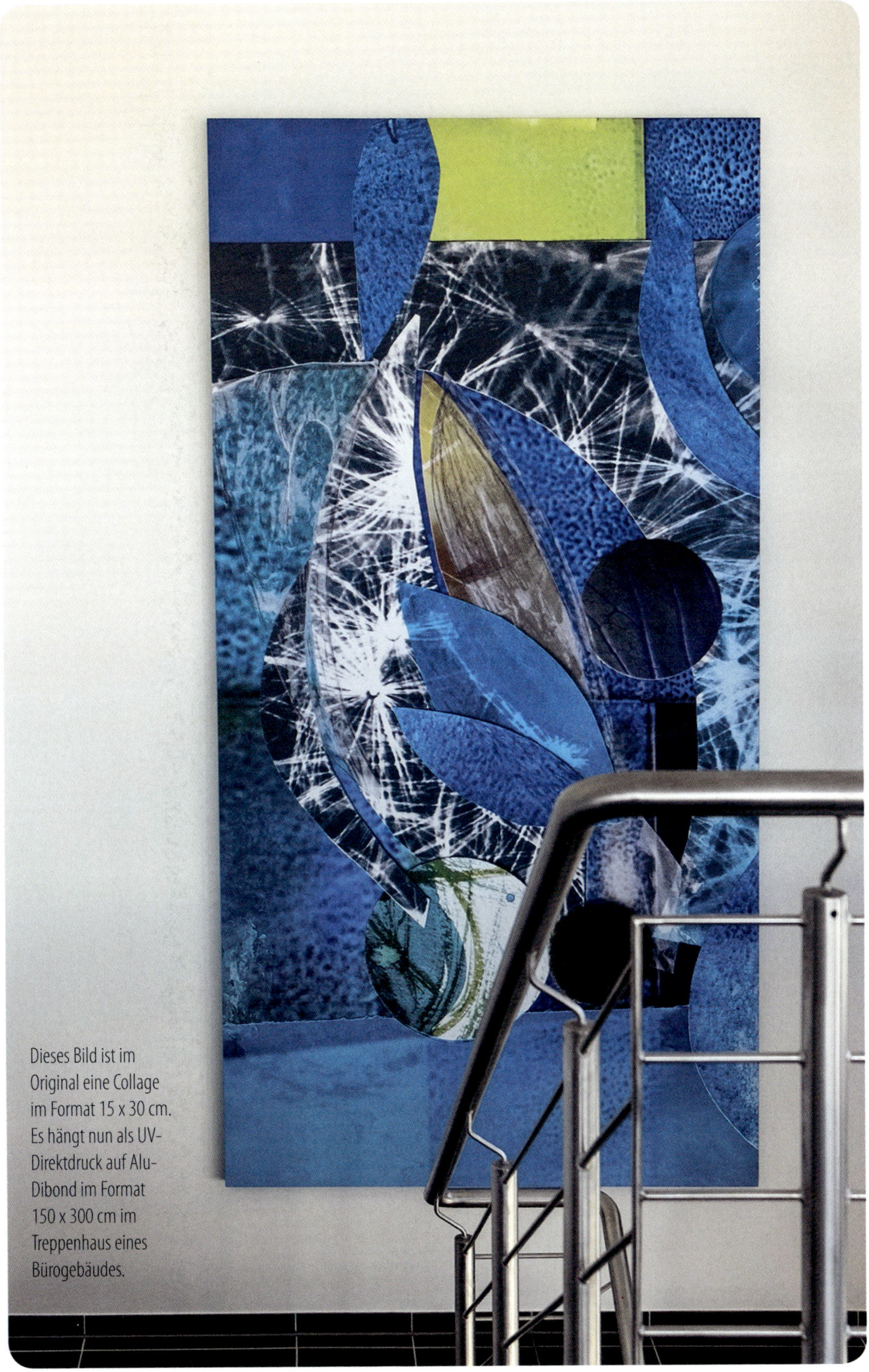

Dieses Bild ist im Original eine Collage im Format 15 x 30 cm. Es hängt nun als UV-Direktdruck auf Alu-Dibond im Format 150 x 300 cm im Treppenhaus eines Bürogebäudes.

3. Zeichnung

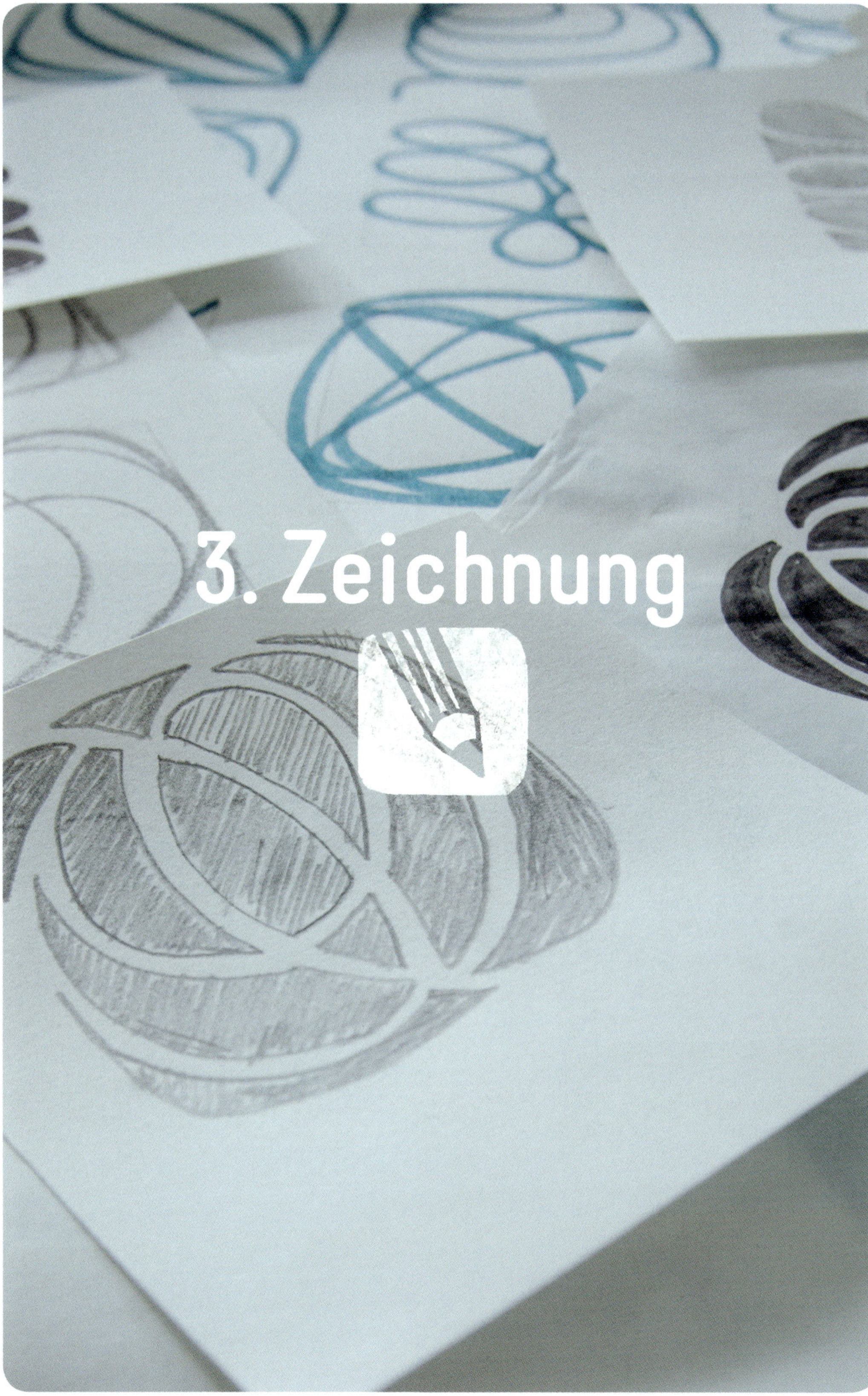

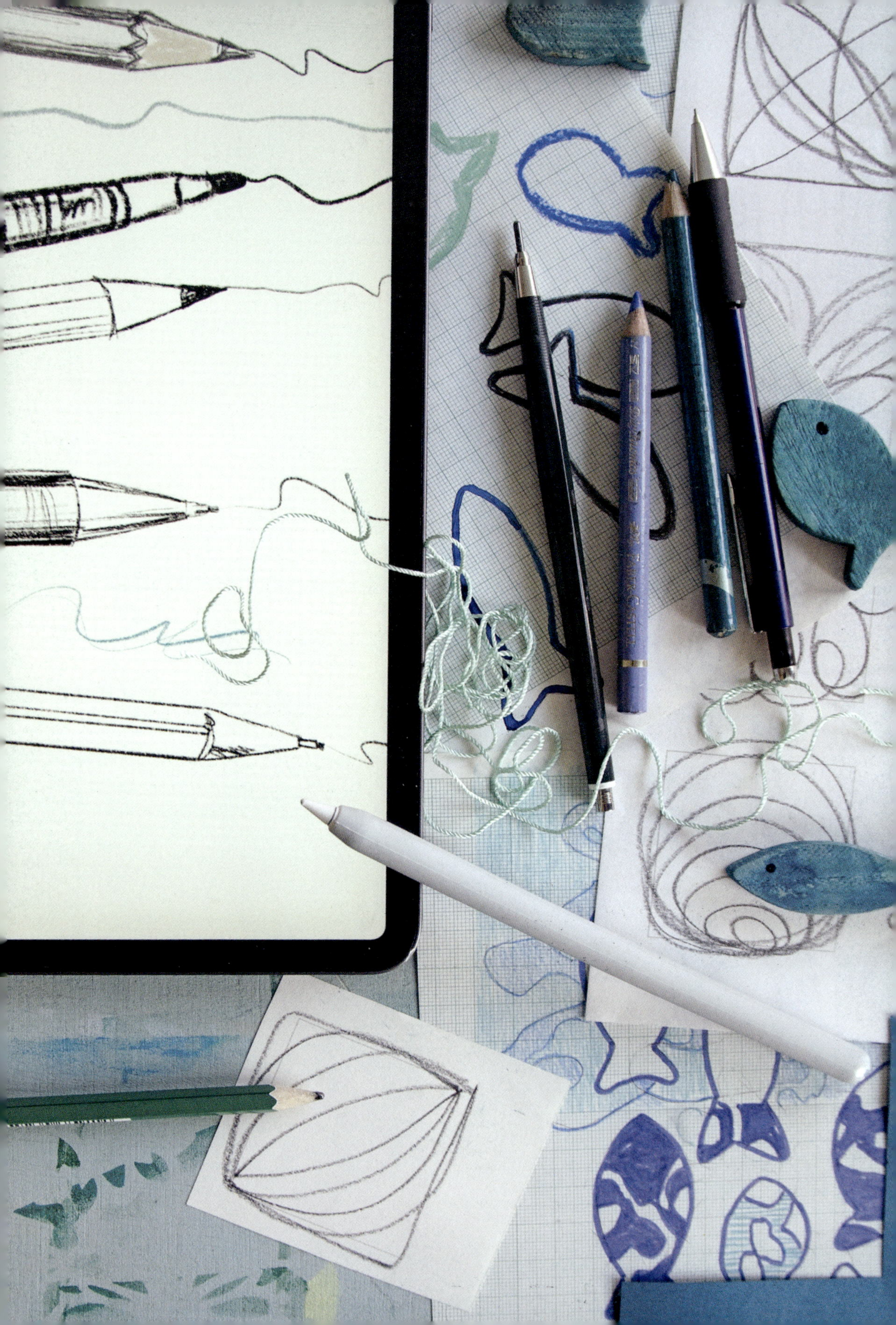

Bleistift-Update

Zeichnen ist die einfachste und scheinbar auch schwierigste kreative Aufgabe. Eine flotte Skizze ist die Grundlage für Ideen, mit schnellem Strich kann ich wirre Gedanken ordnen und Geistesblitze visualisieren. Gezeichnet haben wir als Kind alle, nur leider haben die meisten irgendwann damit aufgehört, als es eine Schulaufgabe wurde, Bewertung dazukam oder der eigene Anspruch nicht dem Ergebnis auf Papier entsprach.

Dabei ist Zeichnen so einfach, es braucht keine besondere Hard- und Software, keine teuren Farben, kein Atelier. Ein Bleistift und ein Stück Papier sind immer verfügbar. Der Aufwand ist gering. Du kannst überall zeichnen, z. B. Wartezeiten nutzen, anstatt auf dem Smartphone zu scrollen.

Viele Leute sagen, sie können nicht zeichnen. Wenn du sehen und einen Stift halten kannst, kannst du auch zeichnen. Alles andere ist Übung. Wer nie zeichnet, zeichnet natürlich auch nicht gut. Aber wer bewertet denn, wie du zeichnest? Du musst nicht den Anspruch haben, Kunst zu machen.

Ich habe zwar immer ein Skizzenbuch in Arbeit, bin aber im Alltag auch nicht immer so konsequent, dass ich ständig zeichne. Ich nehme mir regelmäßige Zeichenzeiten im Urlaub und mit einer befreundeten Künstlerin. Straßenszenen, Architektur und Menschen sind anspruchsvolle Motive, damit musst du nicht starten.

In diesem Kapitel gibt es Übungen für den schnellen Strich und das Erfinden von Formen. Wir zeichnen mit dem Zufall. Es kommt überhaupt nicht darauf an, die Welt abzubilden, sondern darauf, mit dem Stift in der Hand, den Linien zu folgen und damit zu gestalten.

Wir gehen dabei ganz analog von Bleistift auf Papier aus, nutzen später aber genauso digitale Stifte und Werkzeuge, die uns manches leichter machen, erstellen uns dann ein Skizzenbuch, in dem wir weiter zeichnen üben können.

Inspiration zum Zeichnen gibt es bei Petra Paffenholz @ppaffenholz auf Seite 166.

Ganz locker

Einfach dem Stift folgen und lockere Schwünge und Linien aufs Papier bringen. Damit kannst du anfangen, es muss gar nichts darstellen oder abbilden. Es kann aber eine Idee für ein Muster oder die Vorlage für einen Stempel werden. Eine schöne Lockerungsübung ohne Anspruch auf ein fertiges Ergebnis.

>> Die Vorlage mit den Quadraten steht hier zum Download bereit.

Aus dem Beratungsgespräch für die Eignungsprüfung an der Fachhochschule vor vielen Jahren habe ich den Rat eines Professors noch ganz genau in Erinnerung: Zeichnen ohne abzusetzen, durchgehende Linien, den Stift auf dem Papier lassen, ohne immer wieder neu zu starten. Damit fühlt man das Format, die Fläche, die Form, tastet ab und sich an die Zeichnung heran. Die Linie muss nicht sofort an der richtigen Stelle sitzen. Durch mehr oder weniger Druck kann ich erst leicht und dann stärker zeichnen, um mich festzulegen.

Ein großes weißes Blatt kann Ehrfurcht und Angst auslösen, deshalb starten wir klein. Zeichne dir auf einem Papier Quadrate vor, diese müssen nicht exakt gemessen sein. Ich habe digital eine Seite mit Quadraten (5 x 5 cm) mit einer dünnen hellgrauen Außenlinie angelegt. Diese Seite, mehrfach auf einfachem Zeichenpapier ausgedruckt, ist meine Vorlage.

Ohne langes Nachdenken kannst du nun die Quadrate füllen. Mach dich locker und zeichne schnell in einem Strich nur durchgehende Linien. Lass dich treiben mit Schwüngen, Kringeln, Wellen. Starte von einer Ecke, von der Mitte, kreuze die Linien, gehe hin und her. Der quadratische Rahmen muss dich nicht bremsen, gehe über das Format hinaus. Einfach immer weiter und schnell ist die Seite voll.

Probiere unterschiedliche Stifte aus, pro Seite einen anderen. Die Strichstärke, die Art, wie die Mine übers Papier rutscht, die Kraft, die du anwendest, all das ergibt völlig unterschiedliche Linien. Der weiche Bleistift, der feste Filzstift, der dünne Fineliner, der Brushpen oder der Buntstift? Teste einfach aus, welcher Stift sich in der Hand am besten anfühlt, womit du den lockersten Strich schaffst.

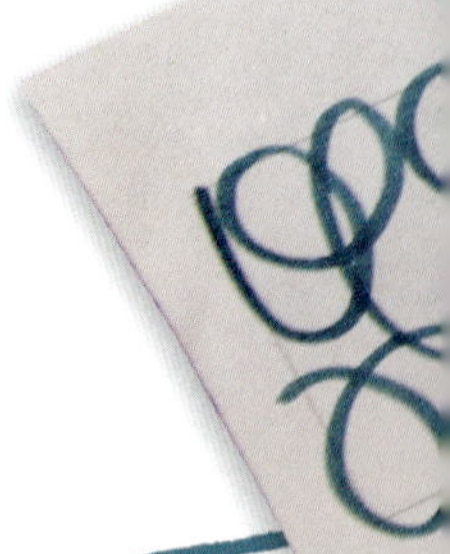

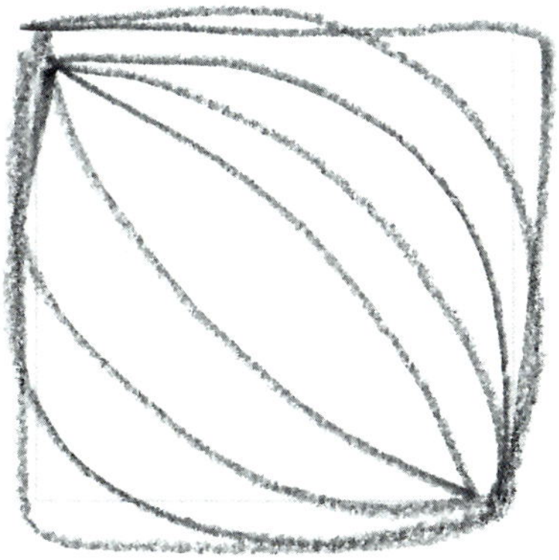

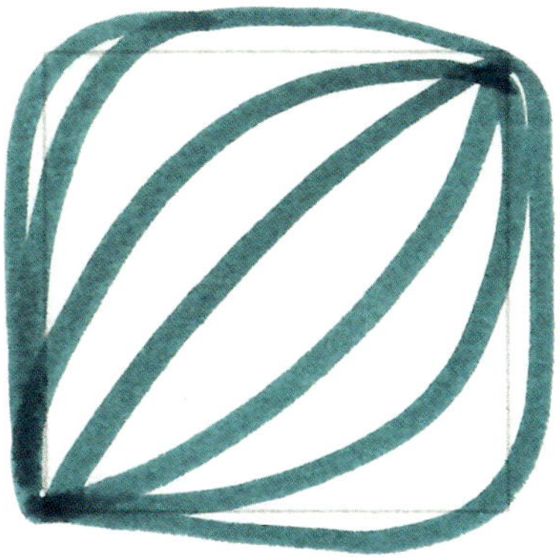

Locker gekritzelt kann eine schnelle Zeichnung eine Idee für ein Muster oder einen Stempel liefern. Wie ein Stempel aus diesem Motiv entsteht, siehst du auf Seite 74.

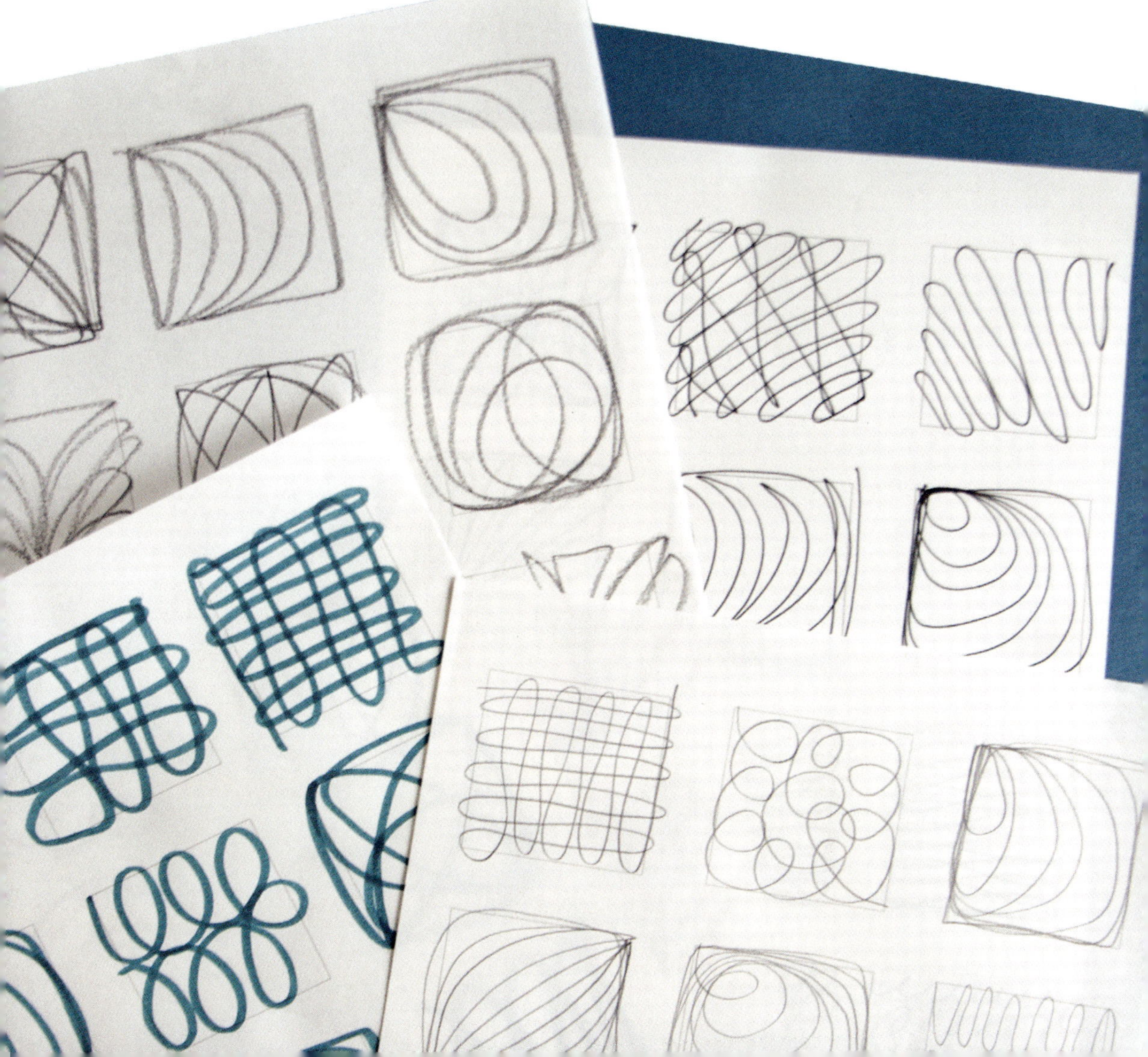

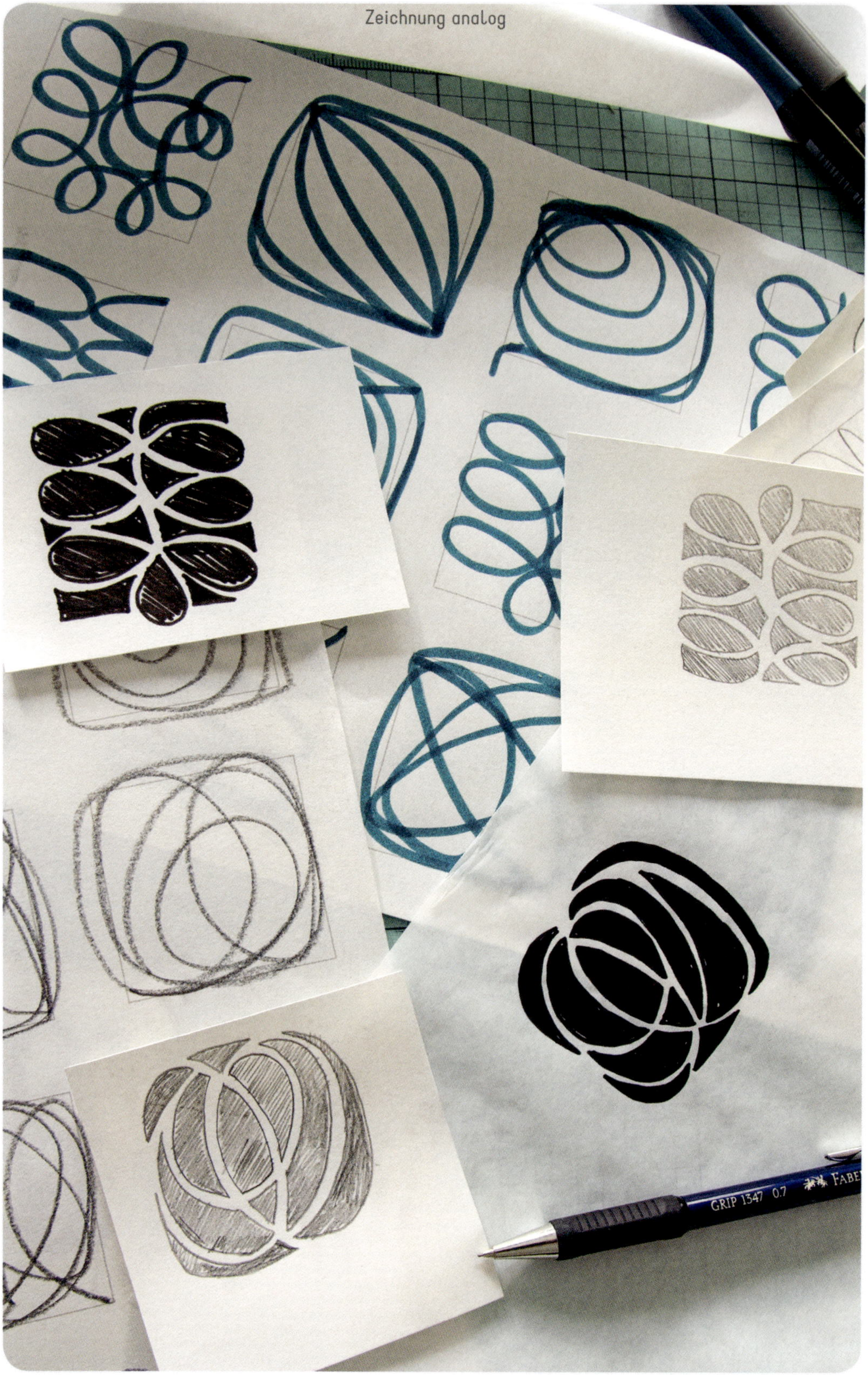
GRIP 1347 0.7
FABER

Linie und Fläche

Die lockeren Schwünge bieten die Grundlage, um Motive weiterzudenken und grafische Gestaltungen daraus abzuleiten.

In der ersten schnellen Skizze werden nur Linien gezeichnet, jetzt geht es um Flächen. Du kannst ein Motiv mehrfach nachzeichnen, indem du Transparentpapier oder dünnes Zeichenpapier darüberlegst.

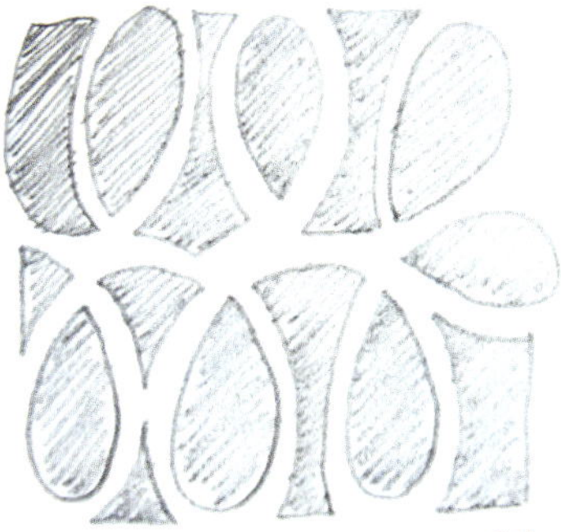

(1)

(1) Zunächst zeichnest du mit Bleistift die Konturen nach, aber nicht die ursprüngliche Linie, sondern die Zwischenräume. Die Flächen füllst du mit einer Schraffur.

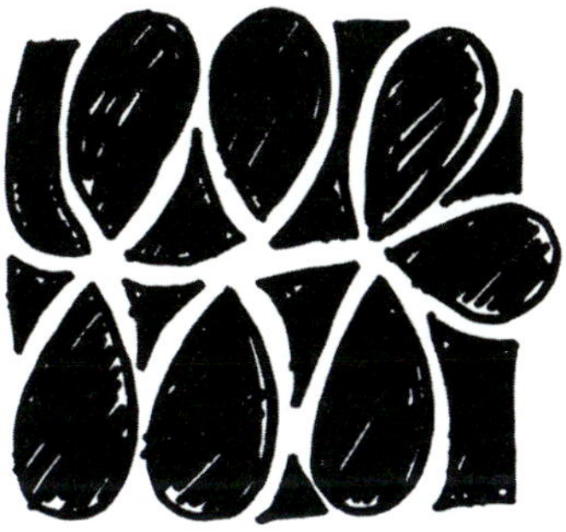

(2)

(2) Mit einem schwarzen Filzstift werden die Flächen deutlicher. Beim Nachzeichnen kannst du Formen korrigieren, vereinfachen, Flächen weglassen oder zusammenfügen. Aus den schnellen Linien werden grafische Formen. Das Zusammenspiel von Linie und Fläche lässt sich durch diese Zeichnungen austesten. Dieses Motiv ist eine Negativform und könnte die Vorlage für eine Schablone sein.

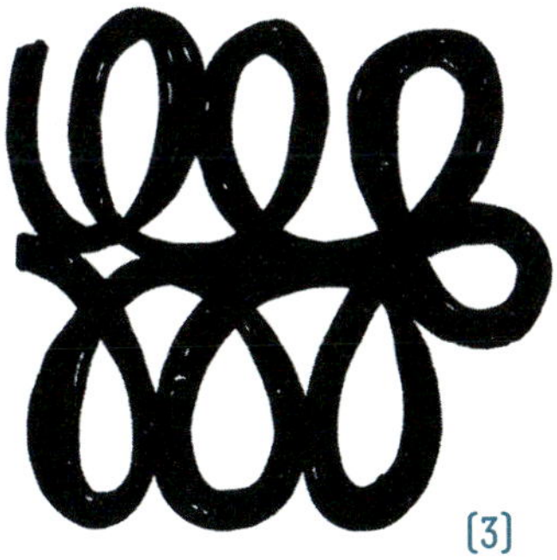

(3)

(3) Hier sind die ursprünglichen Linien verstärkt und vereinfacht. Das positive Motiv ist eine gute Vorlage für einen Stempel.

Diese Übungen kannst du natürlich auch direkt digital machen wie auf Seite 62. Für mich persönlich ist das Herantasten an eine Form mit Papier und Stift aber ursprünglicher und intuitiver.

Die Zeichnungen kannst du genauso wie die Stempel auf Seite 78 digitalisieren und weiterverarbeiten.

Zufälle zeichnen

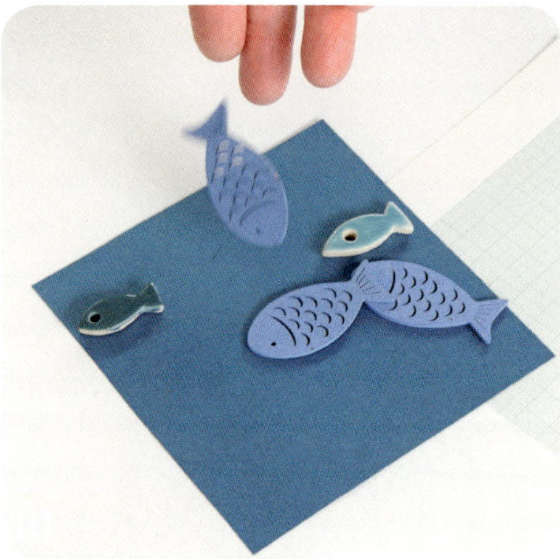

(1) Suche dir eine Handvoll kleiner ähnlicher Gegenstände. In diesem Fall dienen uns Deko-Fische aus Holz und Keramik als Spielmaterial. Benutze eine ungerade Anzahl an Dingen, das bringt mehr Spannung. Das Zeichenpapier als Untergrundfläche sollte nicht zu klein und nicht zu groß sein, damit sich die Gegenstände darauf gut verteilen, nicht verloren wirken und auch nicht neben dem Papier landen. Lass die Gegenstände aus nicht zu hoher Höhe auf die Grundfläche fallen und ändere möglichst nichts an der zufälligen Anordnung. Wir haben nur ab und zu einen kleinen Schubs gegeben, wenn sich die Fische gestapelt haben.

Software

- Zeichenpapier
- Bleistift, Buntstift oder/und verschiedene andere Stifte

Hardware

- mehrere kleine Gegenstände, z. B. Knöpfe, Garnrollen, Spielfiguren, Steine, Muscheln …

Von Petra Paffenholz stammt diese geniale Methode der Bildfindung und Komposition. Sie lässt Dinge einfach fallen und zeichnet sie dann. Das ist eine gute Übung, um verschiedene Striche und Techniken auszuprobieren, ohne über Kompositionen nachdenken zu müssen. Der Zufall komponiert fast von allein, die Zeichnungen fallen uns zu! Petra hat für mich Fische fallen lassen und verrät hier ihre Zeichentricks.

(2) Mit einem leichten Buntstift- oder Bleistiftstrich zeichnest du die Fisch-Konturen zunächst rundum nach.

(3) Danach zeichnest du die Konturen mit kräftigem Strich nach und ergänzt Details.

(4) Zwei Papierwinkel dienen dazu, den perfekten Ausschnitt zu finden. Du kannst damit die Zeichnung an den Rändern extrem beschneiden, um die Komposition zu verdichten. Achte darauf, dass die Linien nicht genau in den Ecken enden.

(5+6) Fülle die Hintergrundfläche zwischen den Fischen mit schneller Buntstift-Schraffur aus und schließe damit die Komposition.

(7) Beim nächsten Wurf kannst du unterschiedliche Stifte oder auch Feder und Tusche austesten.

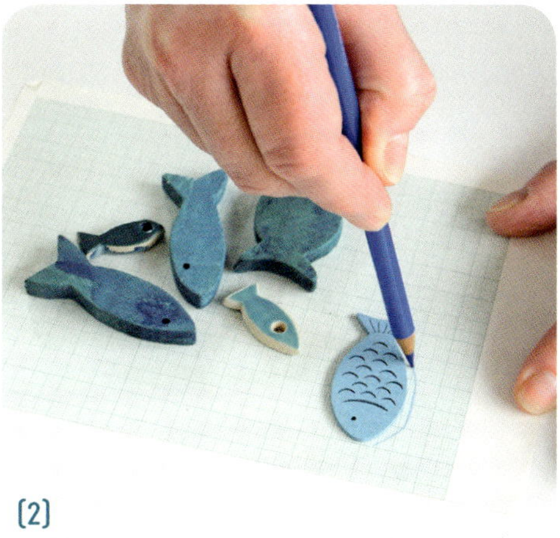

(2)

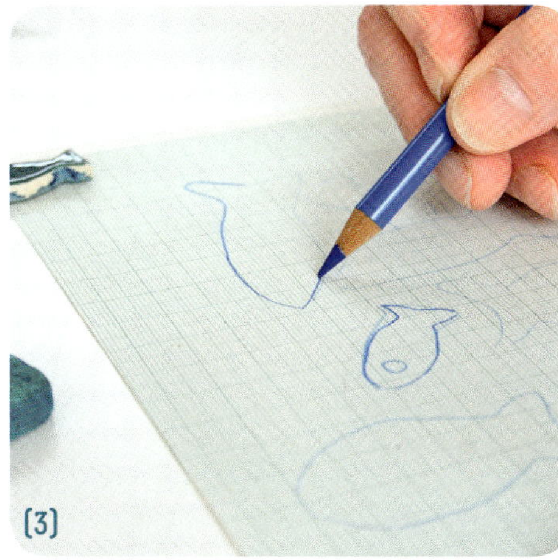

(3)

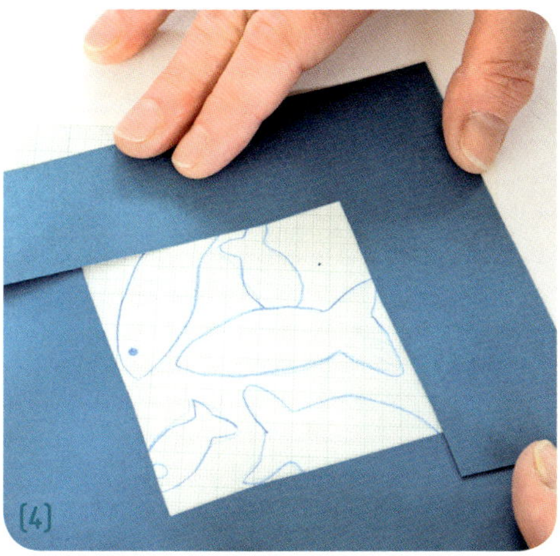

(4)

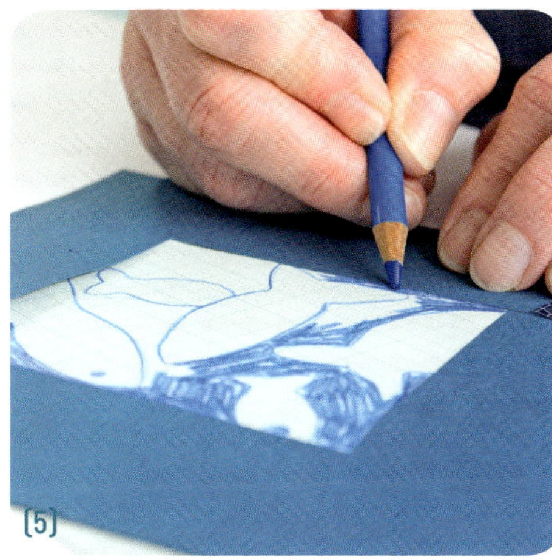

(5)

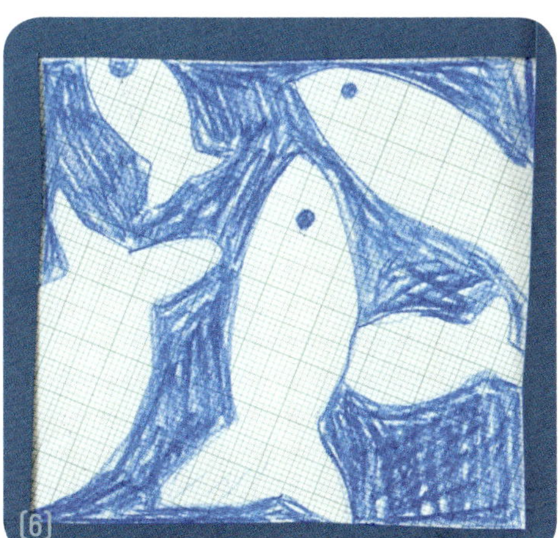

(6)

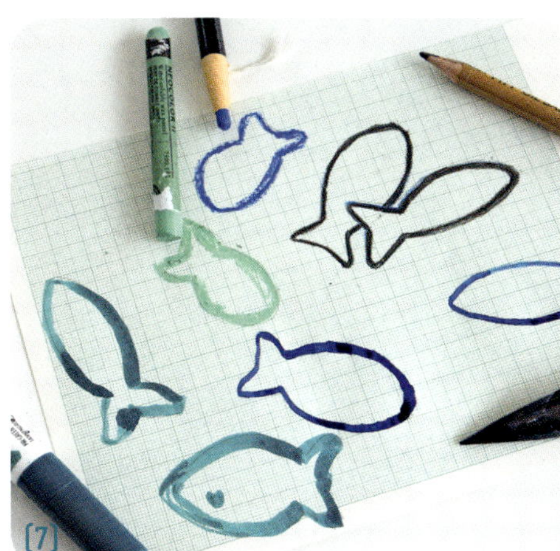

(7)

Schnurwürfe

Eine weitere Zufallsebene bringt Petra durch Schnüre, Bänder oder Fäden in ihre Zeichnungen ein, die sie zufällig aufs Papier wirft und deren Verlauf sie anschließend zeichnerisch folgt:

(1) Hier sind nun die Fische gezielt in einem Schwarm angeordnet, zunächst mit Bleistift, (2) dann mit einem kräftigen Filzstift nachgezeichnet.

(3) Über die Zeichnung wirfst du eine Seidenschnur und zeichnest deren Verlauf mit leichtem Bleistiftstrich nach. Den Wurf wiederholst du mehrfach, bis das ganze Blatt von einem zufälligen Linienmuster überzogen ist.

(4) Das Papier teilst du in zwei Hälften, um unterschiedliche Wirkungen auszuprobieren. In der einen Hälfte zeichnest du mit Filzstift die Linien innerhalb der Fischformen nach und füllst die Flächen aus.

(5) In der anderen Hälfte bleiben die Fischformen leer, die Linien im Hintergrund werden betont und die Flächen dazwischen mit Buntstiftstrichen gefüllt. Die zufälligen Linienmuster wirken wie Wellen und Wasser, natürlich und organisch. Innerhalb der Flächen, die nicht ausgefüllt sind, radierst du die Vorzeichnung weg.

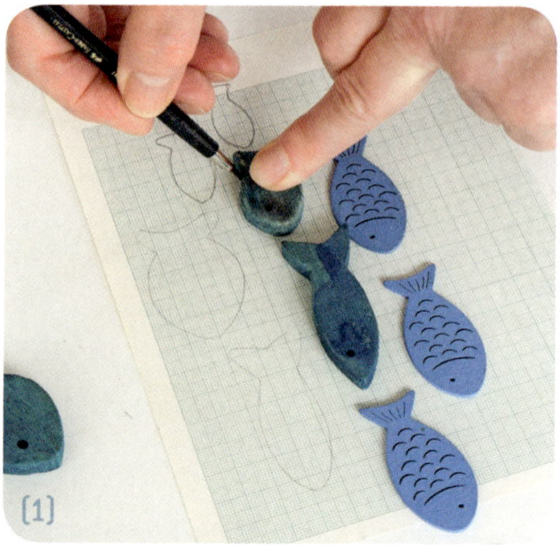
(1)

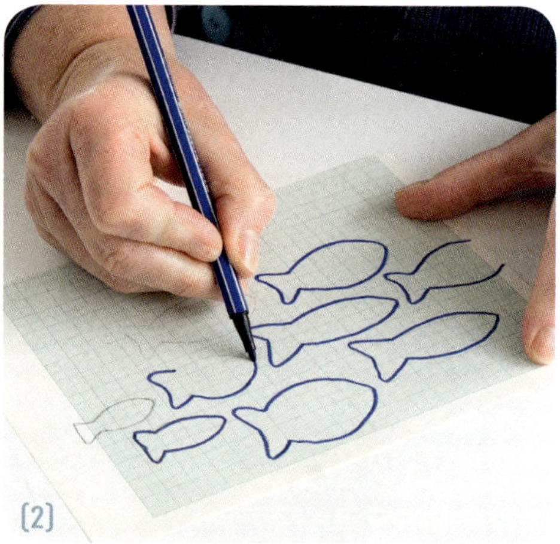
(2)

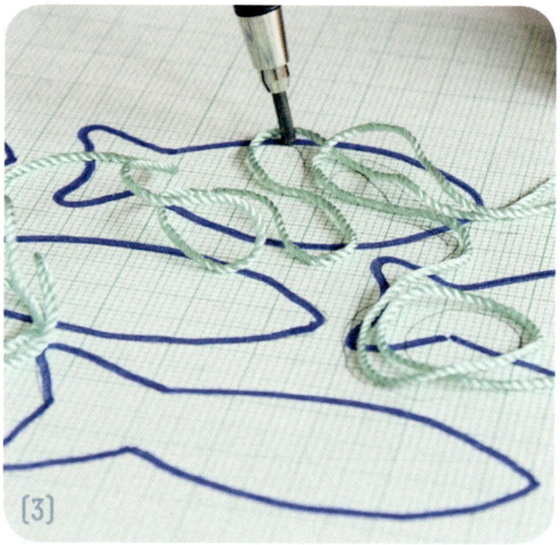
(3)

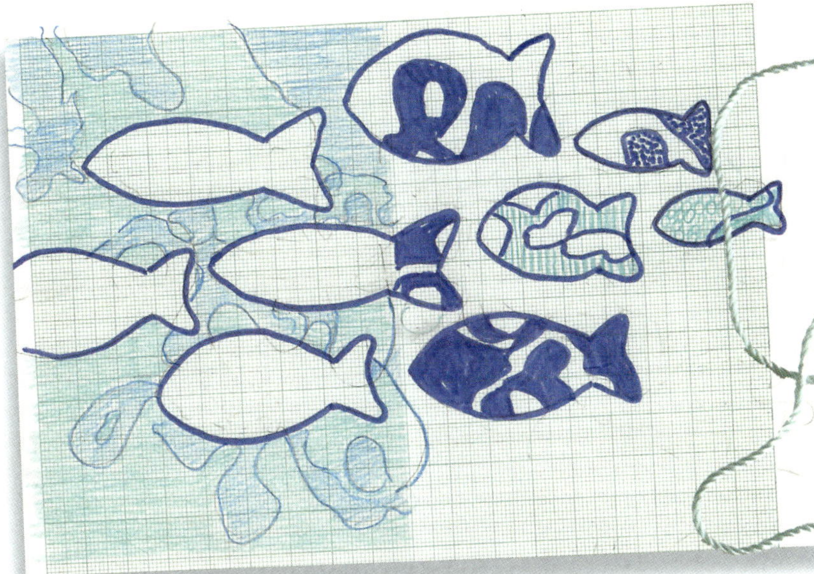

Vordergrund und Hintergrund ist auf beiden Seiten der Zeichnung durch die Helligkeiten eindeutig. Die kräftigen Fische rechts schwimmen oben, und der zarte Hintergrund links bleibt hinten.

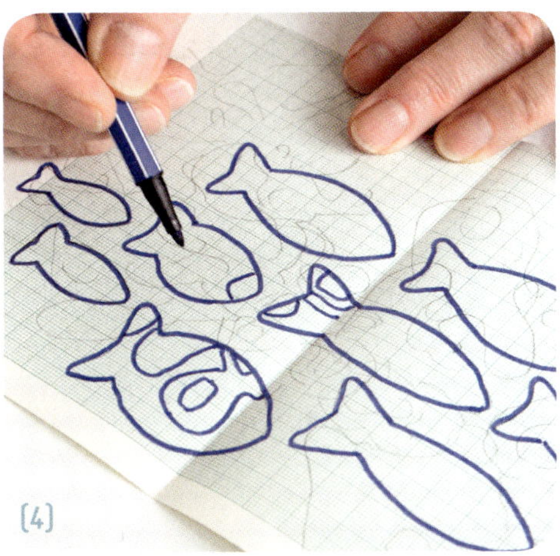

(4)

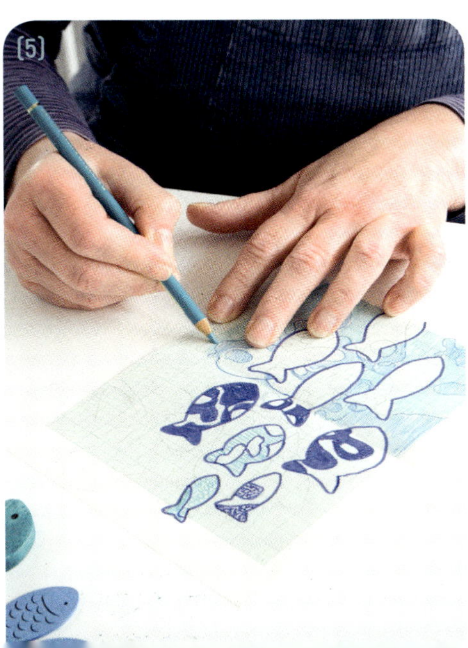

(5)

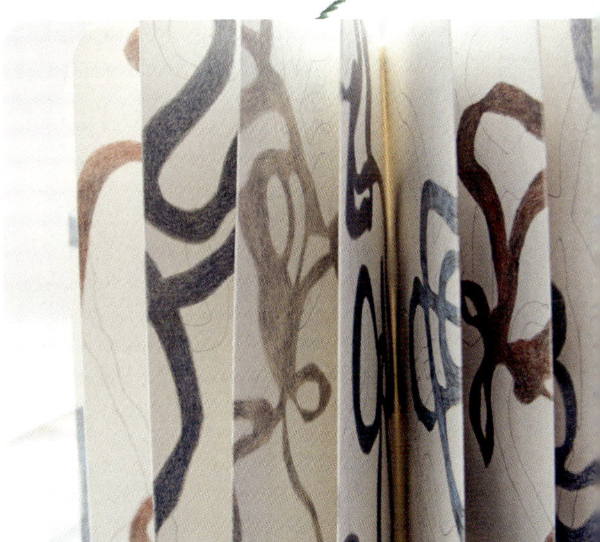

Die Künstlerin Petra Paffenholz arbeitet in ihren Zeichnungen viel mit der Technik des „Schnurwurfs“ und folgt den zufälligen Linien wie in diesem Künstlerbuch. Im Interview auf Seite 166 erzählt sie über ihre Arbeit.

App-Zeichnen

Abpausen oder Nachzeichnen ist eine gute Übung und kann vorbereiten für andere Gestaltungsaufgaben. Schon die alten Meister haben kopiert. Digital ist das sehr einfach. Auf dem Tablet kannst du Fotos einfach nachzeichnen, dabei den Blick schärfen und zeichnen üben.

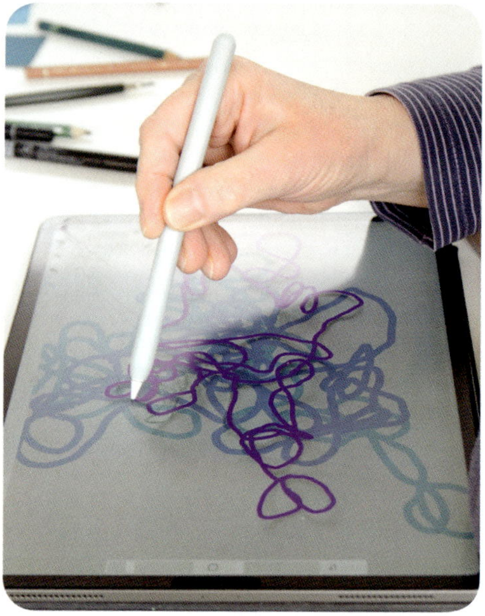

Software

Procreate oder alternative Zeichen-App

Schnur

Hardware

iPad mit Pencil oder anderes Tablet mit druckempfindlichem Stift

Die Zufallszeichnung bietet sich als digitaler Einstieg an. Das iPad, der dazugehörige Stift und die App Procreate machen es uns sehr einfach. Wir haben wieder die Schnur geworfen, drei Fotos davon direkt mit dem Tablet gemacht, und Petra hat die Linien nacheinander auf unterschiedlichen Ebenen und in verschiedenen Farben nachgezeichnet.

Die Zeichen-App bietet eine Vielzahl von Werkzeugen, fast jede Pinsel- oder Stiftspitze kann simuliert und auch selbst erstellt werden. Strichstärke, Transparenz und Druckempfindlichkeit lassen sich einstellen. Die Möglichkeiten sind unendlich – und das ist gleichzeitig auch der große Nachteil am digitalen Zeichnen. Während wir uns analog auf Bleistift und Papier beschränken und mit wenigen Möglichkeiten ausdrücken müssen, haben wir digital keinerlei Beschränkungen. Wir können jederzeit Schritte rückgängig machen ohne Radierspuren, alles bleibt offen und somit auch beliebiger.

Auch wenn die Software echte Stifte und Pinsel simuliert, sie so tut, als wäre die Kreide rau, das Aquarell nass oder der Borstenpinsel struppig, kommt bei mir digital nicht das lebendige, unmittelbare, unberechenbare Gefühl der echten Zeichnung auf. Ich nutze das Tablet, um saubere Vorlagen für Schablonen zu erstellen und wie hier zum Nachzeichnen von Fotos. Doch Papier wird es bei mir auf Dauer nicht ersetzen, nur ergänzen.

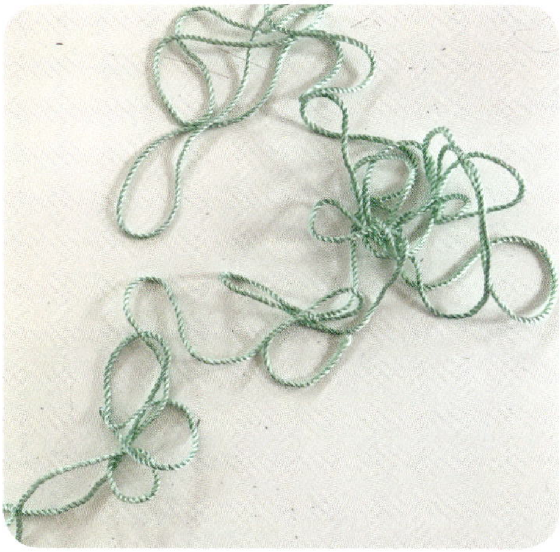

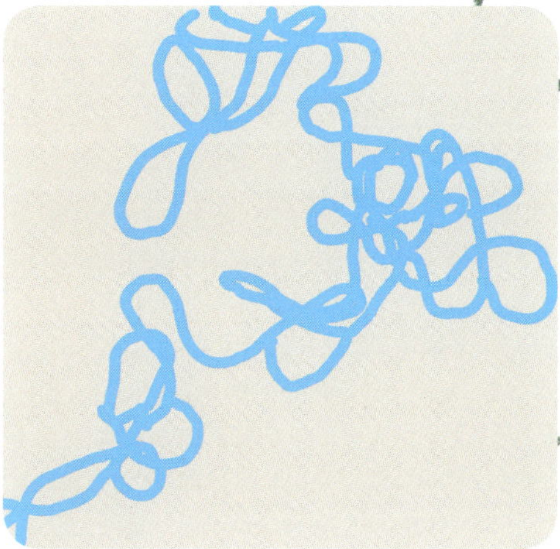

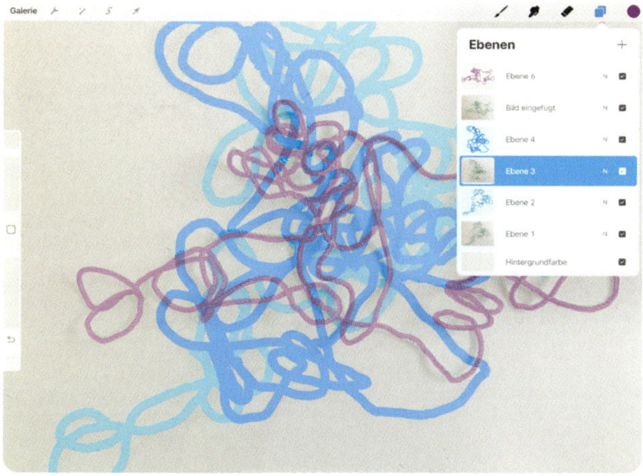

Die App Procreate arbeitet wie die meisten Zeichenprogamme mit Ebenen. Damit kann ich unabhängig mehrere Schichten übereinanderzeichnen und Fotos als Vorlage einblenden.

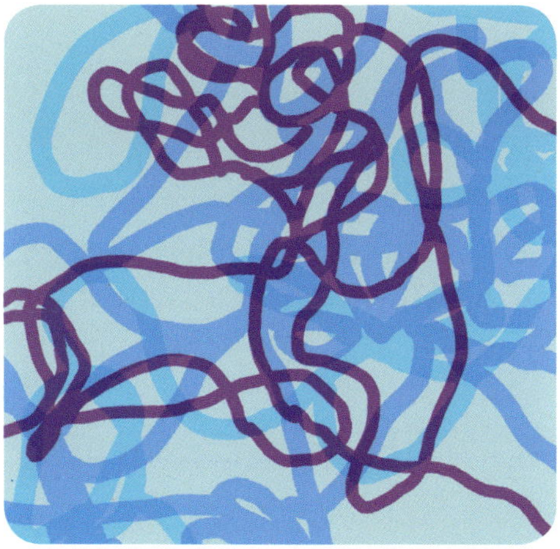

Die drei Ebenen der Zeichnung auf einem Hintergrund, alle leicht transparent. Alle Ebenen können einzeln modifiziert werden.

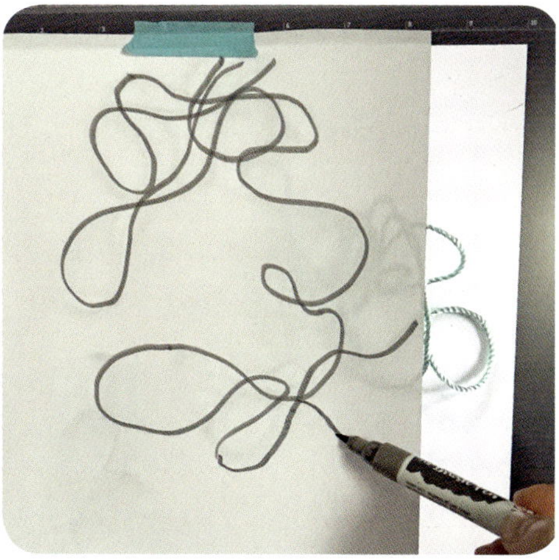

Eine alternative Möglichkeit von digital nach analog ohne iPad: Einfach ein Papier an den Computer-Bildschirm kleben und auf Papier abpausen.

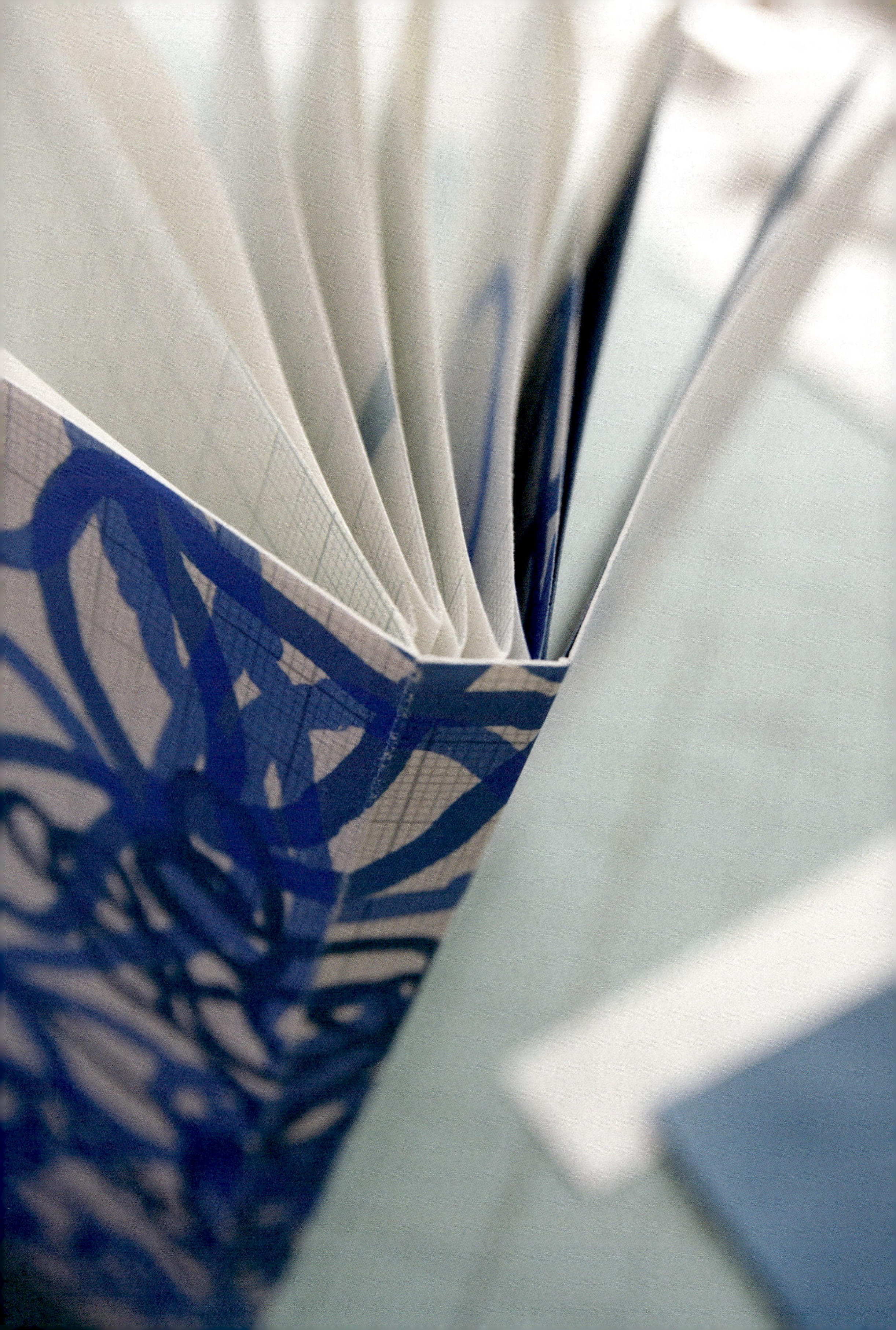

Leporello-Skizzenbuch

Die digitalen Zeichnungen sind eine schöne Spielerei und die Grundlage für neue analoge Zeichnungen in einem einfachen Leporello-Skizzenbuch. So ein simples Skizzenbuch kann ohne viel Aufwand hergestellt werden. Wenn du keinen eigenen Drucker hast, kannst du die Seiten auch im Copyshop ausdrucken. Oder du nutzt nur unbedrucktes Papier in unterschiedlichen Farben und Qualitäten.

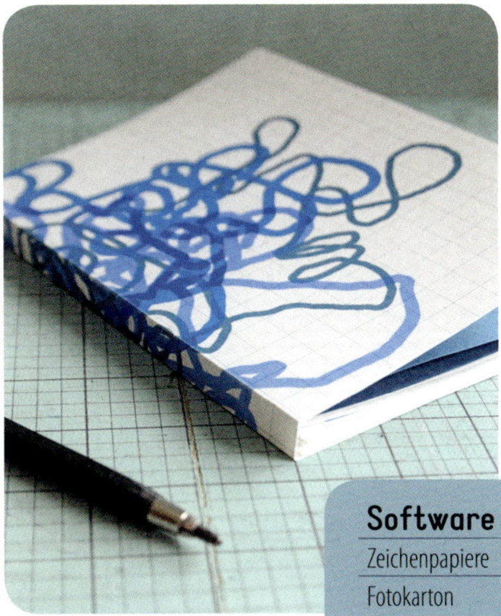

Petra hatte ihre Schnurwürfe auf altem, grünem Millimeterpapier gezeichnet. Millimeterpapiere oder auch karierte, linierte, gepunktete oder anders gemusterte Papiere kannst du dir selbst ausdrucken. Die Vorlagen findest du im Internet. Die Linienmuster im Hintergrund sind hier nicht dafür da, millimetergenaue Zeichnungen zu erstellen. Vielmehr bieten sie einen strukturierten zarten Untergrund und geben der Zeichnung Halt.

Software
- Zeichenpapiere
- Fotokarton
- Bildbearbeitungs-Software

Hardware
- Computer
- Drucker
- Schneidelineal und Cutter
- Kleber
- Falzbein

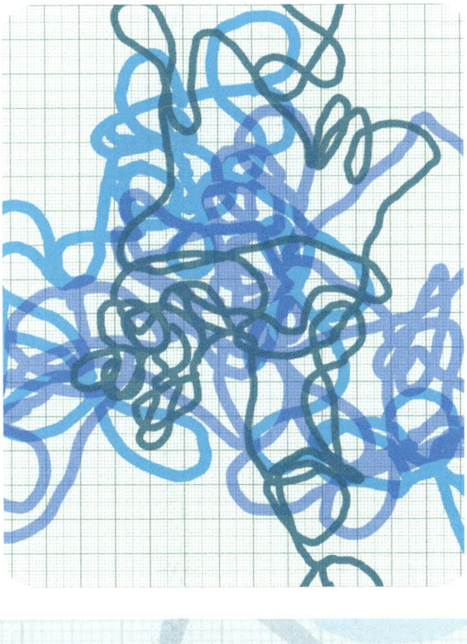

Petras digitale Linien habe ich in der Bildbearbeitung unterschiedlich eingefärbt. Jede Linie liegt auf einer einzelnen Ebene, dadurch können sie verschoben und die Deckkraft kann verändert werden. Die Überlagerungen und Transparenzen mag ich sehr. Die Millimeter-Struktur liegt auf der untersten Ebene. Dabei ist es mir egal, ob der Maßstab stimmt.

Für den Umschlag des Leporellos wird das Motiv einmal auf festem Karton ausgedruckt. Wichtig dabei ist zu beachten, welche Papierstärke der Drucker bedrucken kann. Der Umschlag wird auf 18 x 27 cm zugeschnitten, um das DIN-A4-Format gut auszunutzen, die unbedruckten Ränder fallen weg.

Für die Innenseiten bedruckst du mindestens sieben Seiten einfaches Zeichenpapier, nichts Wertvolles, vermeide aber weißes Kopierpapier. Teilweise haben die Seiten nur die Millimeter-Struktur, teilweise die Schnurlinien in unterschiedlichen Intensitäten. Du kannst immer die gleiche Datei ausdrucken, nur einzelne Ebenen ausblenden. Den Umschlag faltest du so, dass in der Mitte ein Buchrücken von 1 cm entsteht. Dafür rillst du den Falz mit dem Falzbein vor und falzt dann.

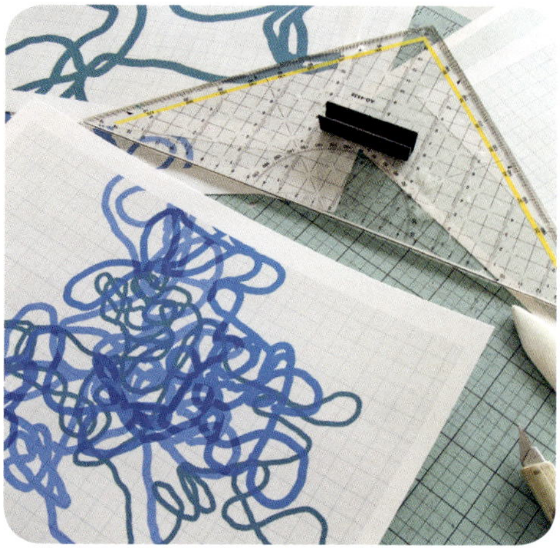

Die Innenseiten schneidest du auf 18 cm Höhe zu und faltest sie jeweils auf 13 cm Breite. Die unbedruckten Ränder schneidest du nur an einer Seite ab, die andere Seite dient als Klebelasche, um die nächste Seite anzufügen. So lassen sich Seite um Seite im Zickzack-Falz zusammenfügen, bis der Buchblock dick genug ist. Am Ende kannst du farbiges Tonpapier ansetzen.

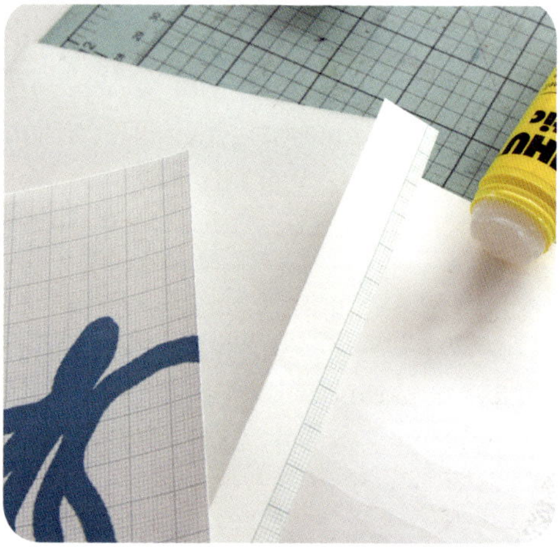

Den gefalteten Zickzack-Buchblock klebst du mit einem dünnen Streifen doppelseitigem Klebeband nur hinten im Umschlag fest. So lässt sich das komplette Leporello auffalten.

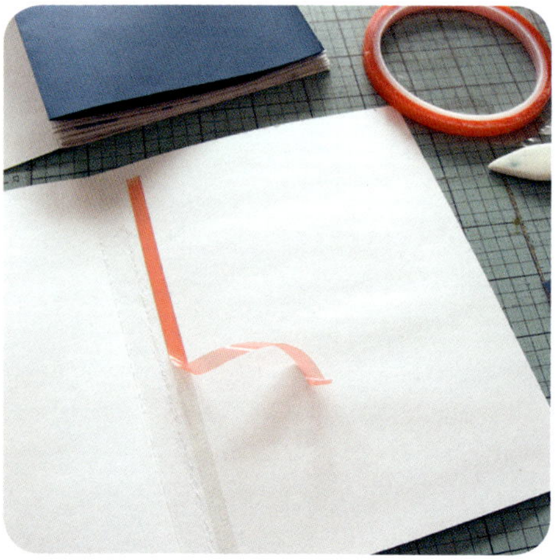

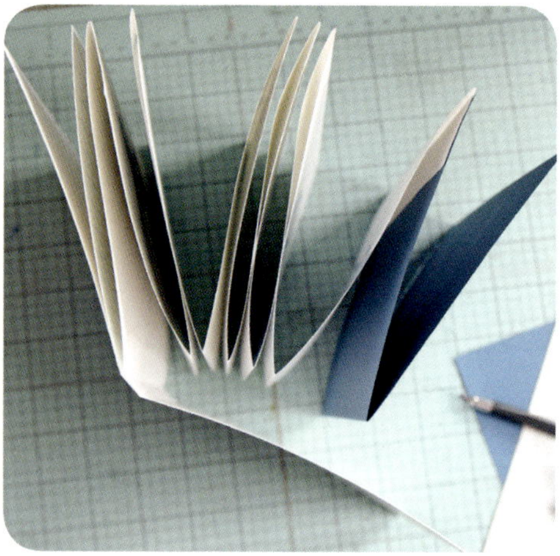

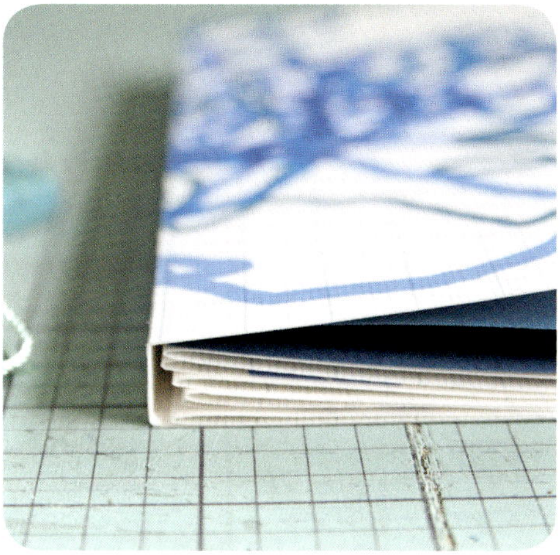

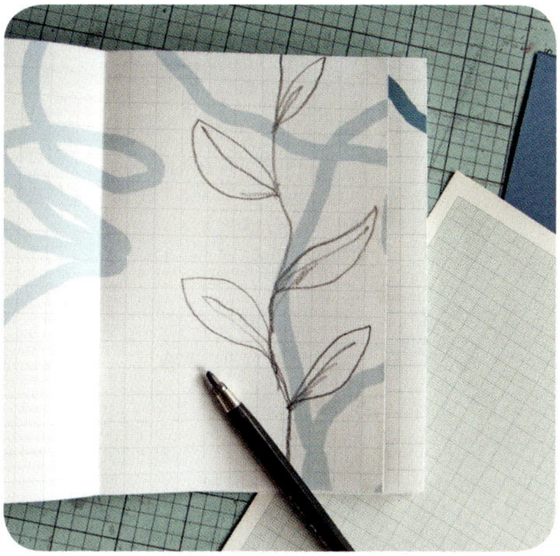

Die gedruckten Linien auf den Seiten sind ein Impuls zum Zeichnen. Sie können dir die Angst vor dem weißen Blatt nehmen, die Scheu, den ersten Strich zu setzen. Vielleicht bieten sie den Ansatz für eine gegenständliche Zeichnung, vielleicht fallen dir Formen ein, mit denen du die Linien verbinden kannst. Wenn sie nur sehr zart im Hintergrund liegen, kannst du auch komplett darüberzeichnen. Nimm das Büchlein mit nach draußen, zeichne Details nach der Natur, Straßenszenen, Architektur oder eine Landschaft über das ganze ausgeklappte Format.

Da dieses Skizzenbuch so einfach und aus wenigen Bögen Papier und etwas Karton hergestellt ist, sollte die Hemmschwelle, es wirklich zu benutzen, niedrig sein. Das Büchlein hat keinen Anspruch, fülle es einfach und übe dabei deinen Strich. Gesammelte Skizzen und Zeichnungen in einem Buch haben einen Zusammenhang, sie können wertvoller sein als einzelne, lose Blätter.

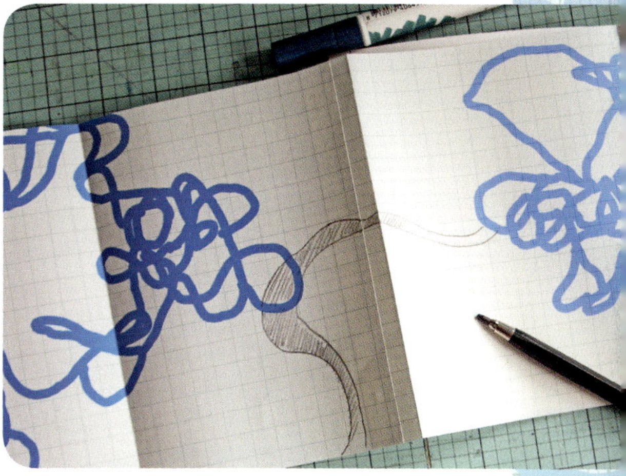

Stell dir solch einfache Leporello-Büchlein für unterschiedliche Zwecke her und nutze je eins für eine kurze Reise, ein Thema, eine Farbe. Du könntest auch anstatt der Linien Fotos ausdrucken, stark vergrößerte Ausschnitte mit geringer Deckkraft und dann darüber zeichnen.

Vielleicht sammelst du im Büchlein auch deine Ideen für Stempelmotive, die wir im nächsten Kapitel schnitzen.

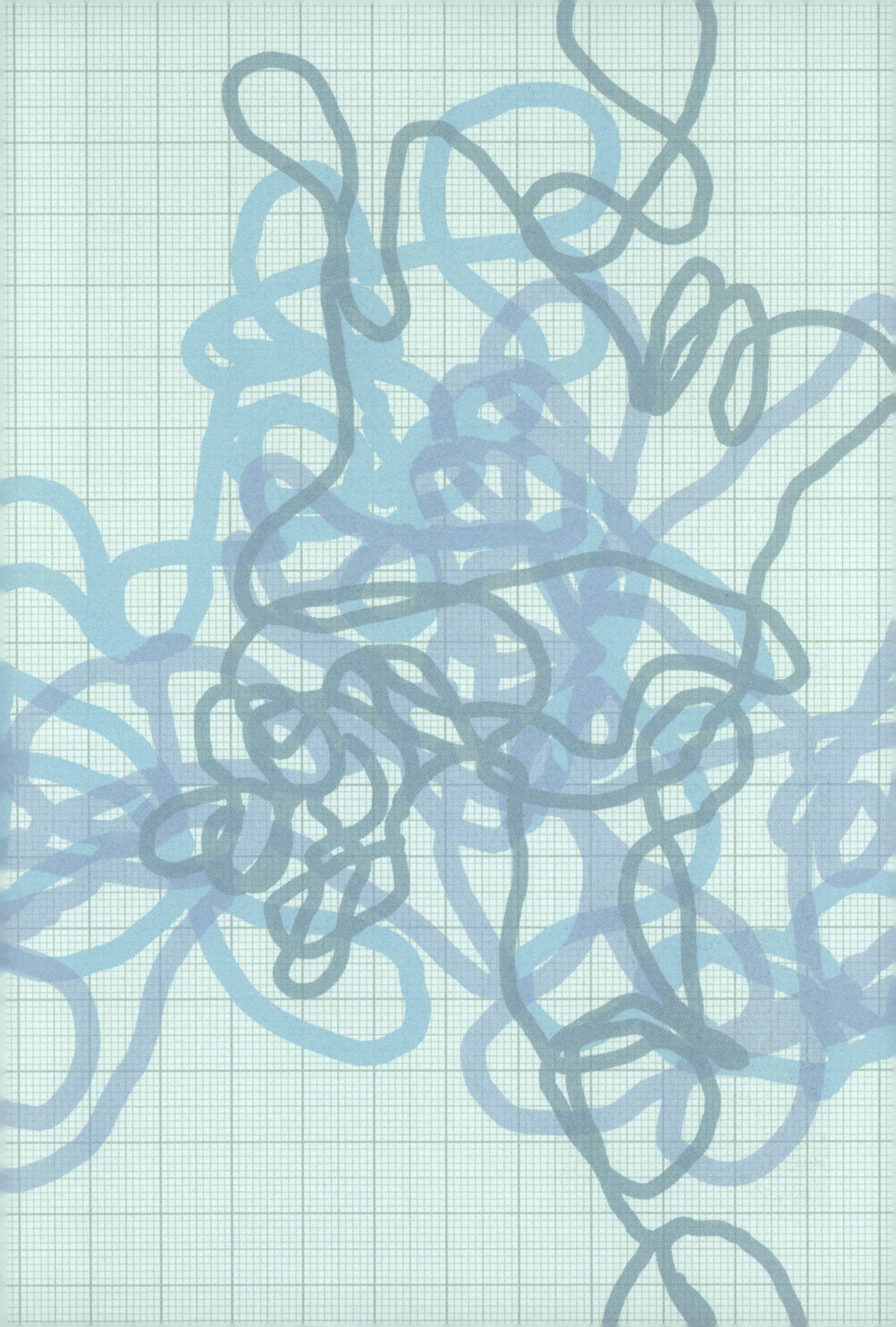

4. Stempel

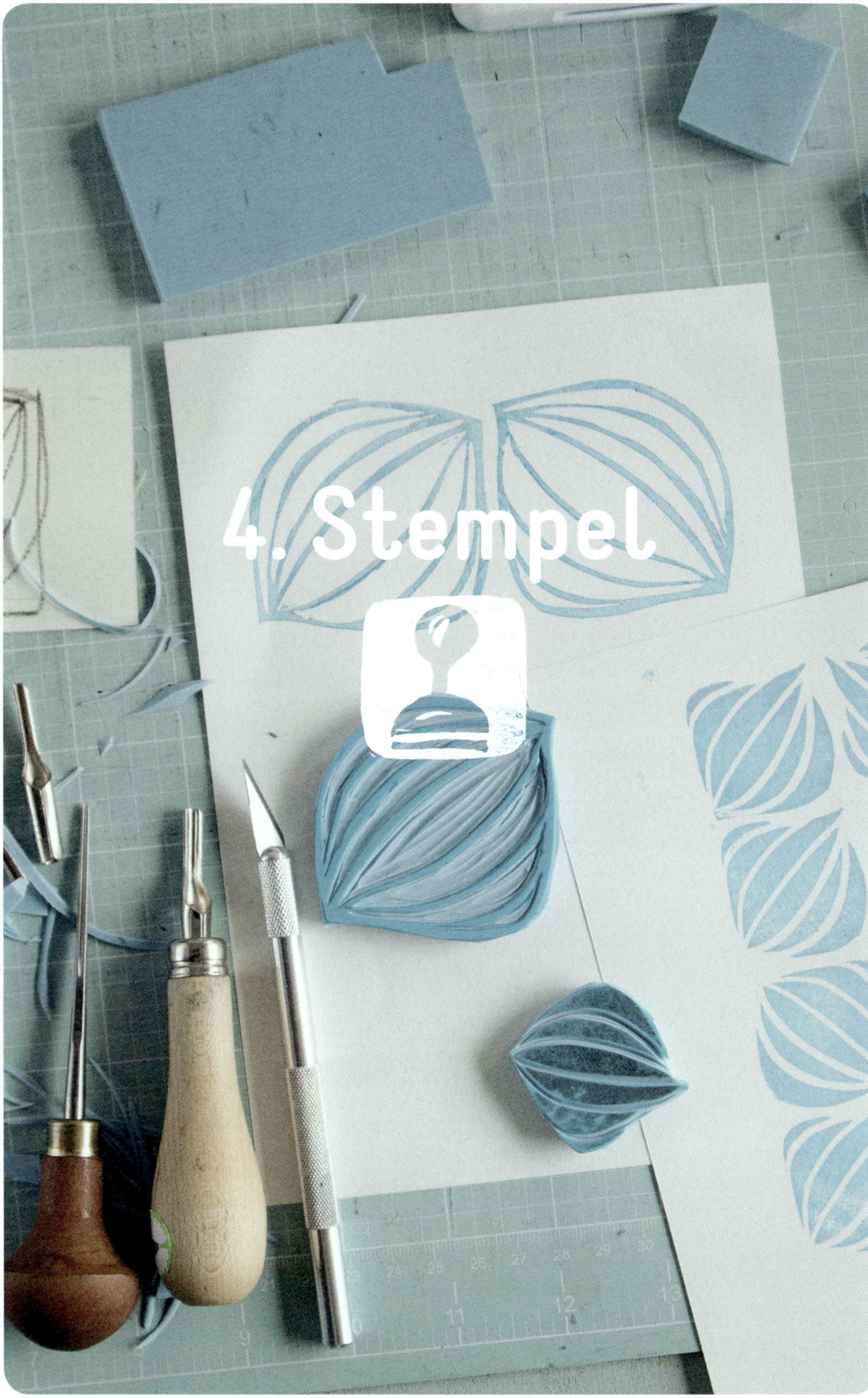

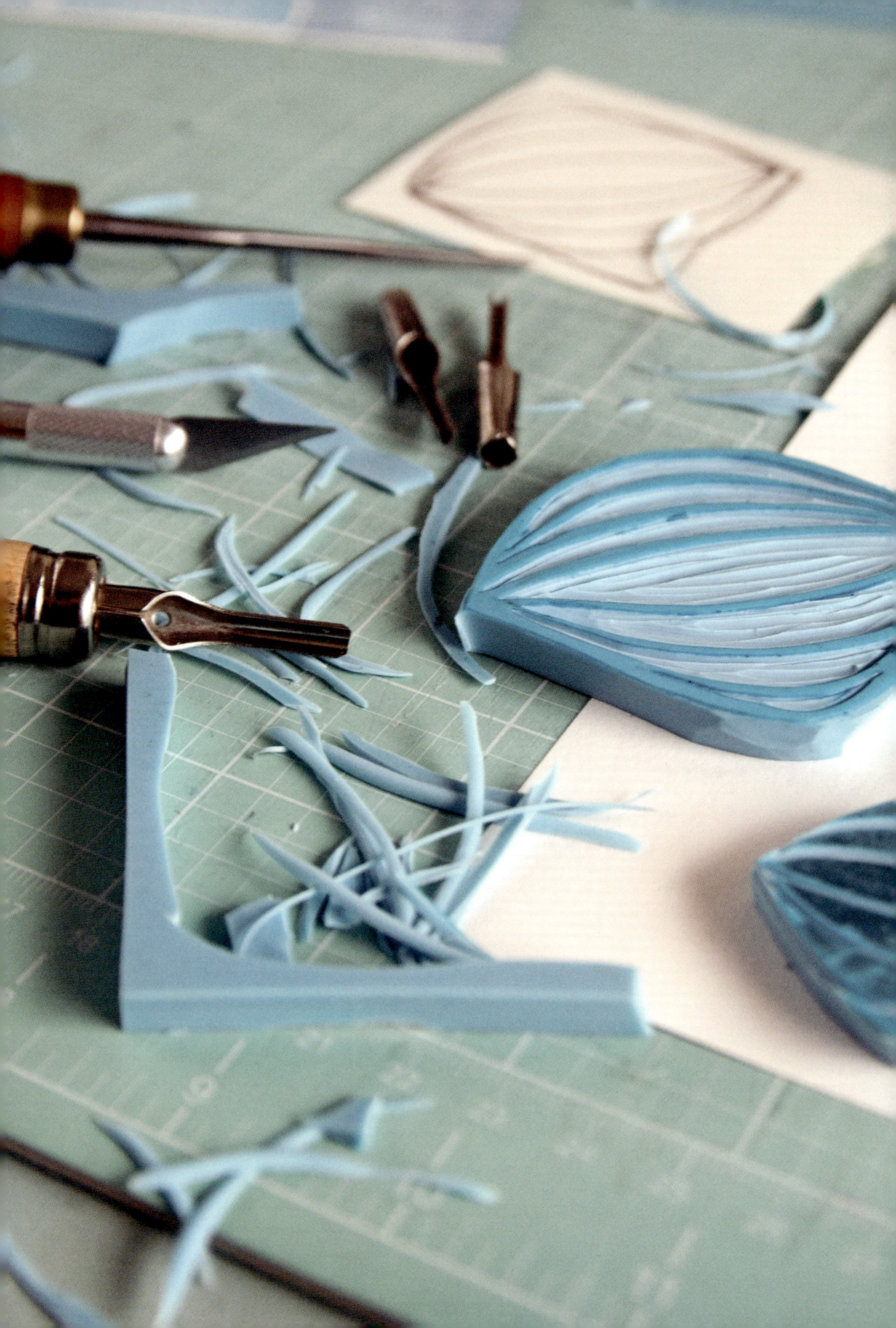

Abstempeln

Stempeldruck ist die einfachste Möglichkeit der Vervielfältigung. Ob behördliches Siegel, Stoffdekor oder Texte im Buchdruck: Mit einem Druckstock und Farbe kannst du ein Motiv ohne großen Aufwand beliebig oft wiederholen. Das hat sich auch im digitalen Zeitalter nicht geändert.

Stempelschnitzen und Blockprint sind in den letzten Jahren immer beliebter geworden. Stempel und Stempelkissen in allen Varianten sowie Gummiplatten zum Stempelschnitzen sind im Hobbybedarf erhältlich. Fertige Motive verlieren allerdings sehr schnell ihren Reiz, während das Entwerfen, Schneiden, Schnitzen und Drucken eigener Stempel auf mich eine unveränderte Faszination ausübt.

Als ich vor Jahren mit dem Stempelschnitzen begann, hatte ich direkt die digitale Weiterbearbeitung im Kopf. Bevor ich große Bögen von Hand bedruckte, hatte ich meine ersten Stempelmotive schon gescannt, digital bearbeitet und daraus Musterdesigns am Rechner gestaltet. Diese Muster haben trotz ihrer digitalen Umsetzung immer noch den Geist des Handgemachten in sich. Die abgedruckten Strukturen und die Unregelmäßigkeiten faszinieren besonders auf der glatten digitalen Oberfläche.

Der Charme von Stempeldrucken liegt besonders darin, dass kein Abdruck dem anderen genau gleicht, Strukturen und Farbauftrag ändern sich bei jedem Druck. Ich zumindest schaffe es nie, einen kompletten Bogen gleichmäßig zu bedrucken, aber das finde ich überhaupt nicht schlimm. Wenn es gleichmäßig werden soll, kann ich es ja digital machen.

Genauso ist es andersherum möglich, aus digitalen Zeichnungen, Fotos oder Designs Stempel herzustellen und diese wieder in die analoge Welt zu holen, mit einer guten Portion Stempelcharme.

Hüpfen wir also in diesem Kapitel wieder hin und her. Gestalten wir eigene Stempelmotive, mit farbigen Fingern und digital, schnitzen und mustern wir. Wir können auch der virtuellen Kommunikation unseren analogen Stempel aufdrücken!

Stempel-Inspiration gibt es bei Ali Bäcker @ 3dottedpenguins auf Seite 164.

Stempelkasten
aus Grundformen

Software

- Moosgummi
- doppelseitiges Klebeband

Hardware

- Schere
- Acrylblock oder Holzklötze
- Stempelkissen

Wir alle haben früher sicherlich mit Kartoffeln gedruckt – eine geniale Technik: Kartoffel-Stempel haben einen eingebauten Griff und lassen sich einfach zuschneiden, sind nur leider nicht lange haltbar. Einfache Stempelformen kann man leicht aus Moosgummi mit der Schere schneiden. Das weiche Kunststoffmaterial nimmt die Farbe gut auf und gibt sie satt und kräftig wieder ab. Für komplizierte Motive mit Innenformen ist Moosgummi aber nicht geeignet. Fangen wir also einfach an und schneiden uns einen Stempelkasten aus schlichten geometrischen Formen, die wir analog und digital zu vielfältigen Mustern kombinieren.

(1) Einfache Moosgummiformen kannst du frei mit der Schere schneiden, ohne vorzuzeichnen. Das ergibt schöne Formen mit leichten Unregelmäßigkeiten: Kreise, Ovale, Dreiecke, Tropfen. Um die Innenform aus dem Kreis auszuschneiden, klappst du das Moosgummi zusammen und schneidest den Innenkreis aus, mit 2 mm starkem Moosgummi funktioniert das gut. Alternativ zur Schere kannst du mit dem Cutter schneiden.

(2) Die dünnen Stempel müssen zum Drucken auf einen Träger geklebt werden. Das kann dauerhaft ein Holzklotz oder temporär ein Acrylblock sein. Acryl hat den Vorteil, dass du genau sehen kannst, wohin du druckst. Die Moosgummiformen lassen sich mit kleinen doppelseitigen Klebeband-Stücken montieren. Auf einem Acrylblock kannst du auch direkt mehrere Formen zu einem Muster kombinieren und zusammendrucken.

(3) Zum Drucken gibt es hochwertige Stempelkissen, die wieder auffüllbar sind. Genauso kannst du mit Linoldruck- oder Acrylfarbe drucken. Der Farbauftrag, die Struktur und der Druck unterscheiden sich je nach Farbe, Stempelkissen und Papier.

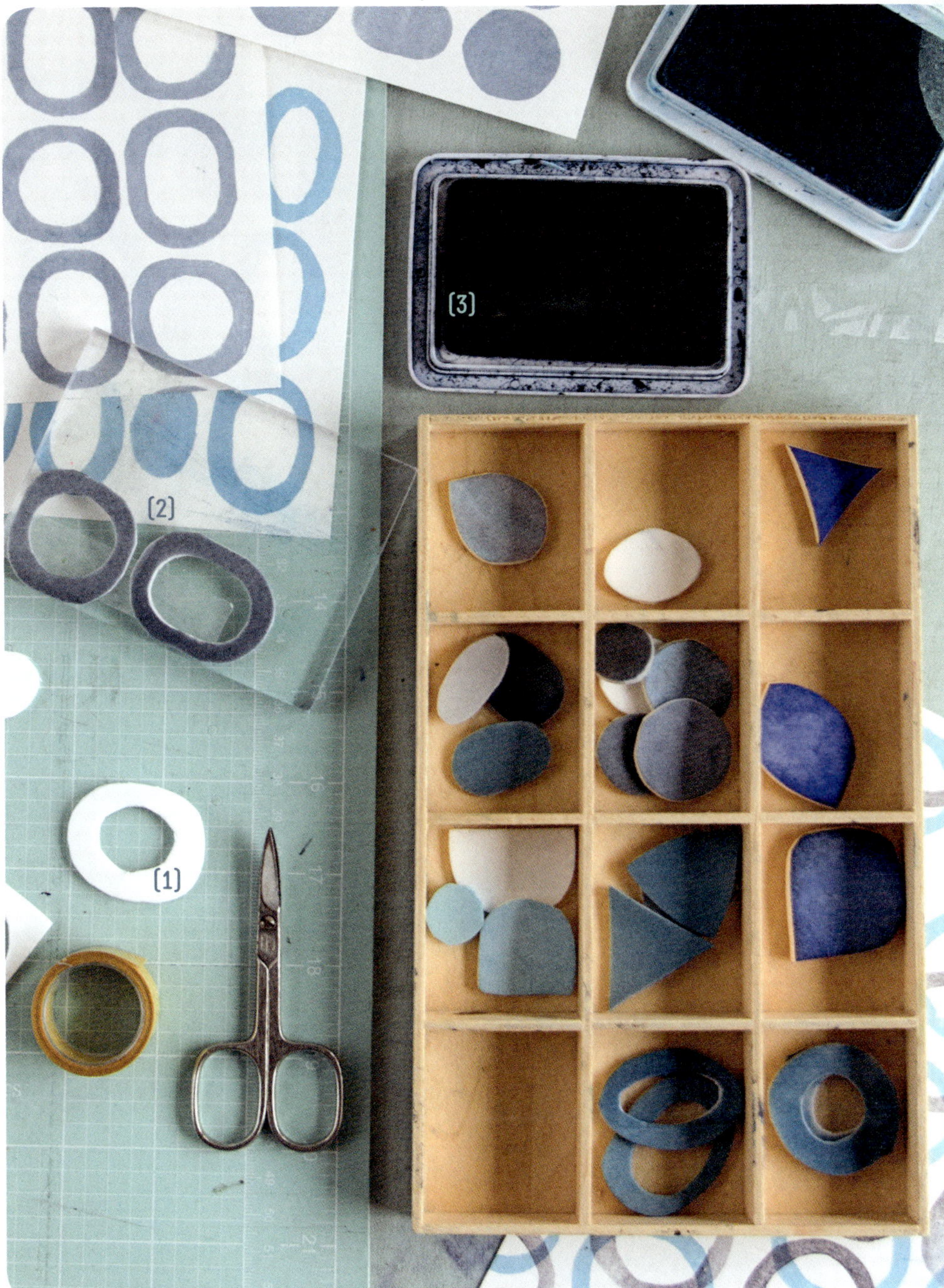

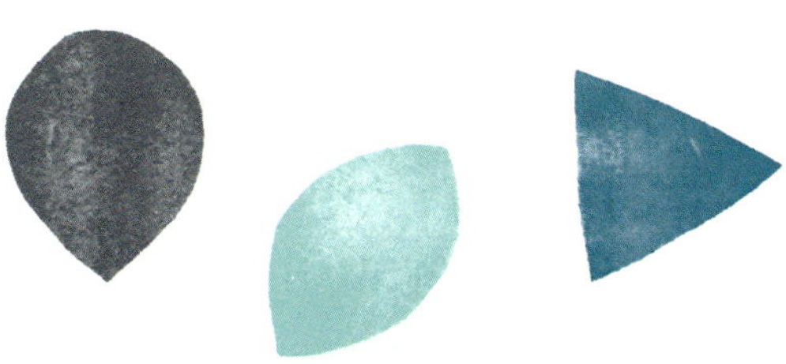

Wie du diese einfachen Stempel digitalisieren und verarbeiten kannst, siehst du auf Seite 78.

Motivstempel

Software

- Stempelgummiplatte
- Transparentpapier

Hardware

- weicher Bleistift
- evtl. Laserdrucker, Bügeleisen, Backpapier

Ein gezeichnetes oder fotografiertes Motiv in einen Stempel zu verwandeln, ist etwas anspruchsvoller, als aus Moosgummi nur Formen auszuschneiden. Für handgeschnitzte Stempel eignen sich Gummiplatten aus dem Künstlerbedarf. Die Stempelplatten gibt es mittlerweile von vielen Herstellern, meine liebsten sind die blauen Printblöcke.

(1) Zunächst musst du festlegen, welche Bereiche gedruckt werden sollen und welche weiß bleiben. Stempeldruck ist Hochdruck: Alles, was erhaben ist, wird abgedruckt. Alles was weggeschnitten ist, bleibt weiß. Motive können im Stempeldruck positiv und negativ umgesetzt werden.

(2) Vor dem Schneiden muss das Motiv spiegelverkehrt auf die Stempelplatte übertragen werden. Das geht am einfachsten mit einer Zeichnung mit einem weichen Bleistift. Hier wird eine Skizze von Seite 55 genutzt. Du kannst auch dein Motiv auf Transparentpapier durchzeichnen. Die Zeichnung legst du mit der Bleistiftseite auf die Stempelplatte und überträgst sie durch Reiben auf den Druckstock. Es macht Sinn, das Stempelgummi zunächst etwas größer als das Motiv zuzuschneiden, damit du an den Rändern nicht mit dem Messer abrutschst.

(3+4) Eine Vorlage, die schon digital ist, kannst du entweder ausdrucken und mit dem Bleistift nachzeichnen. Alternativ bügelst du sie als Laserausdruck direkt auf das Stempelgummi. Diese Technik funktioniert lediglich mit einem kontrastreichen Laserausdruck, bitte lege auf jeden Fall ein Backpapier dazwischen und bügle nur ganz kurz mit mittlerer Hitze.

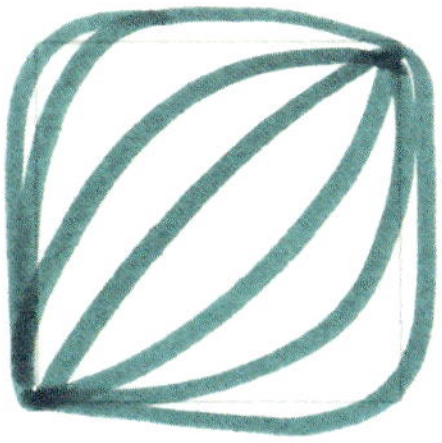

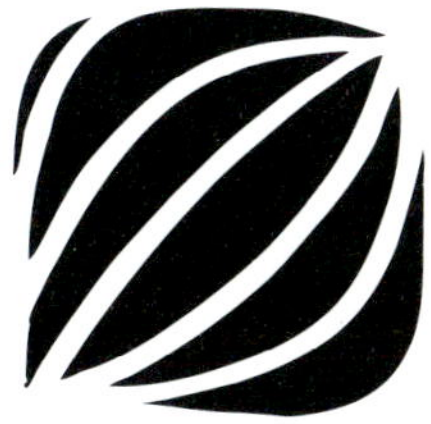

Die Zeichnung von Seite 55 kannst du positiv oder negativ als Stempel umsetzen. Einfacher schnitzen lässt sich das flächige Motiv rechts, da hier nur die Linien herausgeschnitten werden müssen. Die lineare Version ist schwieriger, da die Innenformen ausgeschnitten werden und die Linien stehen bleiben.

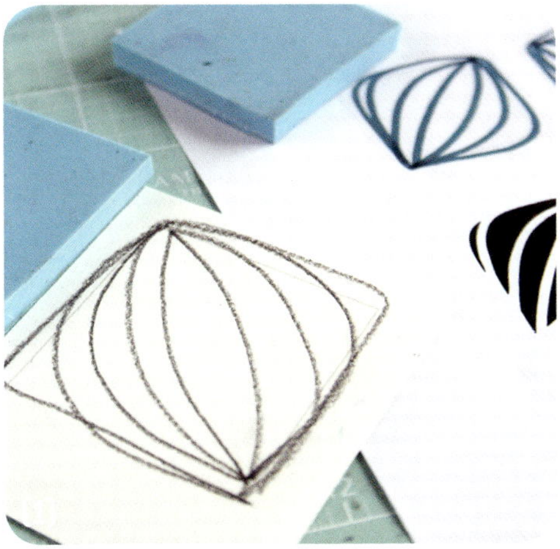

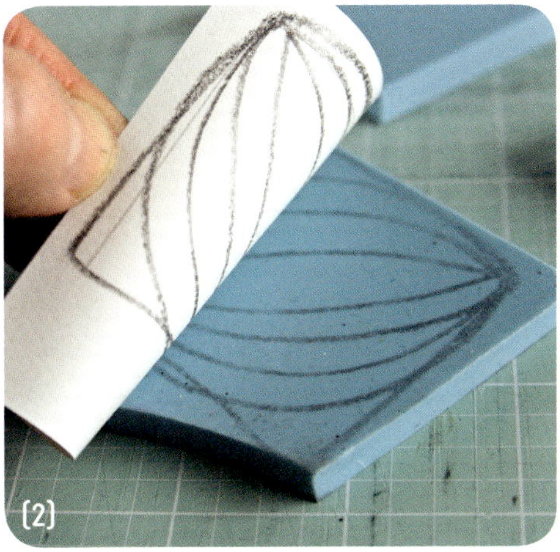

(2)

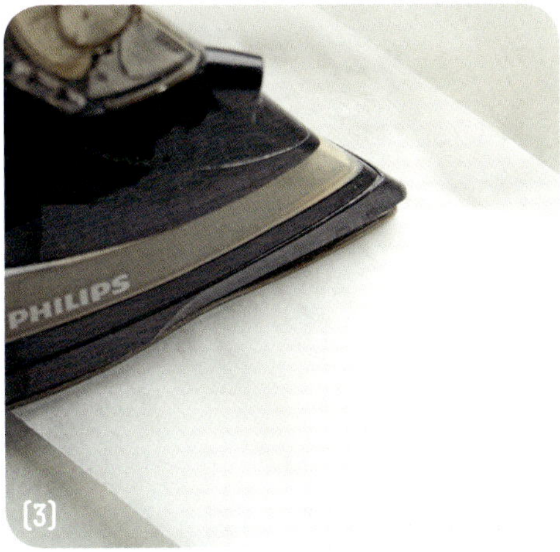

(3)

Nur ganz kurz unter einer Lage Backpapier bügeln!

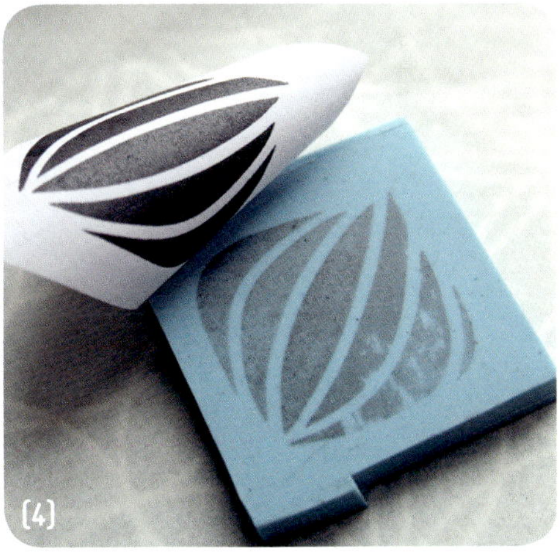

(4)

Beim Aufbügeln eines Laserdrucks auf das Stempelgummi darauf achten, dass der Ausdruck möglichst schwarz ist.

Stempelschnitzen: Flächen

Software

Stempelgummi

Hardware

Linoschnitz-Werkzeug

Cutter

Schneideunterlage

(1) Mit dem kleinsten Werkzeug aus dem einfachen Linolschnitz-Set, dem Geißfuß, schneidest du die Bereiche zwischen den Flächen aus. Du führst das Messer recht flach und ohne starken Druck durch das weiche Gummi. Beim Schneiden kommt es nicht auf die Tiefe an. Alles, was von der Oberfläche entfernt ist, druckt später nicht mehr.

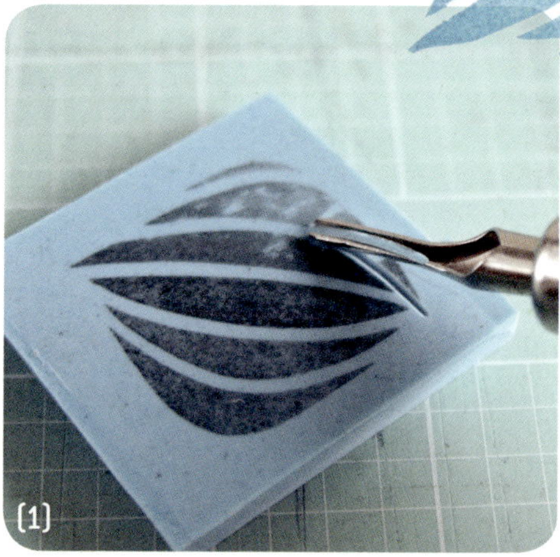

(2) Dieser flächige Stempel ist besonders einfach zu schneiden, da alle Linien aus dem Motiv herausführen und es keine innen liegenden Ecken gibt.

(3) Mit dem Cutter schneidest du rundum den ganzen Stempel aus, damit du nicht unnötig viel wegschnitzen musst und die Ränder nicht mitdrucken.

(4) Ein Probedruck zwischendurch ist immer sinnvoll, um zu schauen, ob noch Kleinigkeiten gesäubert werden müssen.

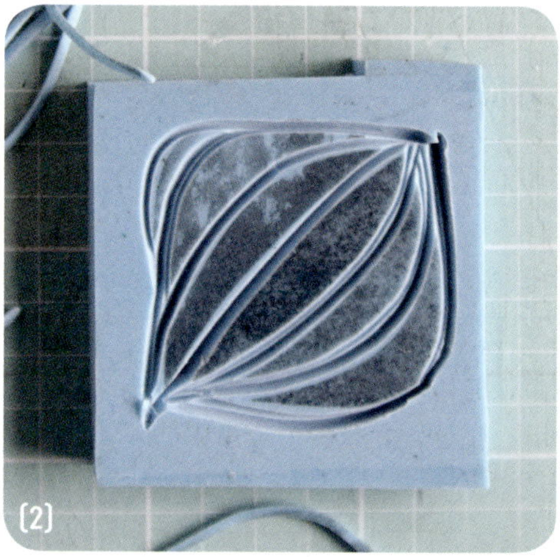

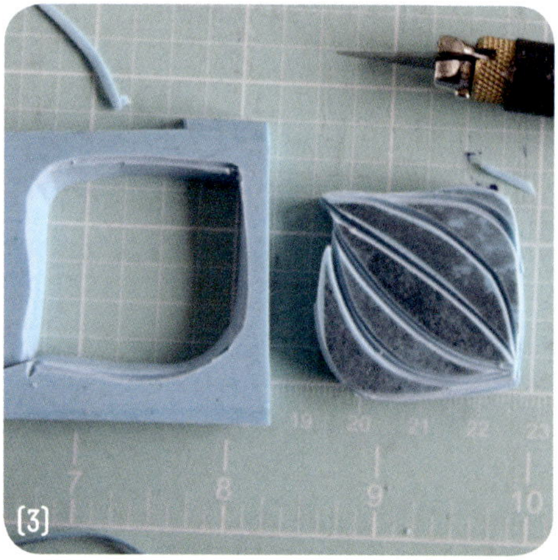

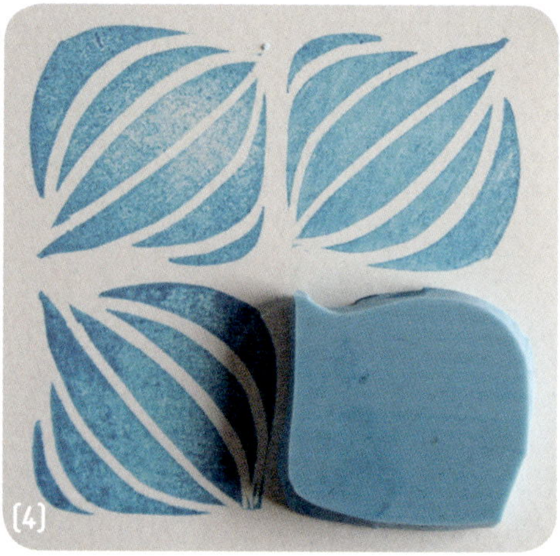

Stempelschnitzen: Linien

[1] Die lineare Umsetzung des gleichen Motivs ist etwas anspruchsvoller. Hier bleiben die Linien stehen und die Flächen werden weggeschnitten. Wenn du das Stempelgummi etwas größer wählst, musst du nicht so fein arbeiten. Die spitzen inneren Ecken schneidest du zunächst mit einem Cutter vor und schnitzt erst dann die Bereiche dazwischen mit dem Schnitzmesser. Immer entlang der Linien, aber trotzdem recht frei.

[2] Die Flächen kannst du dann mit einem etwas größeren Messer ausschnitzen. Dabei macht es Sinn, entweder das Stempelgummi mit einem kontrastfarbenen Stempelkissen einzufärben oder wie hier die Linien nachzuzeichnen, damit der Überblick nicht verloren geht. Mir persönlich ist es beim Stempelschnitzen nicht so wichtig, dass jede Kleinigkeit sauber geschnitten ist. Ich mag auch gerne den Holzschnitt-Charakter, der entsteht, wenn Teile der Platte mitgedruckt werden, die eigentlich nicht mehr zum Motiv gehören.

[3] Auch diesen Stempel beschneidest du am Ende rundum. Das macht bei kompakten Formen, die keine abstehenden Einzelteile haben, Sinn. Beim Drucken kann man so den Stempel besser positionieren.

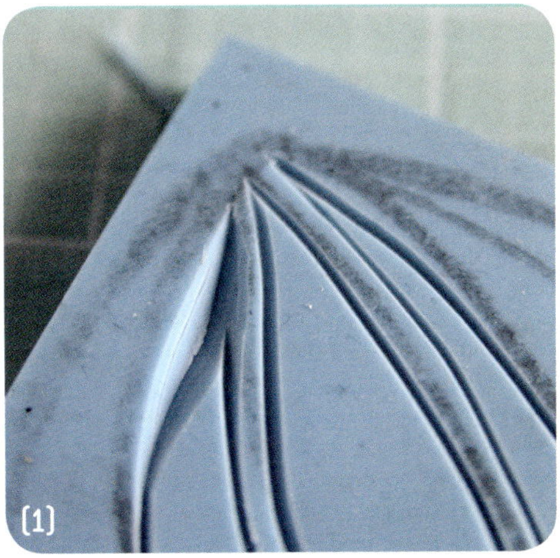
[1]

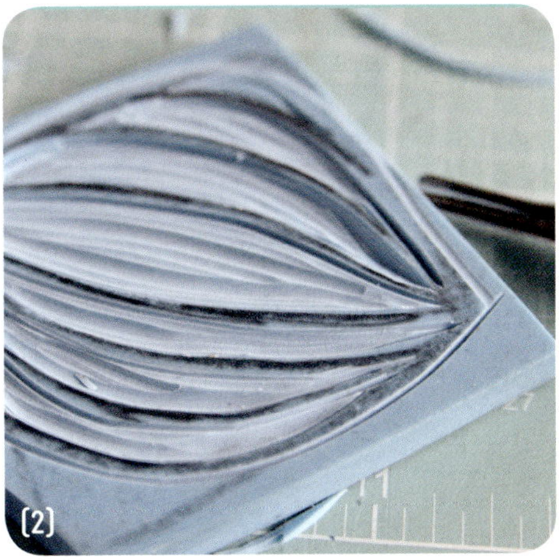
[2]

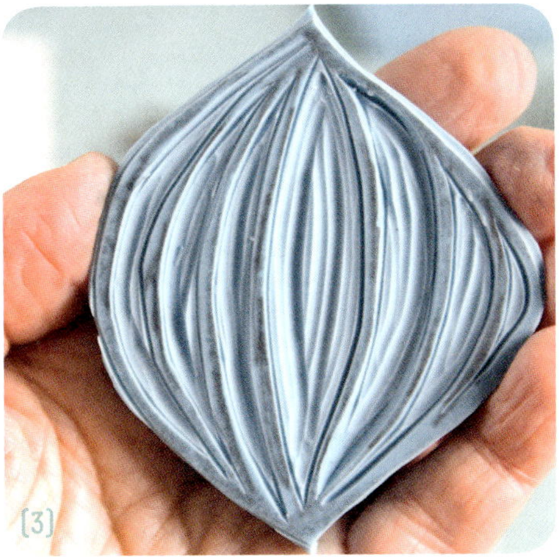
[3]

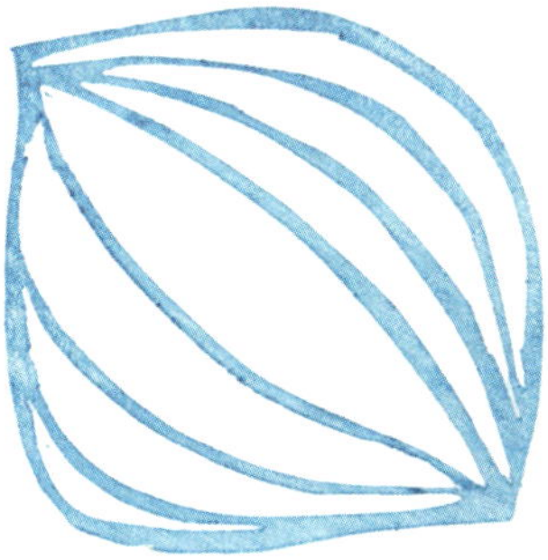

Auf dem Schirm

Die handgedruckten Stempel lassen sich perfekt für digitale Gestaltungen nutzen. Du kannst sie vervielfältigen, mustern, spiegeln, einfärben, vergrößern und verkleinern. Das Schöne dabei ist, dass die Stempel ihren handgemachten Stil und die Unregelmäßigkeiten behalten, die digital nur schwer zu erzeugen sind.

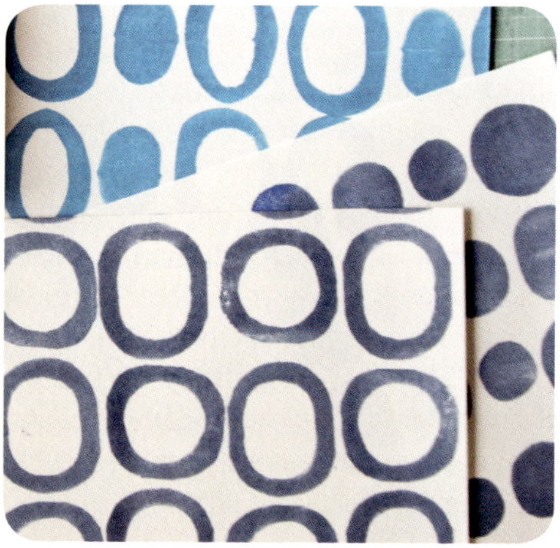

Dafür druckst du zunächst die Stempel mit einem dunklen Stempelkissen möglichst kontrastreich auf einem weißen Papier ab. Mache mehrere Abdrücke vom gleichen Stempel, um unterschiedliche Strukturen und Helligkeitswerte zu erzeugen.

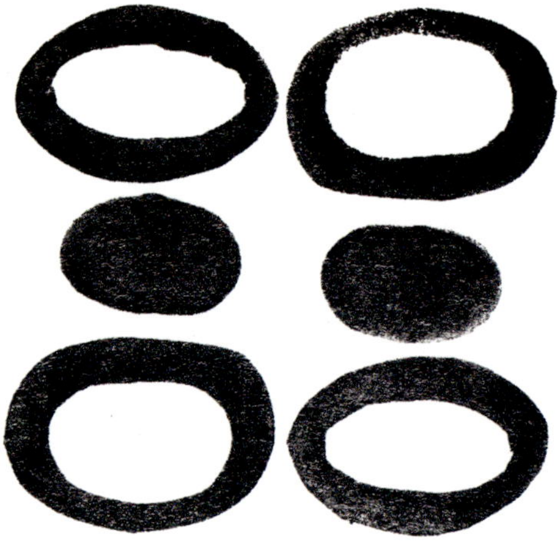

Wenn du einen Scanner hast, kannst du ihn nutzen, um die Drucke zu digitalisieren. Wähle eine möglichst hohe Auflösung und einen hohen Kontrast. Scanne möglichst direkt schon in Graustufen, um unnötige Farbinformationen zu vermeiden.

Genauso kannst du dein Motiv auch fotografieren, einfach direkt mit dem Handy. Achte darauf, dass das Papier gut ausgeleuchtet ist und du gerade von oben fotografierst, um Verzerrungen zu vermeiden. Vielleicht bietet deine Handykamera die Möglichkeit, direkt als kontrastreiches Schwarz-Weiß-Bild zu fotografieren. Dann wird die Bearbeitung einfacher: Kontraste hoch setzen, in Graustufen umwandeln. Auch das geht in der internen Fotobearbeitung deines Handys oder in einer Bildbearbeitungssoftware.

Um vielfältige Möglichkeiten der Gestaltung zu haben, speichere ich mir von jedem Stempel mehrere Abdrucke einzeln ab. Damit wird mein digitales Muster lebendiger. Die Unregelmäßigkeiten der Stempelstruktur soll auch in der digitalen Gestaltung sichtbar sein. Je nachdem, in welcher Software du deine digitalen

Stempel einsetzen willst, musst du unterschiedliche Dateiformate nutzen. Die professionellen Adobe-Programme waren lange der Standard der Bildbearbeitung und Gestaltung, sind aber mittlerweile durch das Abo-Modell für den privaten Gebrauch nahezu unerschwinglich. Vielleicht läuft auf deinem Rechner noch eine alte Version? In Photoshop kannst du das Bild als TIFF in Graustufen abspeichern und in Adobe Indesign in jeder Farbe einfärben, dabei bleibt aber immer ein weißer Hintergrund [1]. Als Bitmap abgespeichert (nur Schwarz-Weiß, ohne Graustufen) wird der Hintergrund transparent und du kannst den Stempel beliebig einfärben [2].

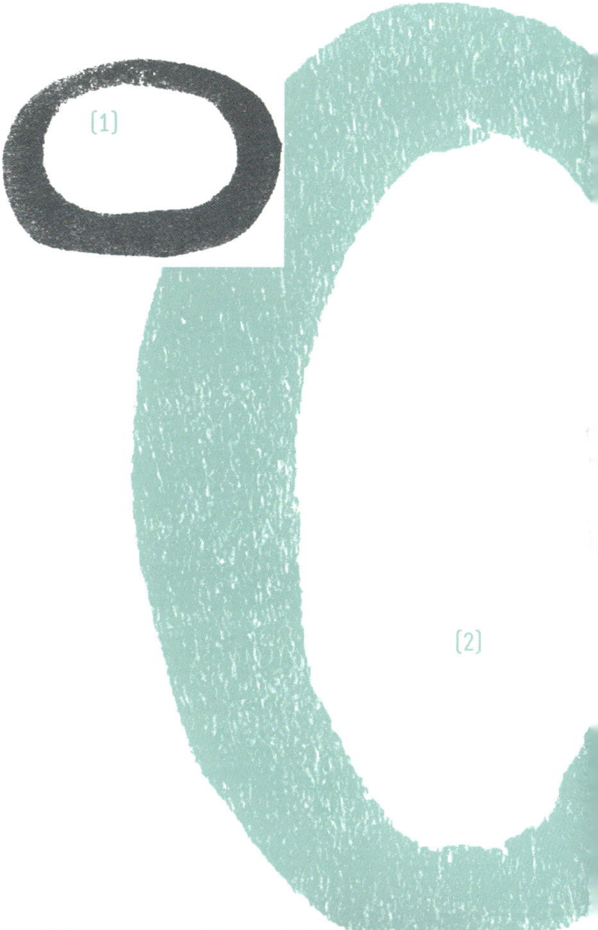

Auch mit kostengünstigen Alternativ-Programmen kannst du deine Stempel bearbeiten. Probiere einfach aus und suche gezielt nach Anleitungen für deine Software im Netz, wenn du nicht weiterkommst.
Das einzelne Stempelmotiv kannst du in der Bildbearbeitungssoftware als Pinselvorlage definieren. Damit kannst du deinen Stempel wie gewünscht einfärben, in der Größe ändern, damit zeichnen bzw. das Motiv beliebig oft stempeln. Diese Funktion gibt es in vielen Bildbearbeitungsprogrammen, z. B. in Photoshop, Affinity Photo und in Procreate.

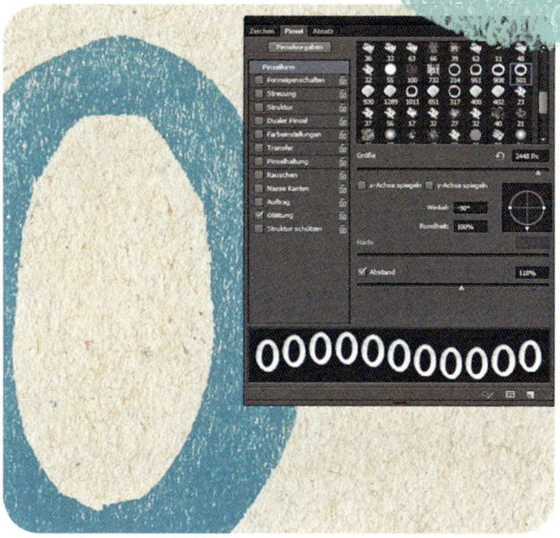

> > Das Video zeigt dir, wie du in unterschiedlicher Software Pinselvorlagen aus Stempeln erstellst.

Digistamp

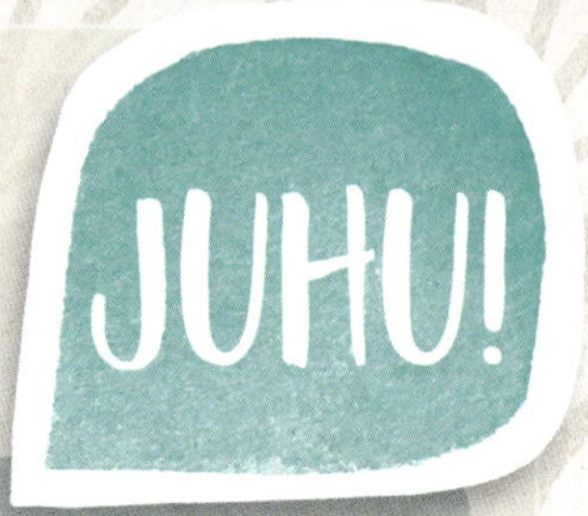

Früher nannte man sie „Cliparts", kleine Bilder, die man in Dokumente und Nachrichten einfügen kann. Heute gibt es den schönen Begriff „Digistamp", sie sind als Download zu kaufen. Du kannst sie aber auch selbst herstellen und vielfältig einsetzen, besonders schön sind eigene Stamps mit echter Stempeloptik.

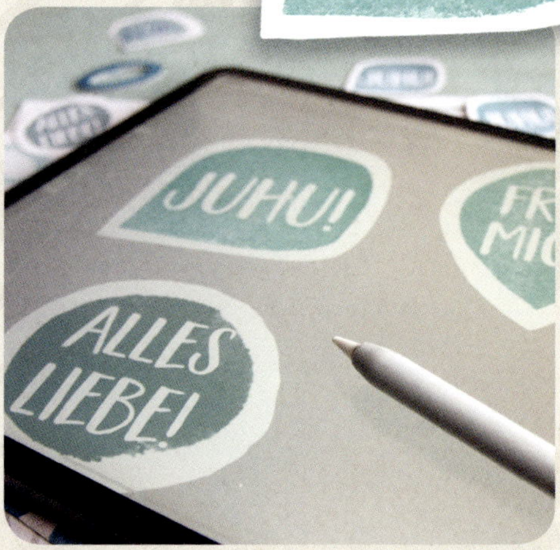

Digistamps haben das Dateiformat PNG oder JPG, wobei das PNG einen transparenten Hintergrund hat und somit überall ohne weiße Fläche rundherum platziert werden kann. Die Digistamps auf dieser Seite habe ich aus den digitalisierten Stempeln hergestellt: Darunter eine weiße Fläche auf transparentem Hintergrund und darauf ein Schriftzug, abgespeichert als PNG. Sehr einfach funktioniert dies in der App Procreate.

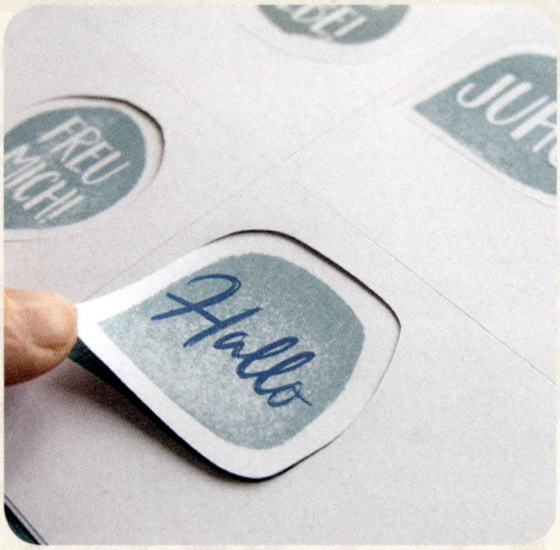

Die Bildchen kannst du digital z. B. in Messenger-Apps, Mails, als Sticker in Instagram-Stories oder auch für die Gestaltung von Fotobüchern oder Grußkarten nutzen.

PNGs lassen sich auch mit dem Plotter ausschneiden. So werden mit der „Print & Cut"-Technik aus den digitalen Stempeln wieder analoge Sticker. Mehr zum Plotten gibt's im nächsten Kapitel ab Seite 87.

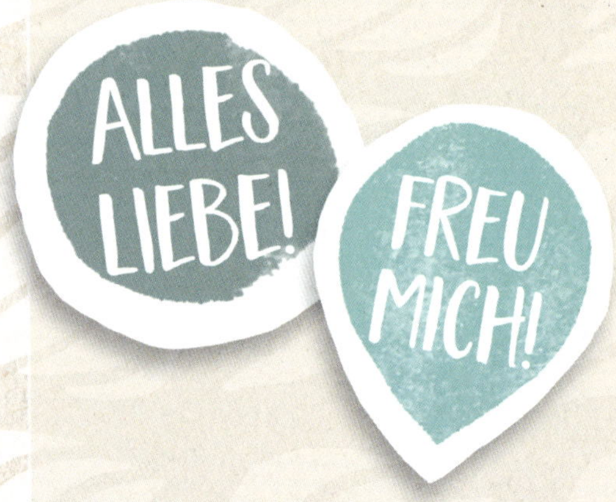

und Digipaper

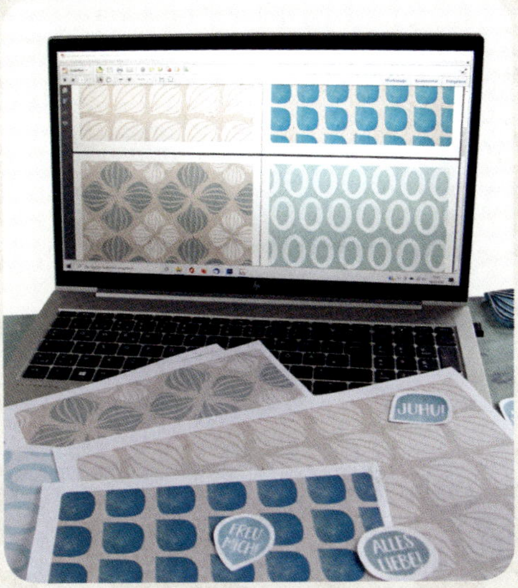

Digipaper sind mehrseitige PDF-Dateien mit Mustermotiven, die zum Download angeboten werden. Die Musterpapiere können für unterschiedliche kreative Techniken eingesetzt und ganz nach Bedarf auf dem eigenen Drucker ausgedruckt werden: zum Buchbinden, Scapbooking, für Geschenkverpackungen, als Collagematerial.

Die Muster in diesem Set sind alle mit den Photoshop-Pinseln von Seite 79 entstanden. Ein Packpapier dient als Hintergrund und die digitalen Pinsel bieten viele schnelle Möglichkeiten, Muster in unterschiedlichen Farbstellungen zu zaubern.

Das Schöne an digitalem Papier ist, dass du nur die wirklich benötigten Seiten ausdrucken kannst – und diese so oft du magst. Denn in gekauften Musterpapier-Sets sind oft Farben und Motive enthalten, die vielleicht nicht so gut gefallen. Bei Digipapern kannst du hingegen die Muster auf den Papieren ausdrucken, die du vorrätig hast und die dein Drucker gut verträgt.

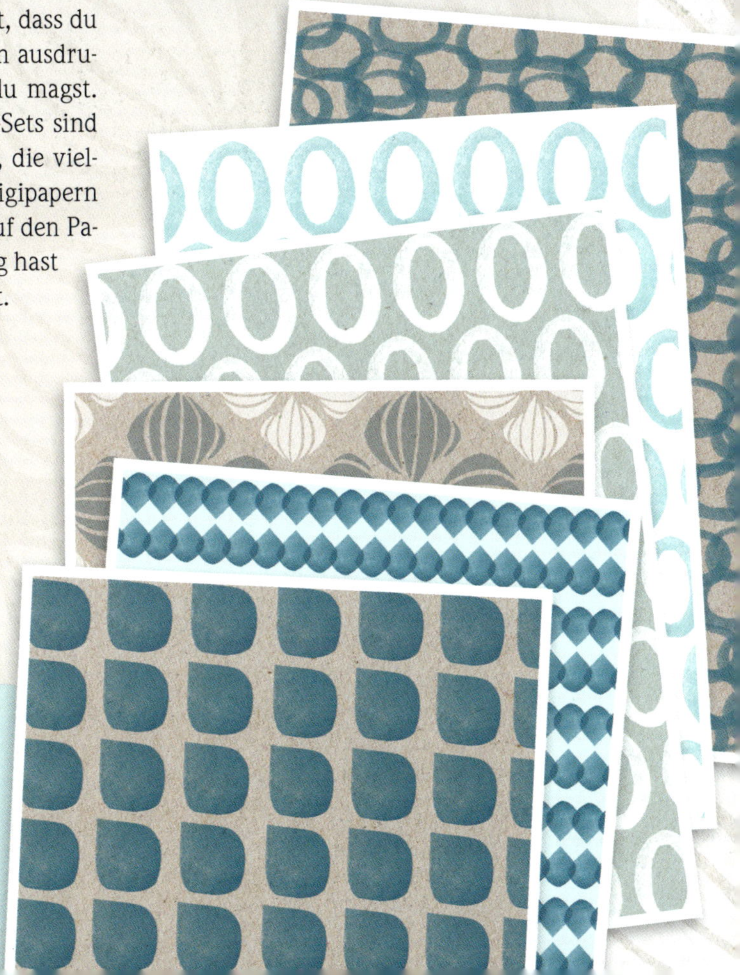

>> Digistamps aus diesem Kapitel und die passenden Digipaper findest du hier.

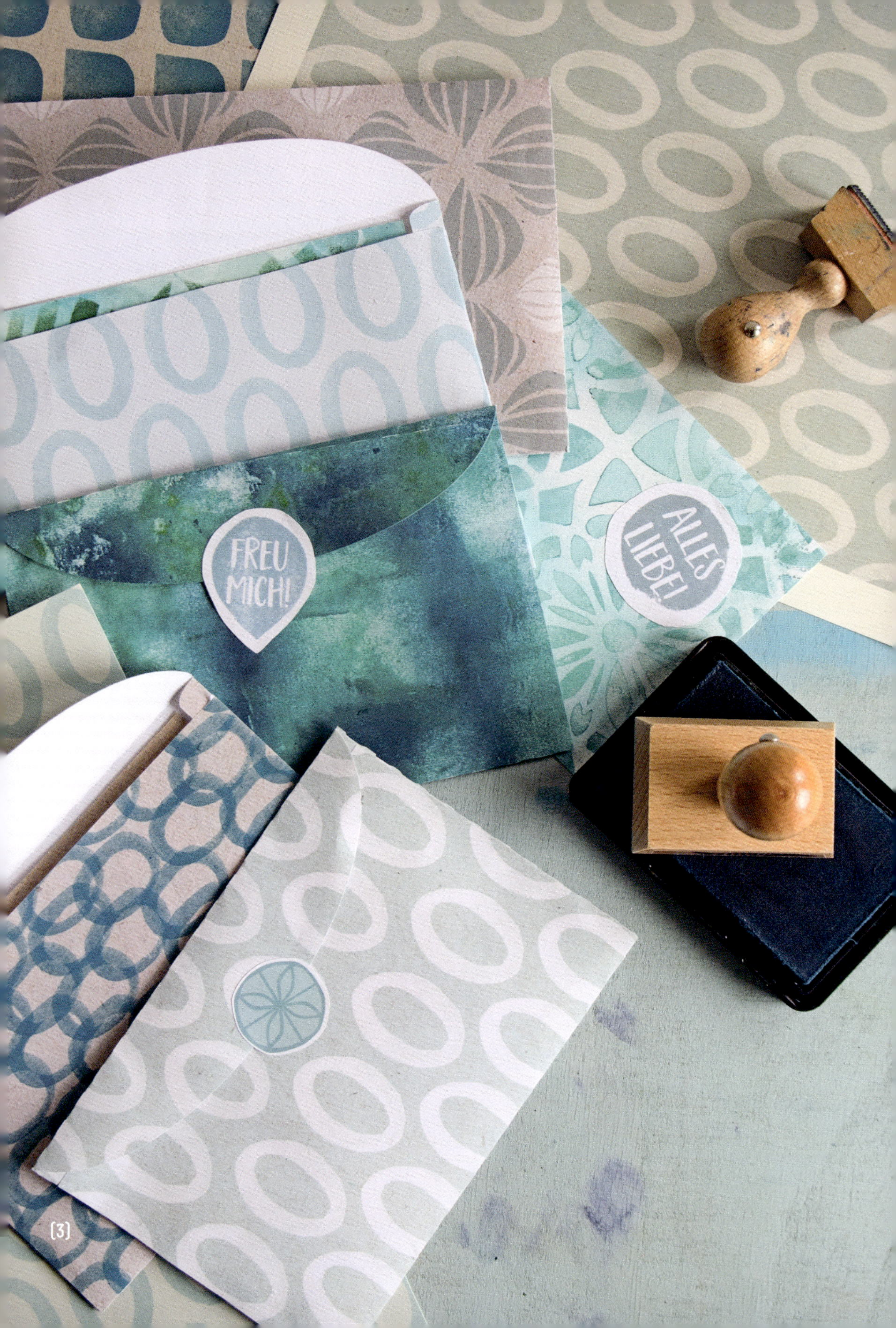
FREU MICH!
ALLES LIEBE!
[3]

Stempelpost

Rund ums analoge Briefeschreiben sind Stempel unverzichtbar. Du kannst deine handgeschnitzten Stempel nutzen, um deine Post zu verschönern oder du lässt dir von einem Dienstleister aus einem digitalen Entwurf einen Stempel machen. Text- und Adressstempel mit kleinen Schriftgrößen sind so leichter zu realisieren.

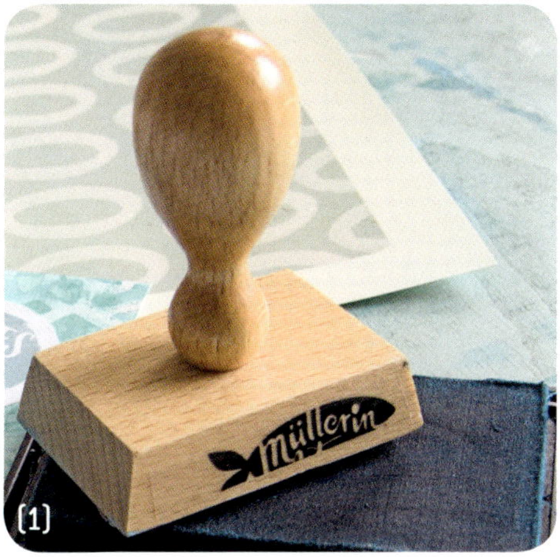

(1)

(1) Du kannst auch einen handgezeichneten oder geschriebenen Entwurf digitalisieren, als Datei in Schwarz-Weiß an einen Stempelhersteller schicken und daraus einen schönen analogen Stempel mit Holzgriff machen lassen.

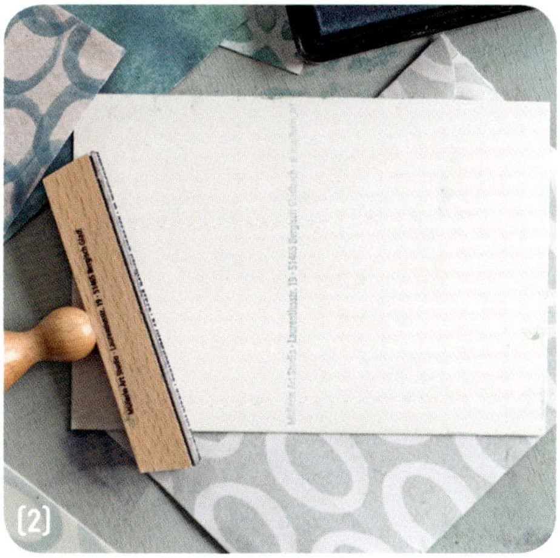
(2)

(2) Gerne nutze ich meinen extra langen Adressstempel, der genau auf eine Postkarte passt. Damit kann ich die Karte einfach unterteilen, links beschriften, rechts adressieren und frankieren.

(3) Die Ausdrucke der Digipaper lassen sich gut zu Briefumschlägen verarbeiten. Du kannst sie dir einfach mit Schere oder Cutter zuschneiden. Oder du lässt dir die Umschläge vom Plotter ausschneiden.

Tabea Heinicker und ich haben ein ganzes Buch über *Schöne Post* geschrieben und veranstalten dreimal jährlich Post-Kunst-Aktionen.
post-kunst-werk.de

>> Die Vorlage für die Briefumschläge findest du hier.

Stempelkissen

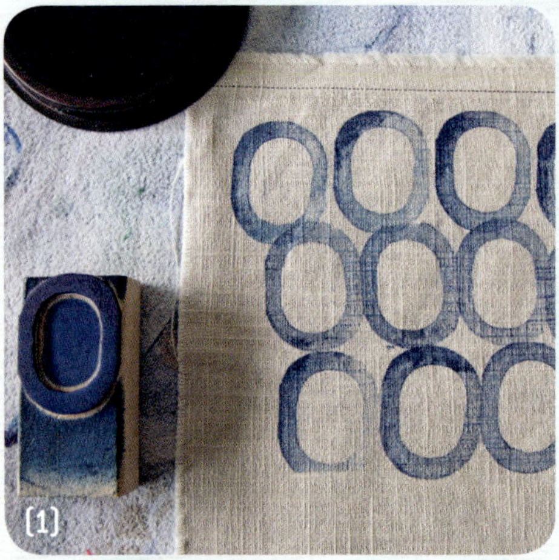

(1)

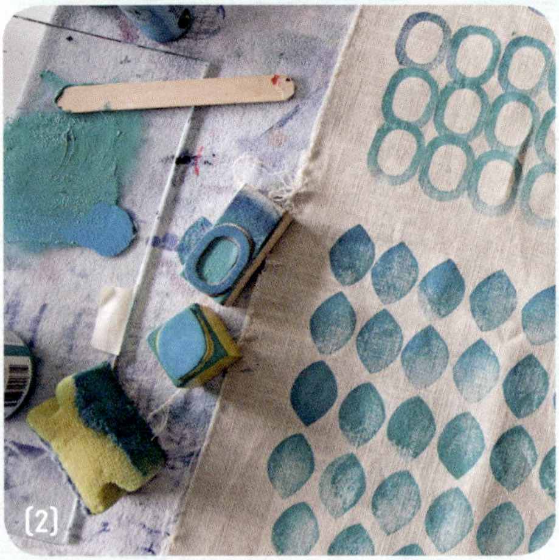

(2)

Mit Stempeln kannst du natürlich auch Stoffe bedrucken. Wenn du Textilien bedrucken möchtest, die später gewaschen werden sollen, benutze spezielle Textildruck-Farbe. Sie hat den Vorteil, dass die Oberfläche des Stoffes weich bleibt.

(1) Es gibt auch Stempelkissen für Stoff. Textilfarben müssen durch Bügeln fixiert werden, damit sie waschbar sind. Wenn du Stoffe z. B. für Bucheinbände oder Taschen bedruckst, kannst du auch mit Acrylfarben drucken. Dann wird die Oberfläche allerdings recht steif, für Kissen ist sie also nicht gut geeignet.

Beim Bedrucken von Stoff macht es Sinn, eine Unterlage zu nutzen, die leicht nachgibt, z. B. ein dickes altes Bettlaken. Die Moosgummistempel sind hier auf kleine Holzklötze geklebt. Da der Stoff und die Unterlage nachgeben, musst du vorsichtiger stempeln, damit nicht die Ränder des Klotzes mitgedruckt werden.

(2) Textildruckfarbe mischst du auf einer Glasplatte oder einem Teller und gibst die Farbe auf einen Küchenschwamm, mit dem du die Stempel einfärbst. Der Schwamm ist also dein Stempelkissen, mit dem du nach jedem Abdruck den Stempel neu betupfst. Aus dem frisch bedruckten Stoff magst du vielleicht ein Kissen nähen? Ein echtes Stempelkissen?

Software

- Baumwoll- oder Leinenstoff
- Textildruckfarbe

Hardware

- Stempel
- Schwamm
- weiche Unterlage

Alternativ kannst du die digitalisierten Stempel auch zu Stoffmustern machen und Stoff oder gleich fertige Kissenhüllen, Tischsets bzw. Kleidung bedrucken lassen. Für diesen Service gibt es mittlerweile immer mehr Dienstleister auch in Europa. Meine ersten Stoffe habe ich vor Jahren noch in Amerika bestellt und wochenlang darauf gewartet. Mittlerweile ist der Markt an On-Demand-Anbietern riesig geworden und fast alles lässt sich mit den eigenen Motiven bedrucken. Bei den jeweiligen Dienstleistern findest du genaue Anleitungen, in welchen Formaten die Dateien anzulegen sind. Außerdem lässt sich das Design in Vorschaubildern, wie auf diesen Kissen, überprüfen.

Die „Stempelkissen" sind nur ein Beispiel für digitalen Stoffdruck, im Prinzip ist jedes Motiv möglich. Hierbei mag ich besonders, dass die Stempelstrukturen stark vergrößert werden. Damit wird die handgemachte Grundlage aufgewertet und der analoge Stempelcharme bleibt erhalten. Genauso könntest du übrigens auch die Schablonendrucke aus dem folgenden Kapitel weiterverarbeiten.

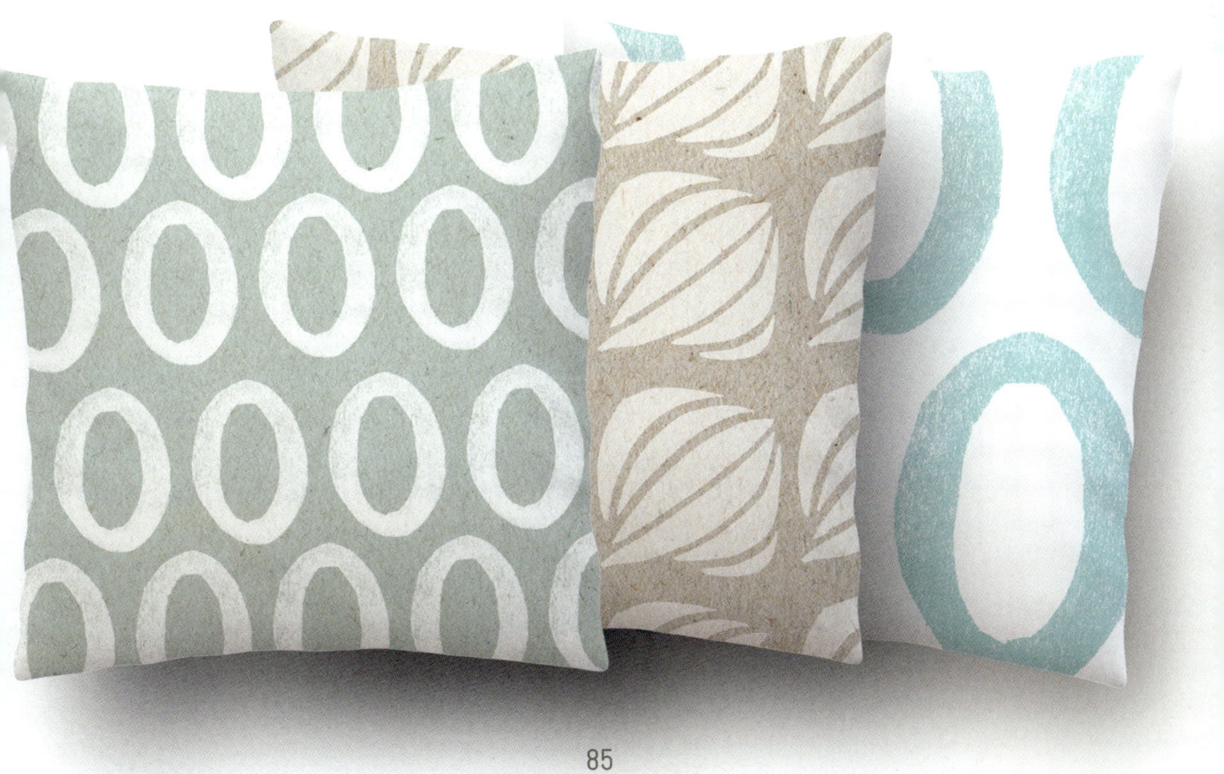

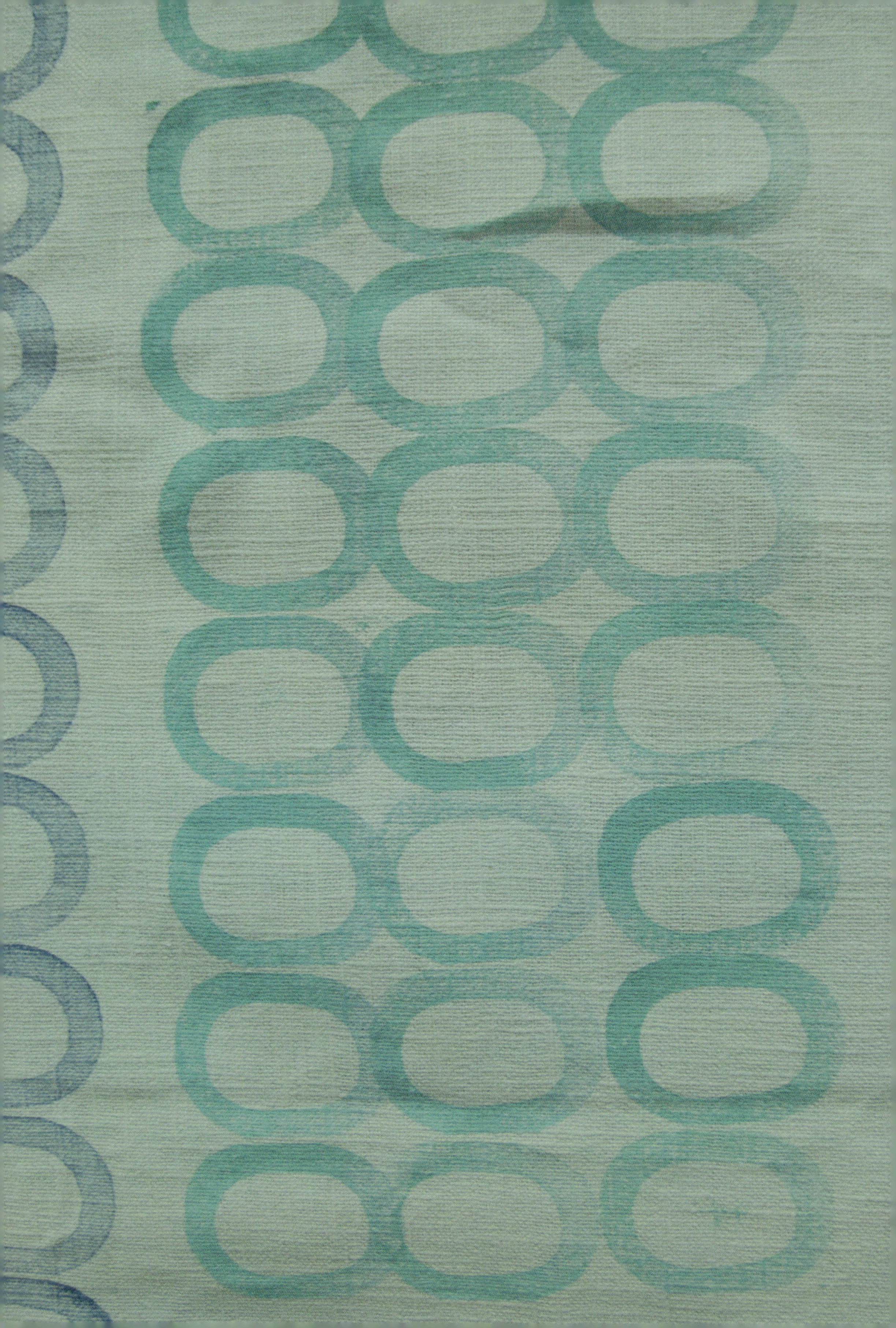

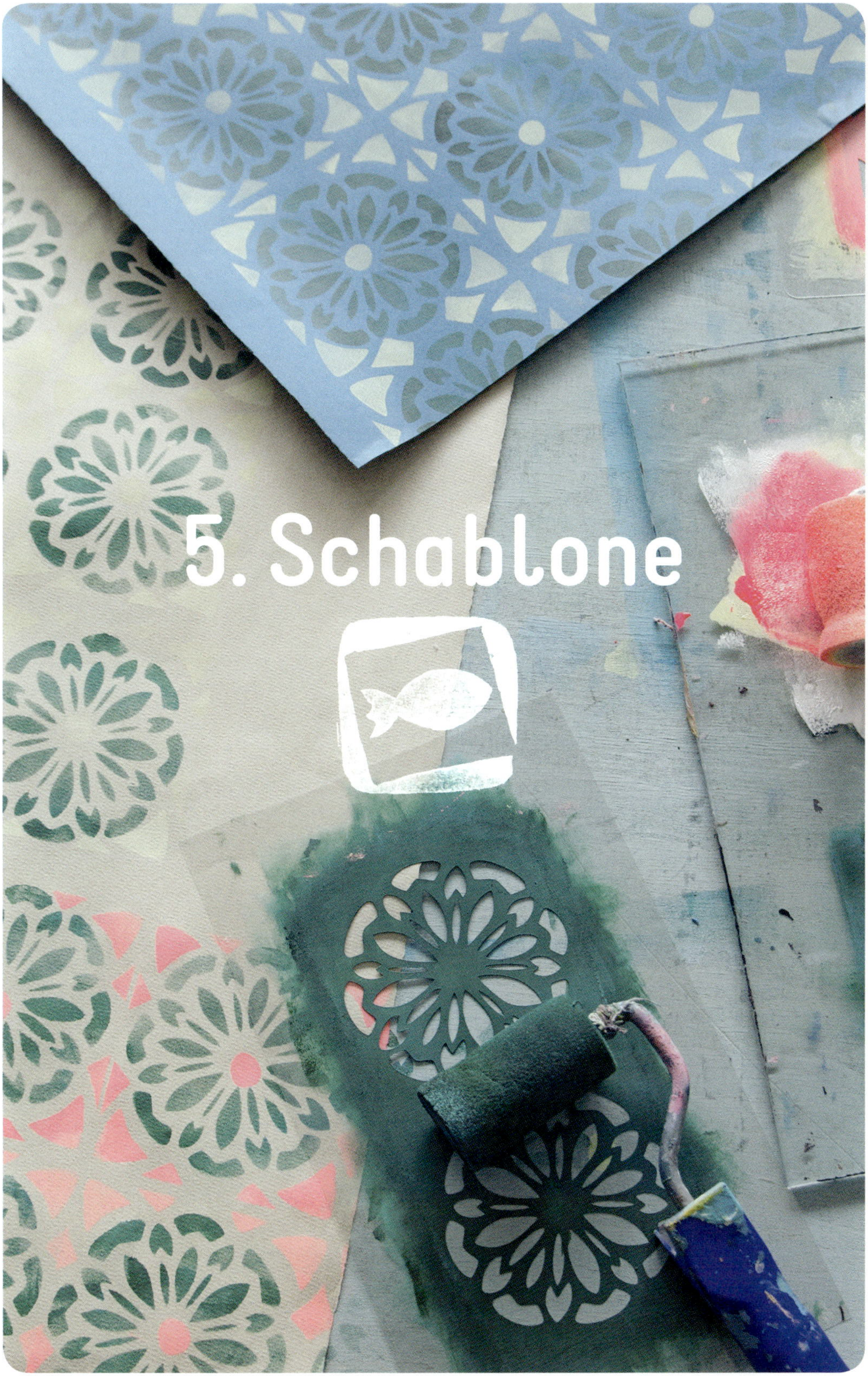
5. Schablone

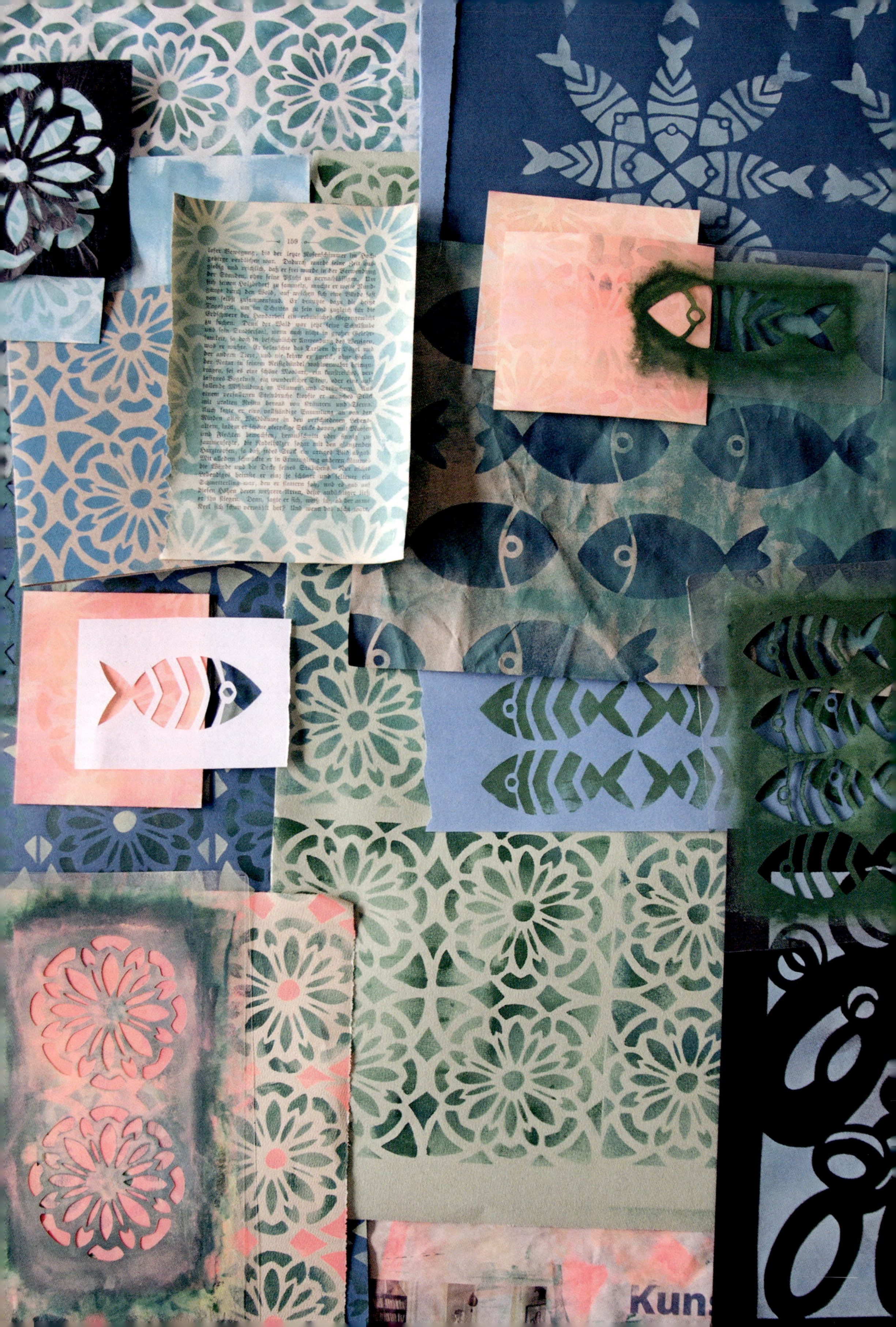

Durchblick

Schablonendruck ist schon seit dem Studium meine liebste Drucktechnik. Lange Jahre habe ich Schablonen mühsam mit dem Cutter aus einer festen Folie ausgeschnitten. Das war sehr anstrengend und ermöglichte mir nur relativ einfache, eher großflächige Muster. Wie oft rutschte das Messer ab und zerstörte die Folie? Feine Stege und dünne Linien waren nahezu unmöglich …

Seit ich einen Plotter habe, hat sich meine Leidenschaft für den Schablonendruck vervielfacht. Jetzt kann ich die Vorlagen digital herstellen und mit dem Plotter ausschneiden. Ich kann detaillierter arbeiten, viel mehr Varianten austesten, kleinteilige Muster zusammenfügen und als große Schablone plotten.

Trotz der digitalen Tools starte ich meine Schablonendrucke meist mit einem analogen Entwurf und ende auch wieder mit Farbe auf dem Papier.

Beim Schablonendruck wird die Farbe direkt durch ein Loch in der Folie auf den Untergrund aufgetragen. Es ist also eine Durchdruck-Technik. Die Vorlage besteht aus einer Folie, aus der das Motiv ausgeschnitten wird. Das macht den Entwurf manchmal etwas kniffelig und nicht alle Motive sind möglich.

Dieses Kapitel ist das Herzstück des Buches, hier zeige ich meine Tricks beim Entwurf mit der Schere und dem Stift, digital und analog. Du erfährst, wie der Plotter funktioniert und wie die Daten für den Schnitt aufbereitet sein müssen.

Anschließend werden natürlich auch die Finger wieder dreckig und es wird ausgiebig gedruckt.

Basics

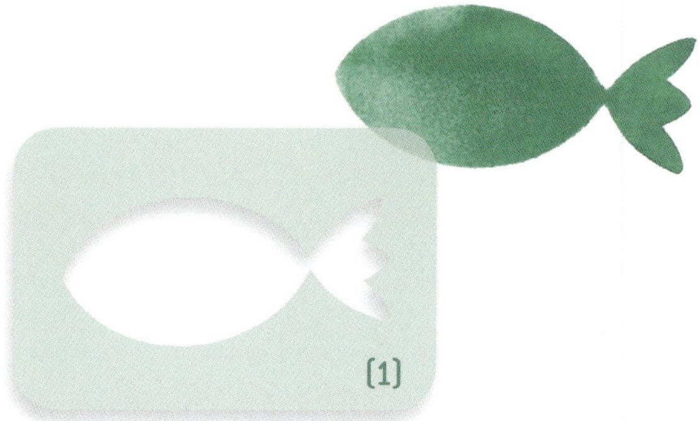

Beim Entwurf einer Schablone musst du dir darüber klar sein, welche Bereiche ausgeschnitten werden und welche stehen bleiben. Alle Innenformen müssen mit dem Rand verbunden sein, sonst fallen sie heraus.

(1) Die einfache flächige Fischform funktioniert prima als Schablone. (2) Ein Auge lässt sich nicht einfach so hinzufügen, es würde herausfallen. (3) Die durchgehende Linie hält den Punkt mit dem Rand zusammen. So kann ein Fisch samt Auge mit einer Schablone gedruckt werden. (4) Innerhalb der Kreisform kannst du ein Loch hinzufügen, es ist mit dem Rand verbunden. Dies ist ein einfaches Beispiel, viel kompliziertere Muster sind möglich, aber immer gilt die gleiche Grundregel:

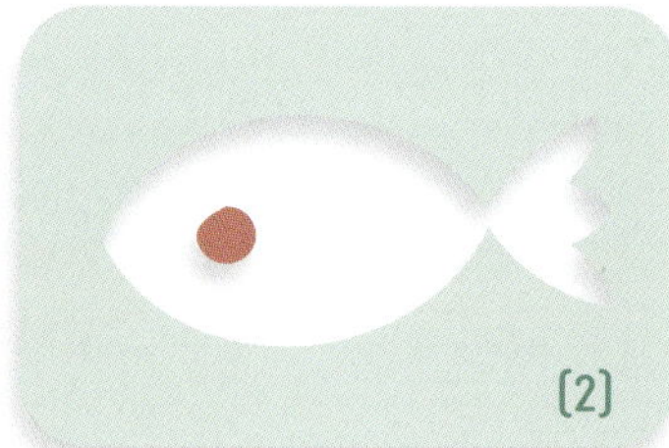

Alles muss mit dem Rand verbunden sein.

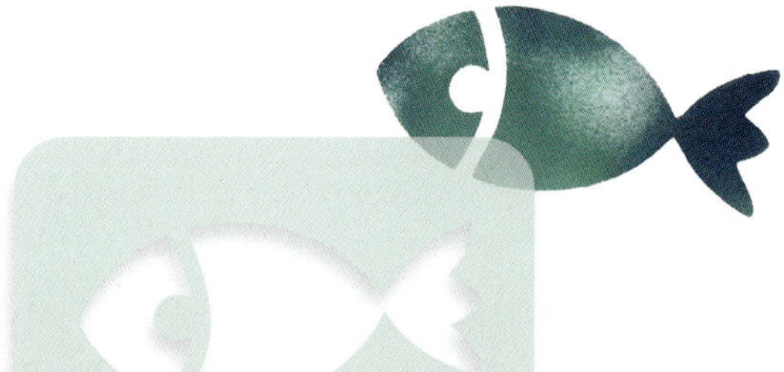

Genauso wichtig ist, dass der Rand rund um das Motiv nicht zu schmal ist, damit beim Drucken mit der Rolle keine Farbe außerhalb der Folie auf das Papier gelangt.

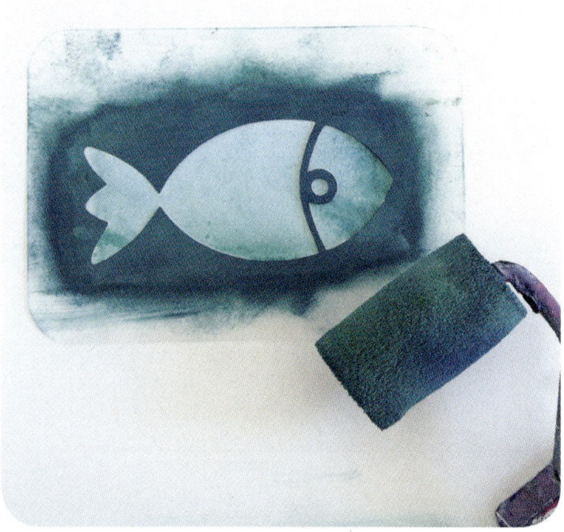

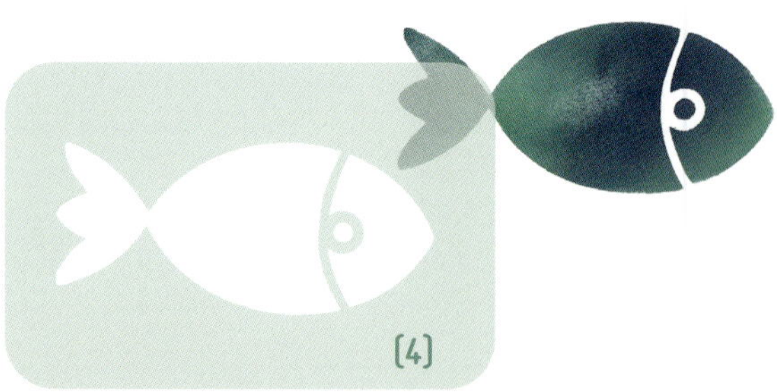

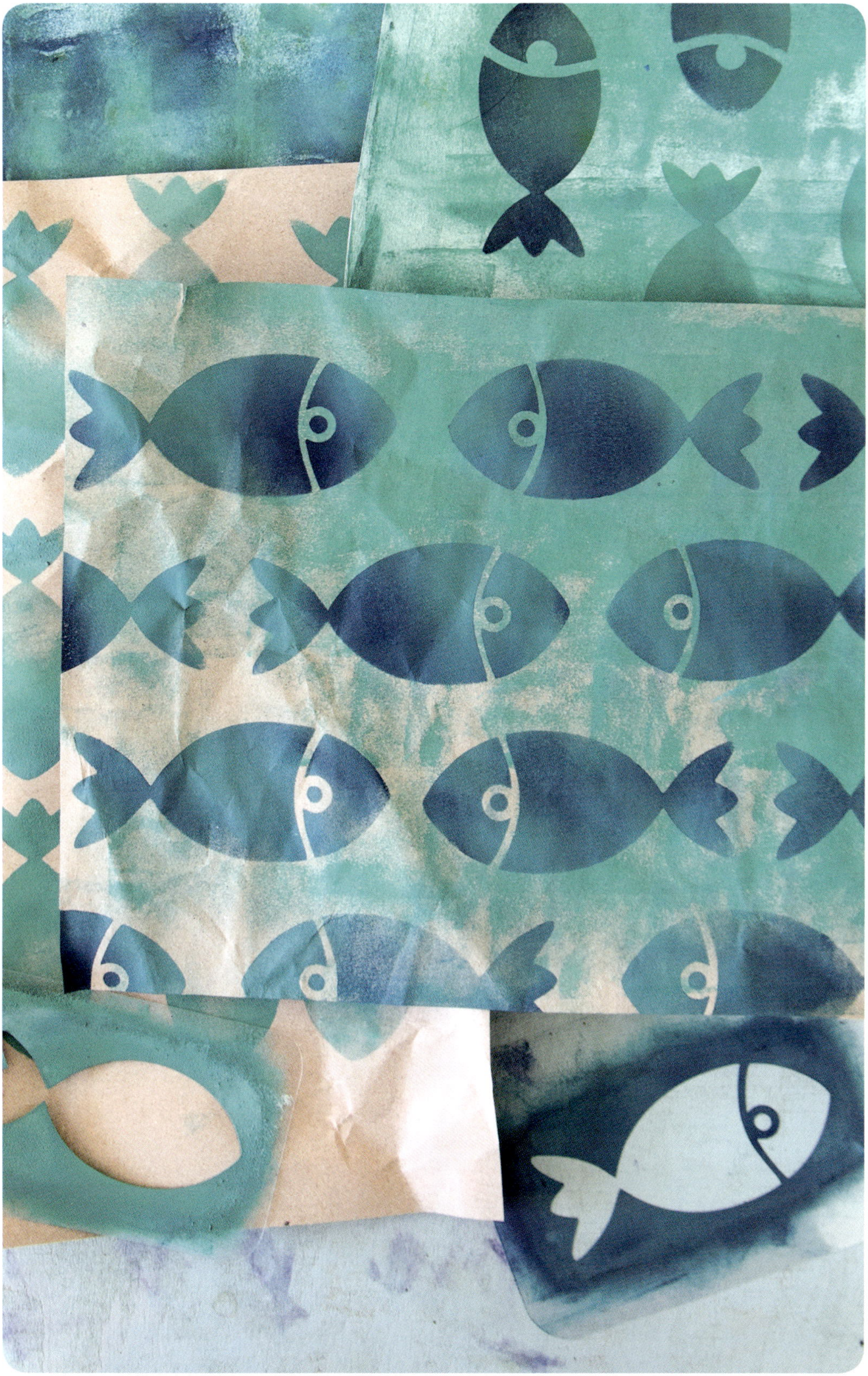

Schnipselfisch

Scherenschnitt-Entwurf

Software

weißes Papier oder schwarzes Seidenpapier

Hardware

Schere

Bleistift

Was bleibt stehen, was fällt heraus? Das kannst du dir sehr einfach klarmachen, wenn du deine Schablonen mit der Schere entwirfst. Anders als beim zeichnerischen Entwurf gibt es hier keine Unklarheiten. Du merkst sofort, wenn die Teile nicht zusammenhängen. Durch Faltungen, sei es nur einmal wie bei den Fischen auf dieser Seite oder mehrfach wie bei den Mustern auf der nächsten Seite, hat das Motiv eine eingebaute Symmetrie. Die einfache Faltung funktioniert mit erstaunlich vielen Motiven wie Herzen, Tannenbäumen, Häusern, Blättern und eben auch mit Fischen.

(1) Schneide weißes Papier quadratisch oder rechteckig zu. Ein Format von ca. 10 x 10 cm oder Postkarten-Größe ist ein guter Start. Für die einfachen Faltungen eignet sich schlichtes Kopierpapier gut. Mit der Schere schneidest du von der gefalteten Seite das halbe Motiv aus.

(2) Je nachdem, wie der Bogen verläuft, ist der Fisch schlanker oder runder. Probiere verschiedene Formen und Flossen aus.

(3+4) Die einfache offene Form dient als Vorlage für gemusterte Fische. Zeichne die Außenlinie mit dem Bleistift auf ein neues gefaltetes Papier. Du kannst auch schon Linien oder Muster vorzeichnen. Oder du schneidest ohne Vorlage frei von der gefalteten Kante Formen aus. Achte darauf, möglichst viel direkt an der Außenlinie entlang zu schneiden, damit die Fischform erkennbar bleibt.

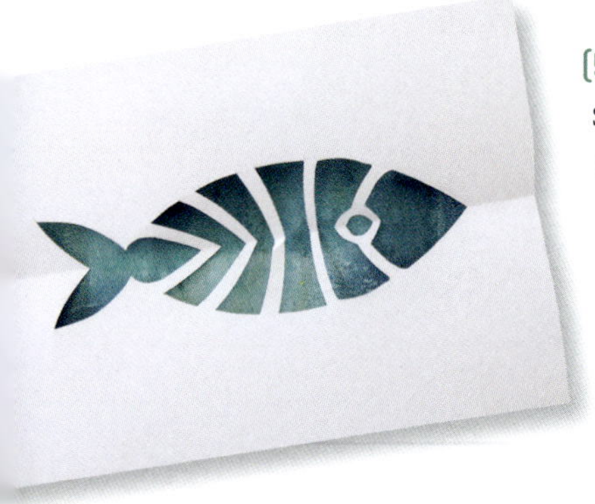

(5) Innerhalb der Form kannst du frei unterschiedliche Elemente ausschneiden, lasse dabei gleichmäßige Stege stehen.

(6) Lass dich überraschen von den entstehenden Mustern und probiere unterschiedliche Varianten aus.

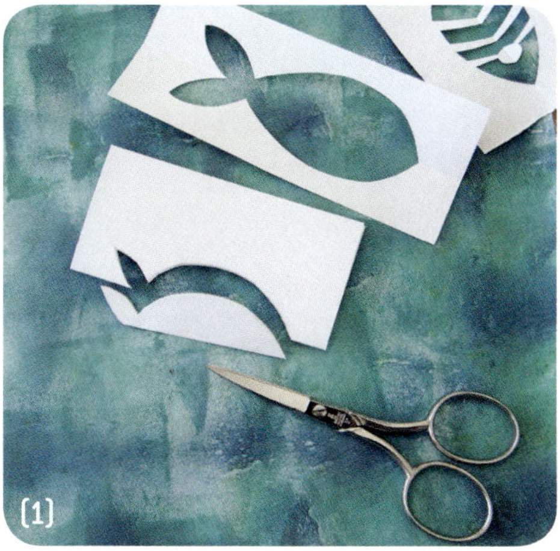
(1)

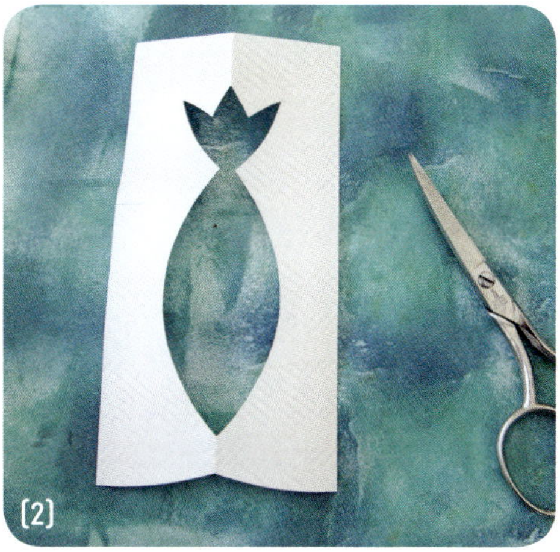
(2)

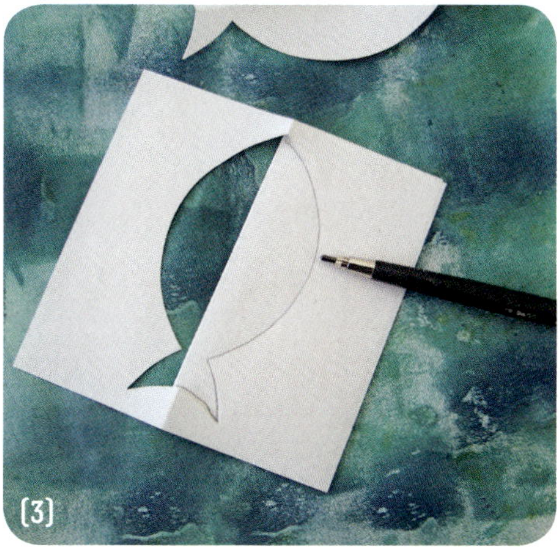
(3)

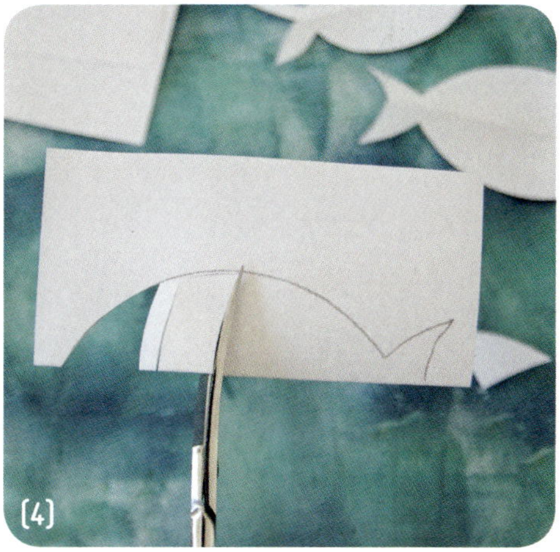
(4)

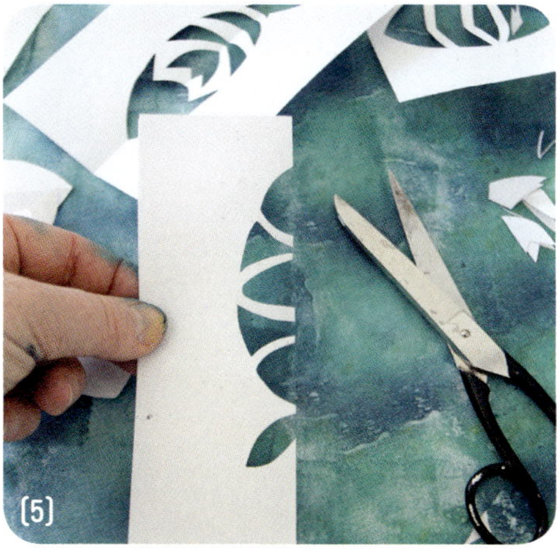
(5)

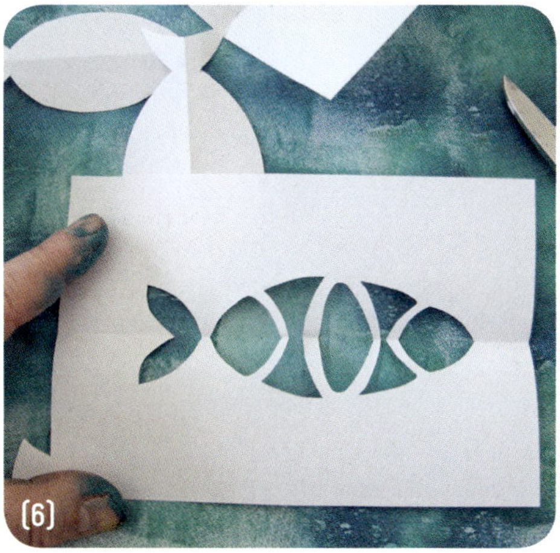
(6)

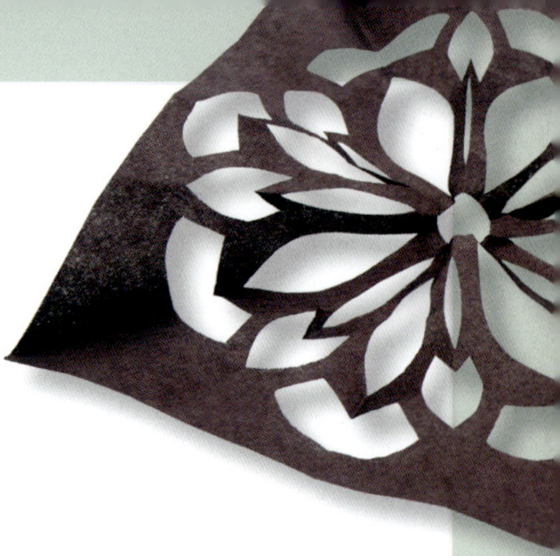

Falten und Schneiden

Falt-Scherenschnitte sind die Klassiker der Weihnachtsdeko, als Schneesterne klebten sie bestimmt auch schon an deinem Fenster. Nach dem gleichen Prinzip in unendlichen Varianten entwerfe ich gerne Schablonenmuster mit eingebauter Symmetrie. An diesen Beispielen siehst du, welchen Einfluss die Faltung auf das Motiv hat.

Schneide dir einen Stapel quadratischer Papiere zu. Das Format 12 x 12 cm ist ein guter Start. Probiere die Faltungen einfach, doppelt, dreifach oder vierfach aus. In die offene Papierkante schneidest du zunächst nicht, damit die Schablonenform geschlossen bleibt, sondern nur in die Faltkanten. Der Überraschungseffekt beim Öffnen ist immer das Schönste und bringt schon die Idee für die nächsten Muster.

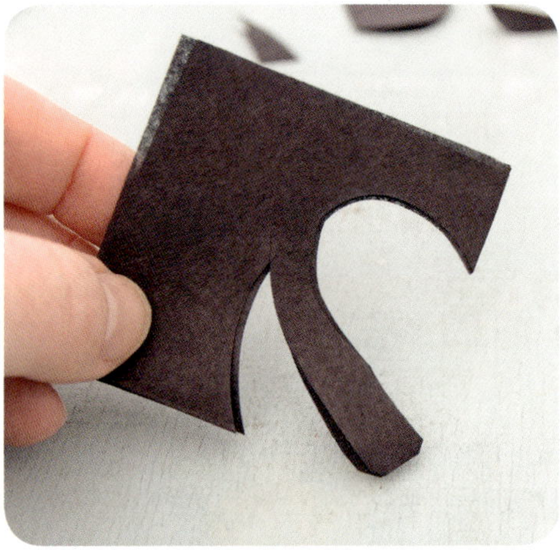

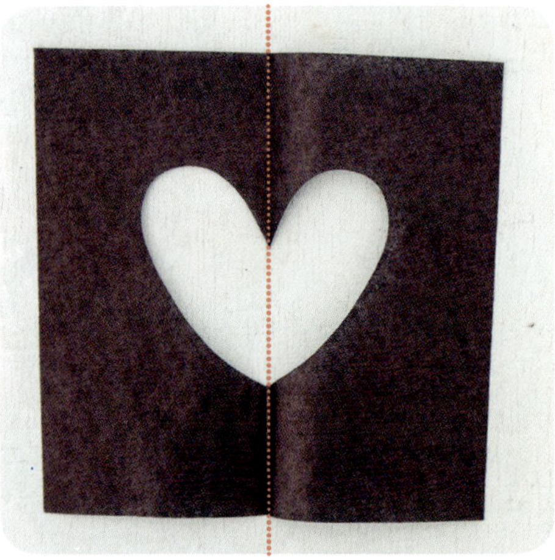

1 x falten:
Symmetrie, Verdoppelung

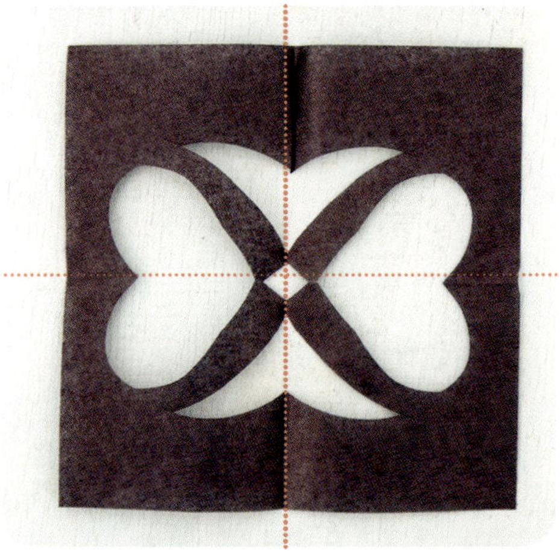

2 x falten:
Unterschiedliche Formen an den beiden Faltkanten. Durch das gerade Abschneiden der Mitte entsteht ein Quadrat im Zentrum.

Schwarz auf Weiß

Je dünner das Papier ist, desto exakter kannst du falten und schneiden. Bei dickerem Papier wird es schwieriger, mehrere Lagen gleichzeitig zu schneiden. Das Papier verschiebt sich und die Formen werden ungenauer. Als Schablonen-Vorlage sollte das Papier aber nicht zu transparent sein, da sonst die spätere digitale Verarbeitung aufwändig wird. Deshalb bin ich dazu übergegangen, Scherenschnitte aus schwarzem Seidenpapier zu fertigen. Es ist dünn und hat gleichzeitig den höchstmöglichen Kontrast auf weißem Untergrund.

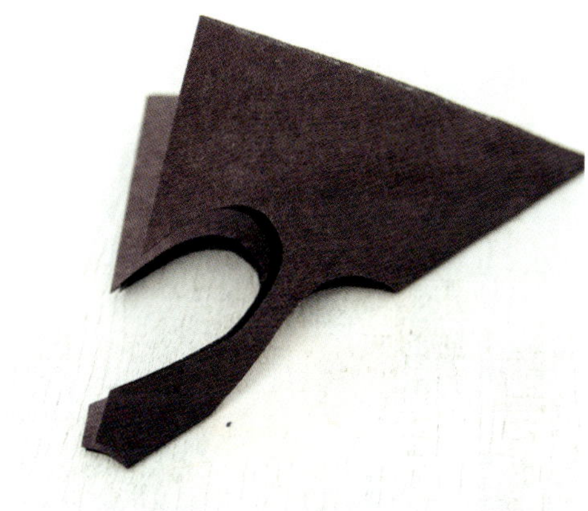

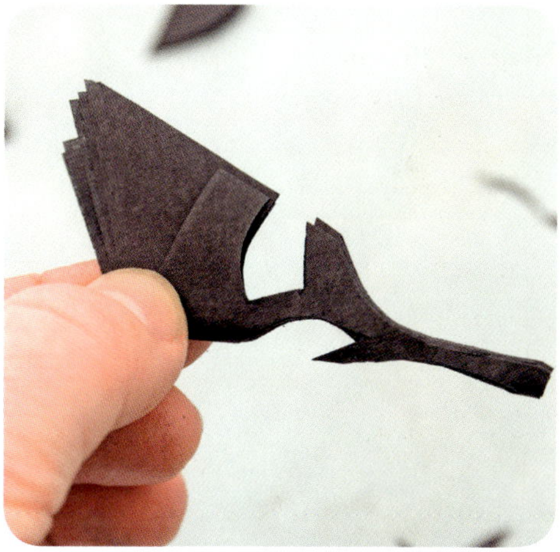

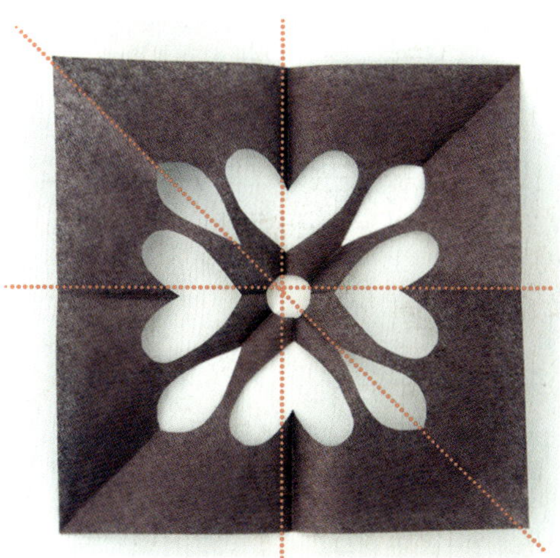

3 x falten:
Die Formen erscheinen viermal rund um die Mitte zentriert. Die Mitte gebogen abgeschnitten erzeugt einen Kreis.

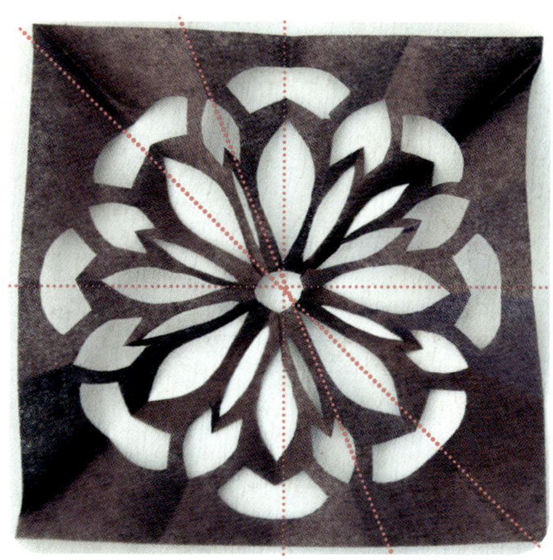

4 x falten:
Die Formen erscheinen achtmal. Die halbrunde obere Form rundet das ganze Motiv.

Muster erfinden und entfalten

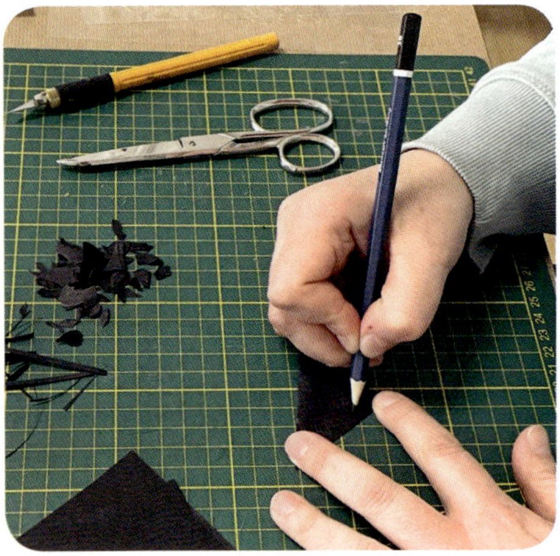

Meine Scherenschnitt-Muster schneide ich meist ohne Vorzeichnung, aber zu Anfang können dir einige wenige Striche helfen, ein schönes Muster zu erfinden und die Orientierung nicht zu verlieren.

Wichtig ist zu beachten, dass die ausgeschnittenen Flächen nicht zu klein sind. Denn hier wird ja später die Farbe gedruckt. Starte mit einer einfachen größeren Form und passe alle weiteren Schnitte daran an, ein Bogen folgt dem nächsten. Eine Zwischenform fügt sich in eine Lücke.

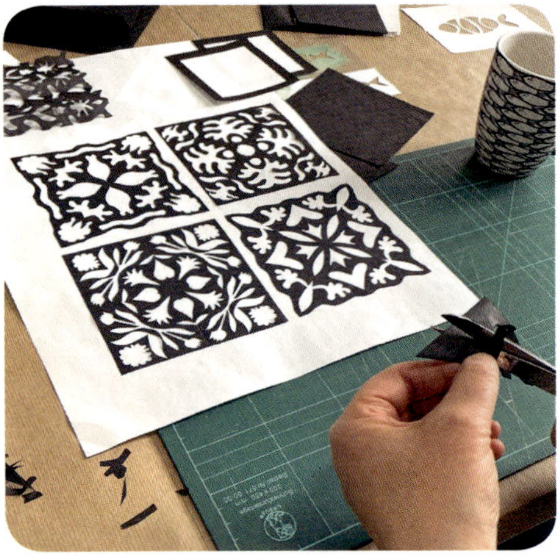

Achte darauf, dass die Stege zwischen den ausgeschnittenen Formen immer relativ gleich breit und an keiner Stelle zu dünn sind, damit das Papier nicht reißt.
Mit der Schere kannst du nur von den Faltkanten einschneiden. Für Schnitte innerhalb der Fläche hilft ein scharfes Skalpell oder ein Cutter.

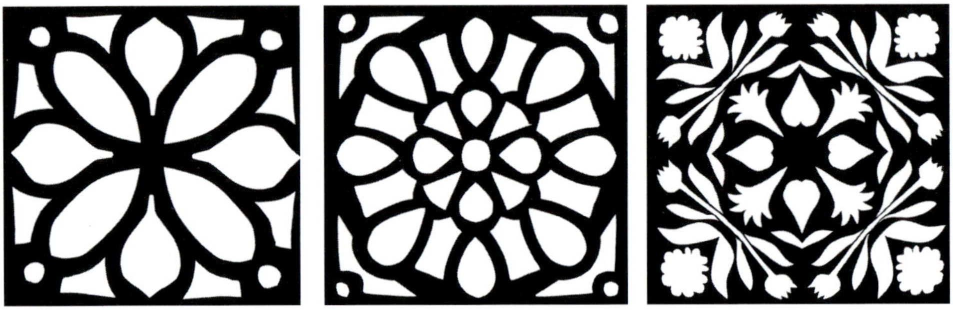

Diese wunderbaren Scherenschnitte stammen von Kursteilnehmerinnen in meinem Studio.

Das dünne Seidenpapier kannst du doppelt, also zwei Bögen gleichzeitig falten und schneiden. Damit ergibt sich die Möglichkeit, am gleichen Motiv weiterzuarbeiten und den ersten Entwurf zu erhalten. Digital funktioniert das natürlich auch über ein Foto zwischendurch.

(1) Dieses vierfach gefaltete Motiv wurde doppelt aus zwei Bögen Seidenpapier geschnitten. (2+3) Das zweite Papier bekam zusätzliche Schnitte an der offenen Außenkante. Das zerstört zwar die geschlossene Schablonenform, ermöglicht aber, das Einzelmotiv zu einem Rapport zusammenzufügen. (4)

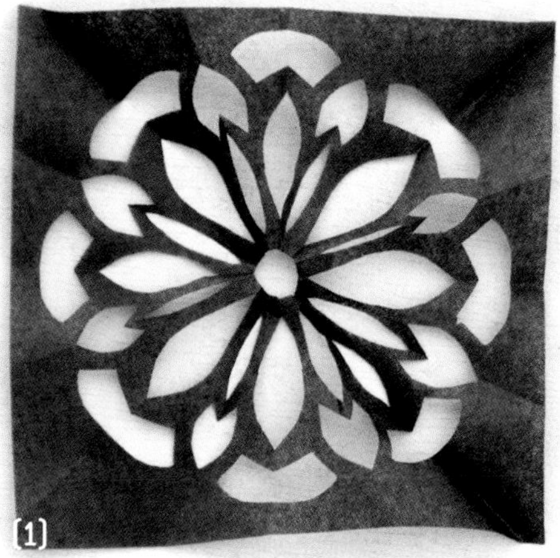

(1)

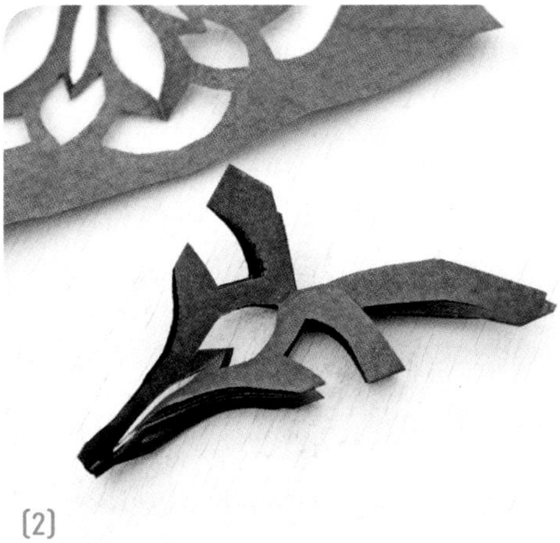

(2)

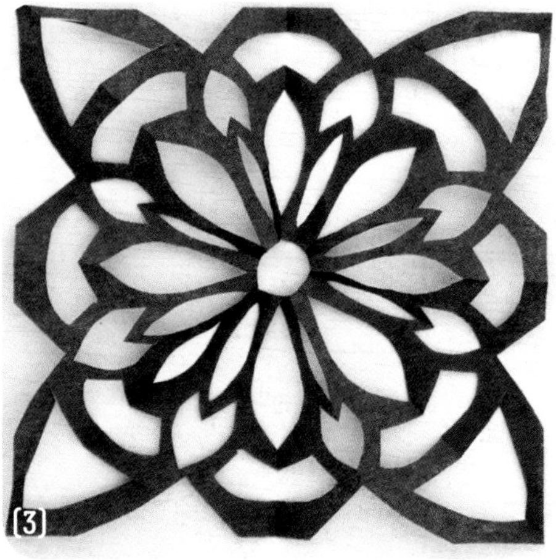

(3)

(4)

Das gleiche Motiv einmal mit oben geschlossenem Rand, einmal unten mit eingeschnittener Außenkante, einen Rahmen muss ich digital für die Schablone hinzufügen.

Digital zusammengesetzt, wird aus dem Scherenschnitt mit eingeschnittener Außenkante ein nahtloser Musterrapport.

Blütenschnitt

Neben den einfachen Faltungen, die eine gerade Anzahl an gleichen Formen ergeben, gibt es noch viele andere Möglichkeiten, das Papier für den Scherenschnitt zu falten. Ein schönes Schema für eine fünf- oder zehnblättrige Blüte oder auch einen Stern zeige ich dir hier. Diese Blüten sind gute Vorlagen für Einzel-Motivschablonen.

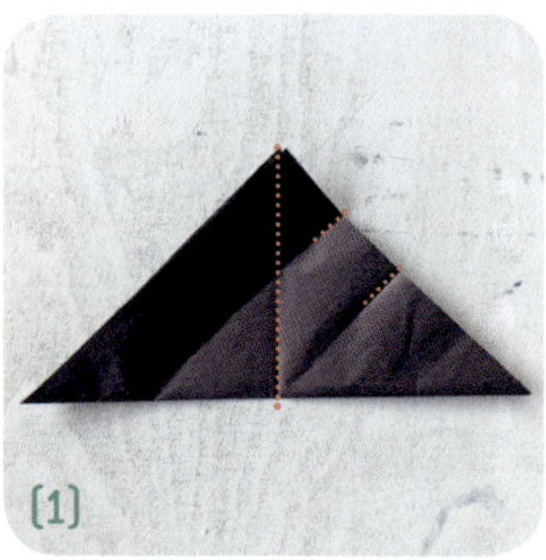

(1) Das Papier diagonal falten. Durch je einen Knick die untere Mitte, die Mitte der rechten Seite und davon wiederum die Mitte, also ein Viertel der Seite markieren.

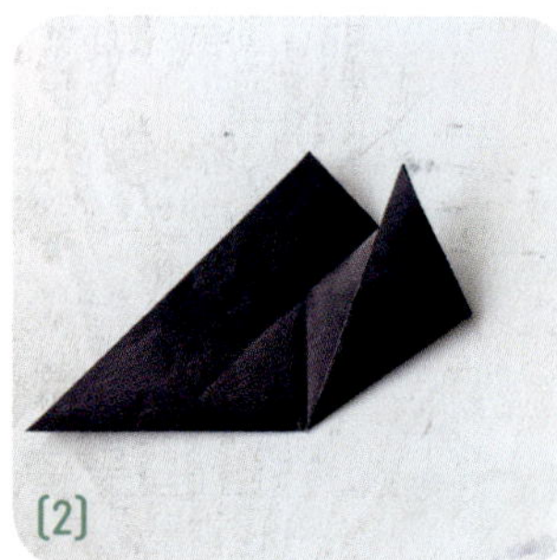

(2) Die rechte Spitze zu dieser Viertel-Markierung umklappen.

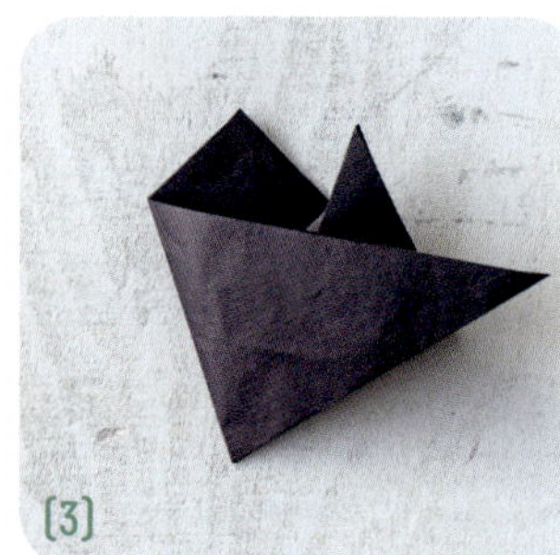

(3) Die linke Spitze umfalten, sodass die Außenkanten aufeinanderliegen.

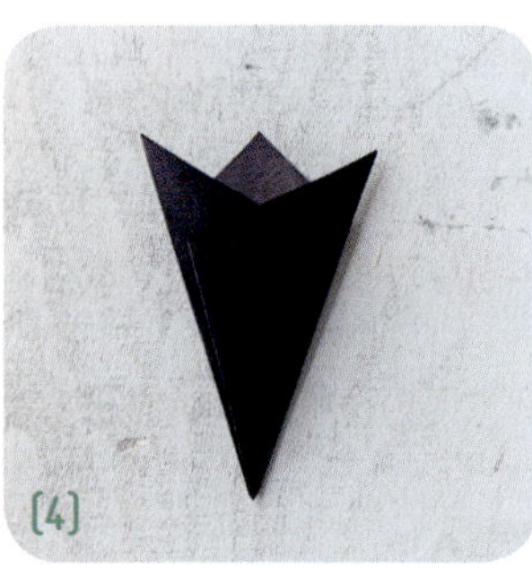

(4) Das Ganze nochmal auf die Hälfte falten.

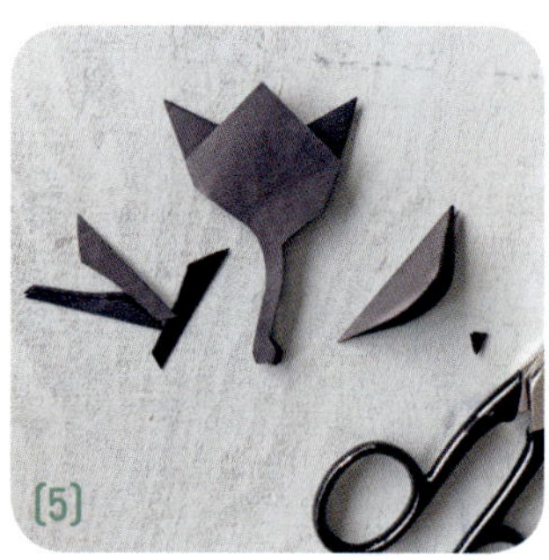

(5) An beiden Außenseiten halbe Blütenblätter einschneiden und die Mitte abschneiden.

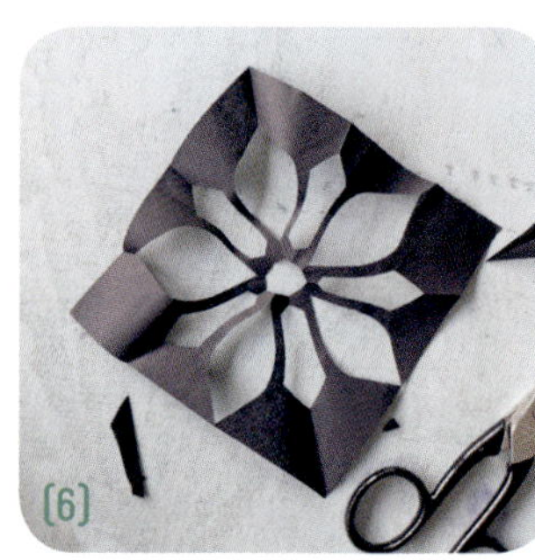

(6) Beim Auffalten wird die Blüte sichtbar.

> > Diese Scherenschnitt-Technik siehst du im Stop-Motion-Video von Seite 148.

Zickzack-Schema

Auch mit einem Zickzack-Faltschema kannst du tolle Muster erfinden. Das Papier muss dafür nicht quadratisch sein. Falte es einfach gleichmäßig im Zickzack und schneide zunächst an der einen, dann an der anderen langen Kante halbe Formen aus. Zum Schluss legst du die beiden kurzen Außenkanten aufeinander und schneidest hier. Das aufgefaltete Papier ist eine ideale Vorlage für ein Muster im Rapport.

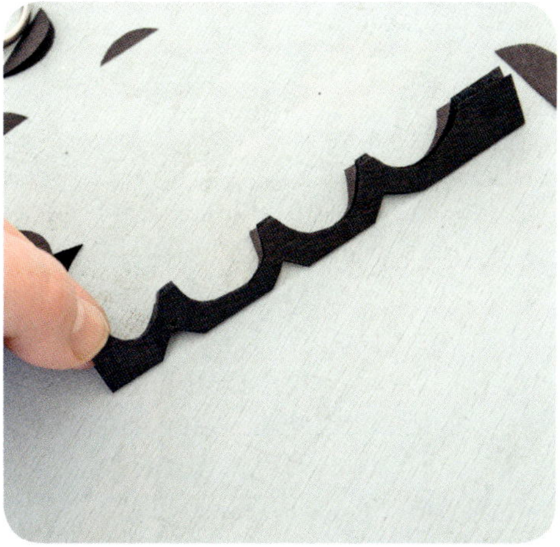

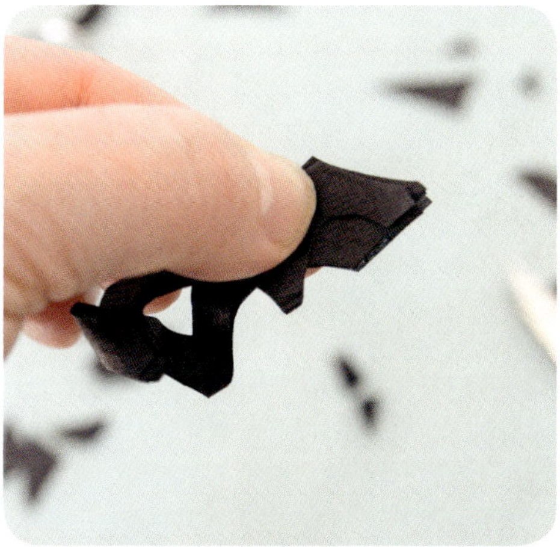

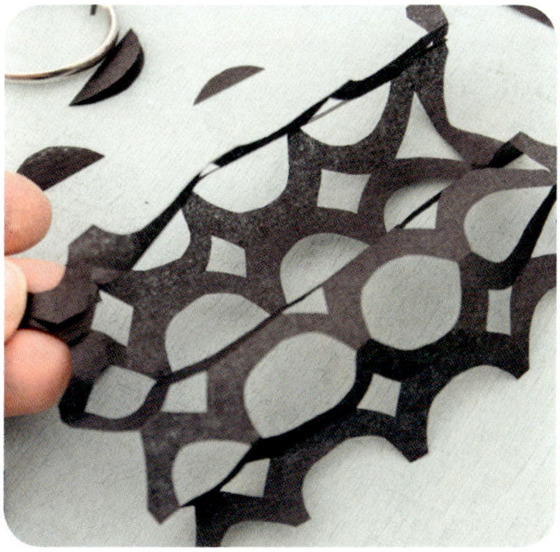

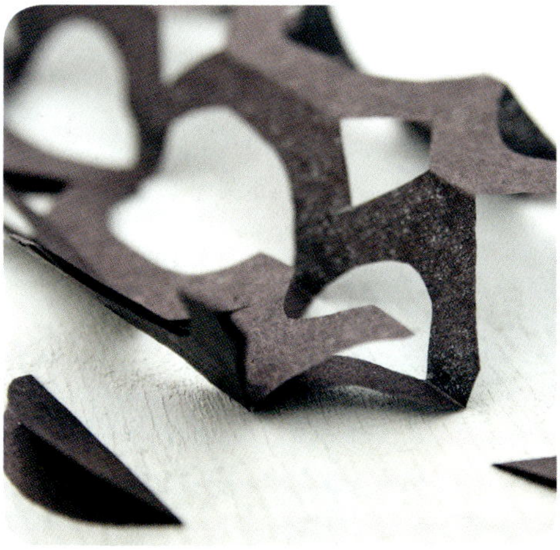

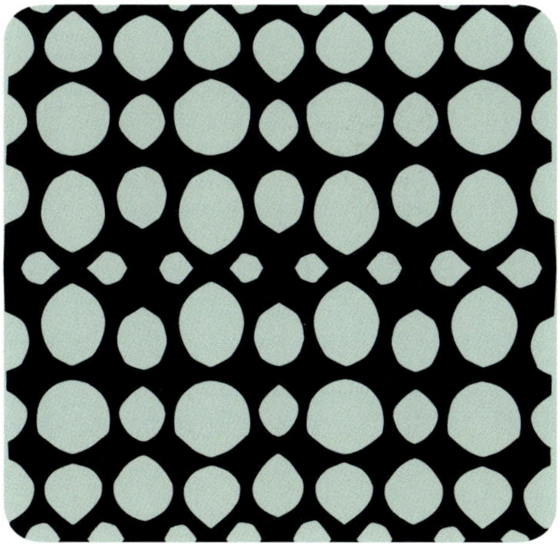

Papier wird Pixel

Die Scherenschnitte aus weißem oder schwarzem Papier lassen sich einfach digital umwandeln und sind die perfekte Vorlage für den Schnitt mit dem Plotter. Damit die Bildbearbeitung später nicht unnötig aufwändig ist, macht es Sinn, die Papiere kurz zu bügeln, um die Faltungen zu glätten.

Software

- schwarzes und weißes Papier
- Fotobearbeitungs-Software

Hardware

- Bügeleisen
- Kamera, Handy oder Tablet
- Computer

(1) Die Scherenschnitte aus weißem Papier legst du auf ein schwarzes Papier oder Karton, so gibt es den stärksten Kontrast. (2) Und umgekehrt: Die schwarzen Scherenschnitte platzierst du auf einen weißen Untergrund. Achte darauf, dass das Papier flach aufliegt und keine Schatten wirft.

(3) Suche dir einen gut ausgeleuchteten Platz, möglichst ohne Kunstlicht und ohne direkte Sonneneinstrahlung. Fotografiere das Motiv ganz gerade von oben, damit es keine Verzerrungen gibt. Wenn du mit dem Handy fotografierst, wähle einen Schwarz-Weiß-Modus mit hohem Kontrast. Natürlich kannst du deine Motive auch scannen, damit vermeidest du unschöne Schattenränder.

(4) In der internen Bildbearbeitung auf dem mobilen Gerät kannst du Belichtung und Kontrast sehr hoch einstellen. Beschneide das Motiv so, dass rundum möglichst wenig Fläche bleibt. Mit diesen Bilddaten könntest du schon direkt in der Plotter-Software weiterarbeiten und die Schablonen erstellen. Ich gehe meist noch den Umweg über eine Bildbearbeitungssoftware, um Unsauberkeiten und den Hintergrund zu löschen.

(5) In der Vergrößerung siehst du die unsauberen Ecken. Sie müssen nicht alle geglättet werden, das macht später die Plotter-Software. Der Scherenschnitt hat leichte Unregelmäßigkeiten, er ist ja handgemacht. Diese Anmutung möchte ich gerne erhalten und bearbeite nur so wenig wie nötig.

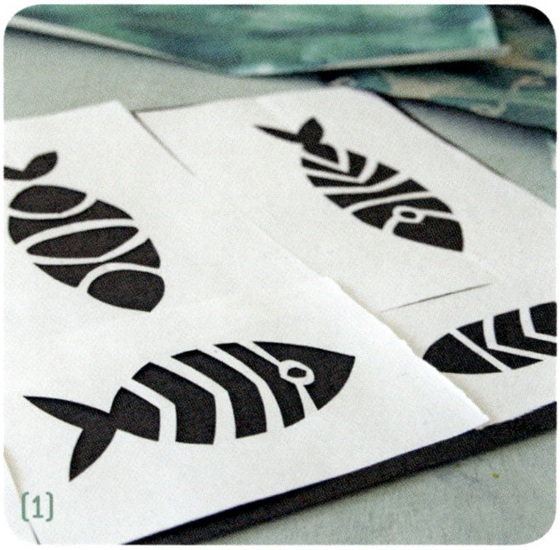

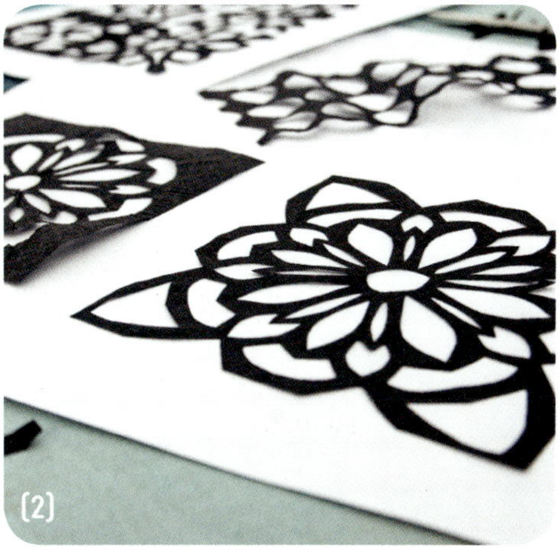

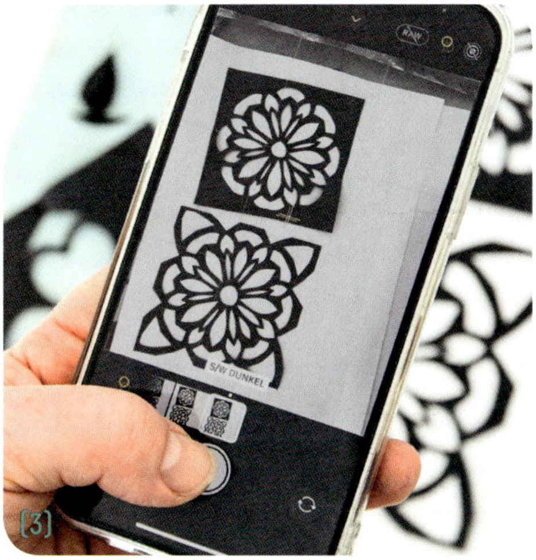

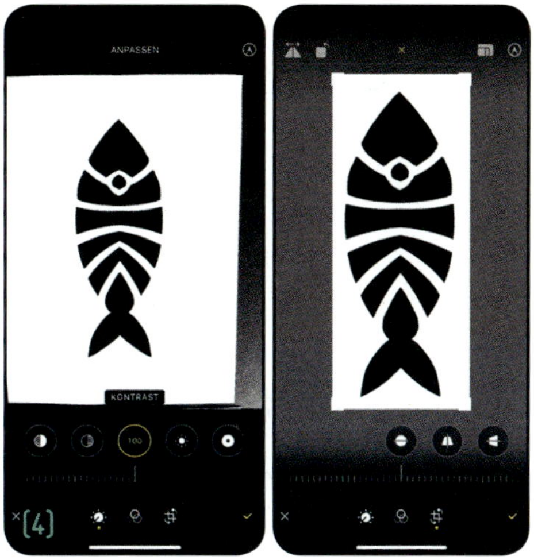

Das schnelle Foto mit dem Smartphone ist die einfachste Möglichkeit, die Vorlage zu digitalisieren. Mit dem Scanner funktioniert es noch genauer, da die Vorlage flach aufliegt und keine Schatten wirft.

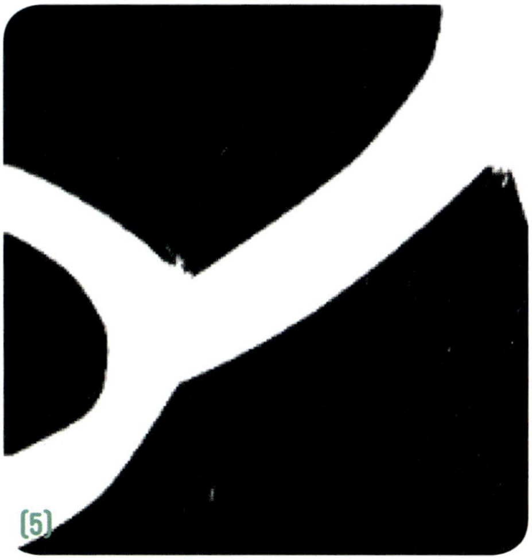

>> Wie du die Motive weiterbearbeitest, zeigt das Video.

Pfade finden

Der Plotter braucht zum Schneiden Vektordateien. Der Schnitt ist eine eindeutige Linie, Verläufe oder Raster können nicht geschnitten werden. Du musst also das Foto deiner Schwarz-Weiß-Vorlage umwandeln in sogenannte „Pfade".

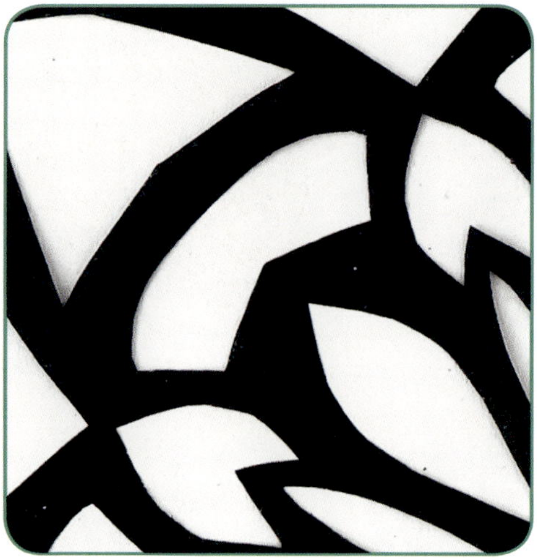

Software

Vektor-oder Plotter-Software z. B. Adobe Illustrator Inkscape Silhouette Studio Cricut Design Space

Hardware

Computer

Dazu gibt es unterschiedliche Wege. Entweder du nutzt ein Vektor-Zeichenprogramm wie Adobe Illustrator oder Inkscape zum Bildnachzeichnen (in Affinty Designer gibt es diese Funktion bisher nicht) oder du machst es direkt in der Software des Plotters.

Die Nachzeichnen-Funktion hat in allen Anwendungen ähnliche Möglichkeiten der Einstellungen. So kann man jeweils den Schwellenwert bestimmen und die Genauigkeit der Kurve. Meist kannst du dir über einen Vorschaumodus den Einfluss der unterschiedlichen Faktoren ansehen.

Je klarer die Kontraste und Konturen der Vorlage sind, desto weniger Ankerpunkte wird der Pfad haben. Je mehr Ankerpunkte, desto schlechter: Die Datei wird größer, die Linie unsauberer und der Schnitt dauert länger. Nach dem Umwandeln kannst du das Originalbild in der Anwendung löschen und die Pfade weiterbearbeiten.

Über die Funktion „Pfade vereinfachen" kannst du unnötige Punkte löschen. Genauso kannst du manuell jeden einzelnen Ankerpunkt löschen oder verschieben. An den Punkten gibt es jeweils kleine „Griffe", die du anfassen und dann die Linie wie ein Gummiband ziehen kannst. So lässt sich die Vorlage nach deiner Vorstellung anpassen. Aber verliere dich nicht zu sehr im Detail, belasse die Unregelmäßigkeiten und versäubere den analogen Charme nicht zu sehr.

Das Umwandeln oder Nachzeichnen nennt man auch Vektorisieren oder Autotrace. Es gibt kostenlose Online- oder Offline- Tools, die diese Funktionen übernehmen. Einfach mal im Netz suchen!

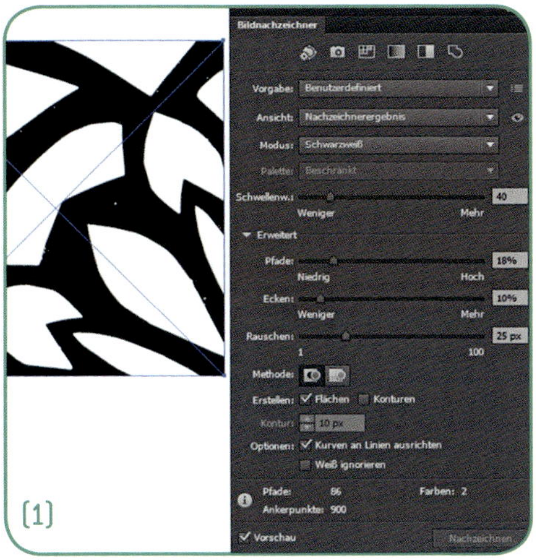

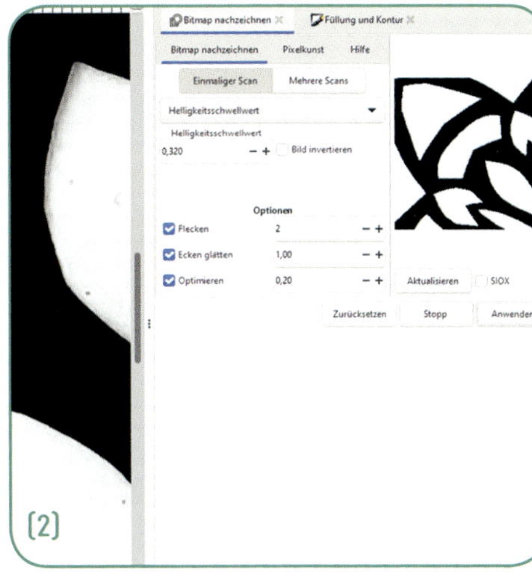

Die Nachzeichnen-Funktion in unterschiedlichen Anwendungen. Adobe Illustrator (1) , Inkscape (2) und Silhouette Studio (3).

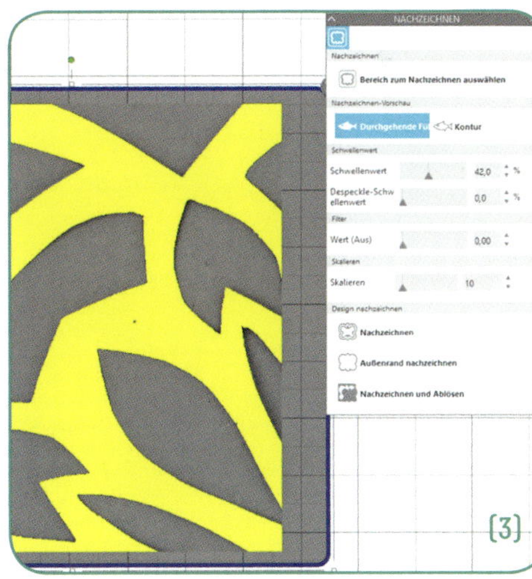

Unten: Die nachgezeichnete Form in Silhouette Studio hat im ersten Schritt noch zu viele Ankerpunkte. Nach dem Vereinfachen sieht die Kontur besser aus und kann weiterbearbeitet werden

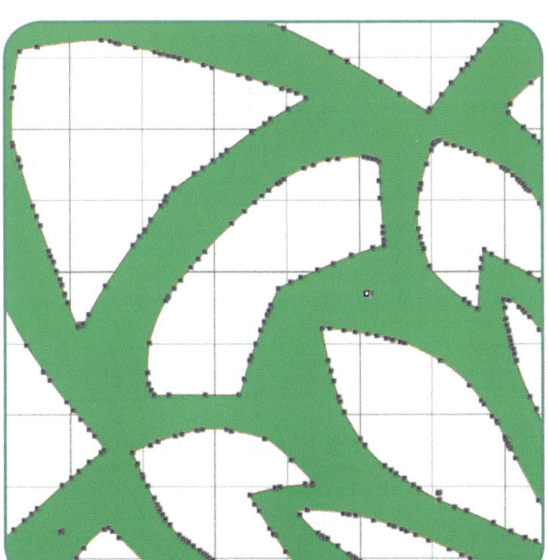

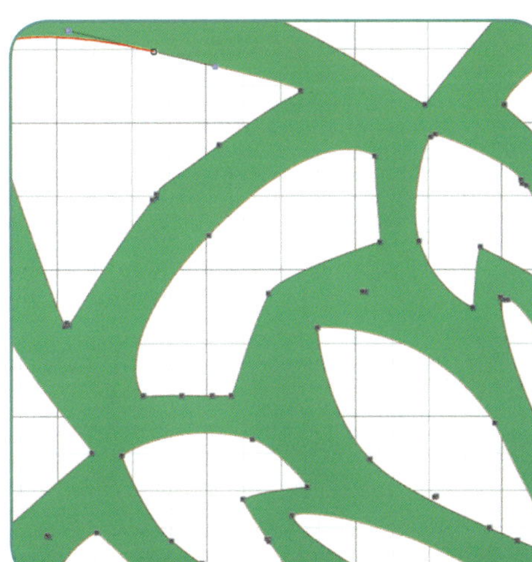

Motiv wird Muster

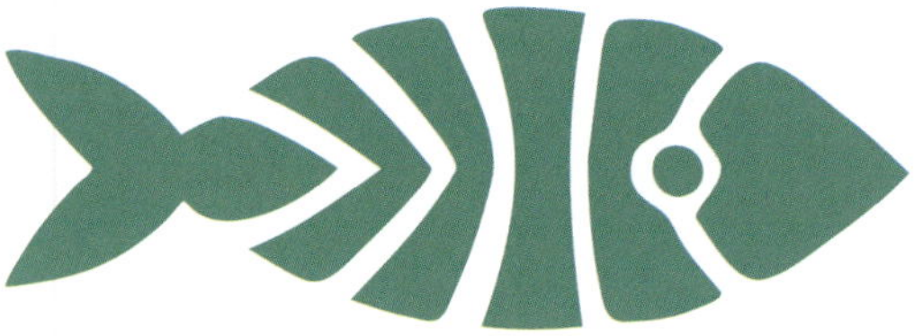

Der digitalisierte Scherenschnitt liegt als PNG-Datei vor.

Im nächsten Schritt wirst du dein Motiv vom Plotter ausschneiden lassen und drucken. Liegt das Motiv einmal in digitaler Form vor, kannst du es vor dem Schneiden noch mehr gestalten. Die digitale Datei gibt uns die Möglichkeit, mit dem Motiv zu spielen. So kannst du das Einzelmotiv durch diverse Reihungen, Wiederholungen, Drehungen, Spiegelungen oder Skalierungen zu einem komplexen Muster werden lassen.

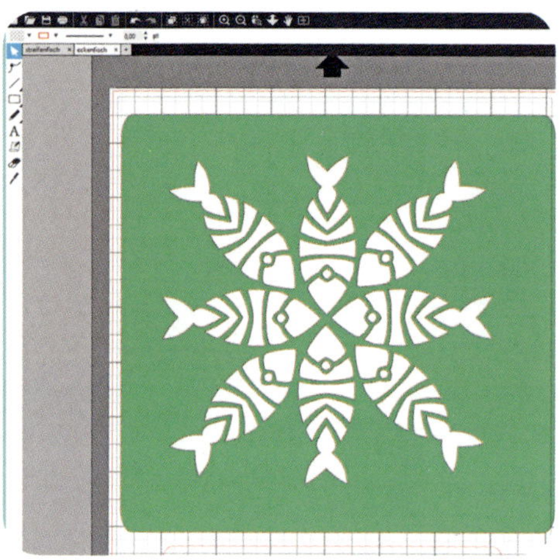

Den einzelnen Scherenschnitt-Fisch habe ich im Programm Silhouette Studio als PNG-Datei geöffnet, dupliziert, gedreht und zu diesem Muster angeordnet, das als Schablone geplottet werden kann.

Oft ergibt sich in dem digitalen Spiel mit einem Motiv eine ganz neue Sicht. So wird hier aus der Fisch-Zacke ein Quadrat. Beim Betrachten ziehen wir Flächen zusammen, und Linien scheinen sich zu verbinden. Das macht den Reiz eines Musters aus. Schon vor dem analogen Drucken kannst du digital verschiedene Farbkombinationen und Anordnungen austesten.

Die Muster kannst du entweder in einer Vektor-Software wie Illustrator, Inkscape oder Affinity Designer zusammenstellen oder direkt in der Plotter-Software, die ebenfalls viele Möglichkeiten bietet. Das gleiche Motiv oder Muster kannst du in unterschiedlichen Größen als Schablone ausschneiden.

> > Wie du die Motive zu Mustern machst, zeigt das Video.

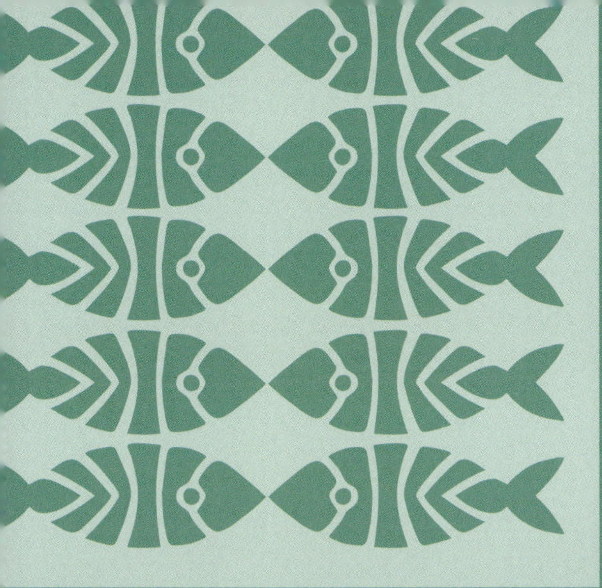

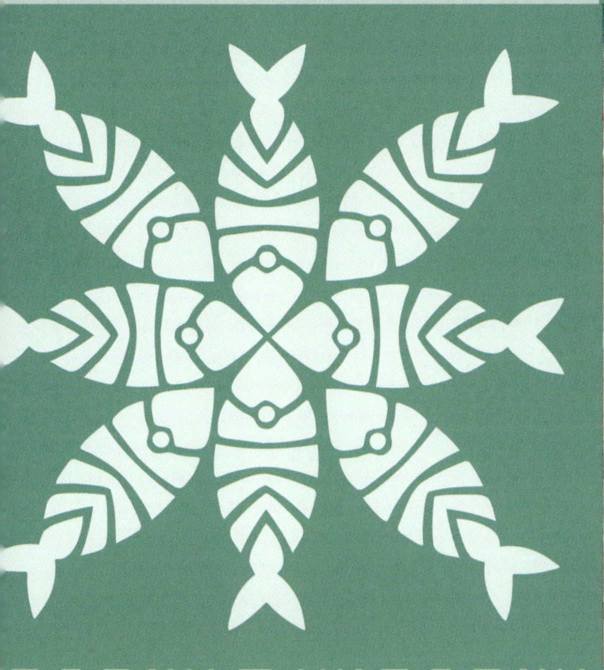
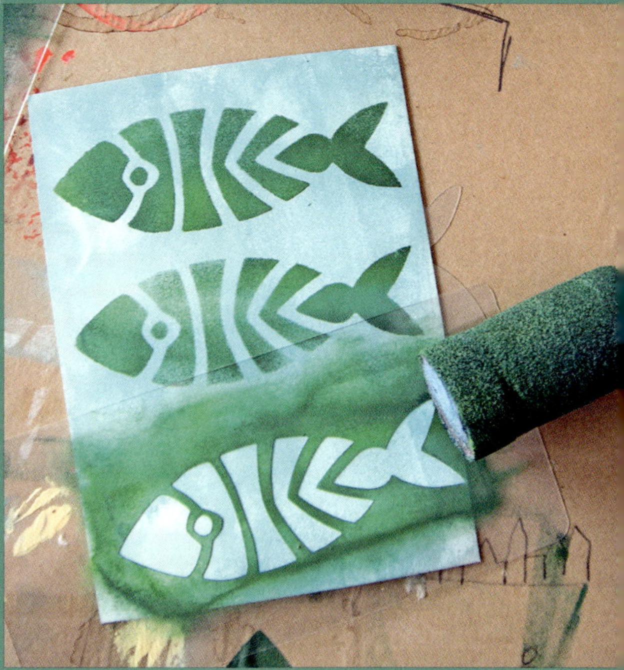
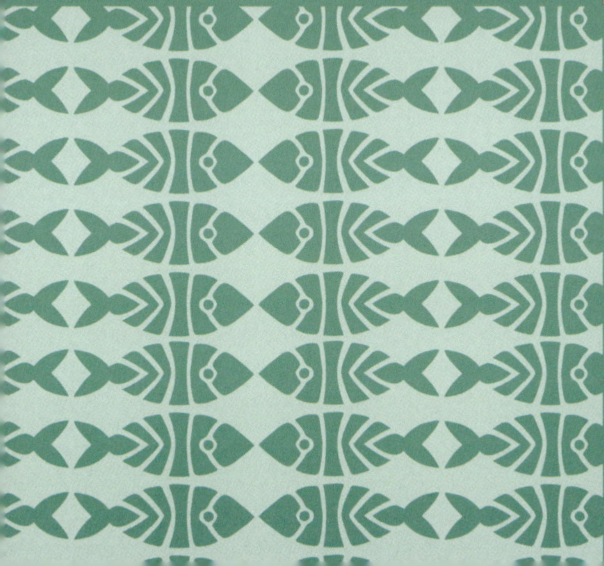
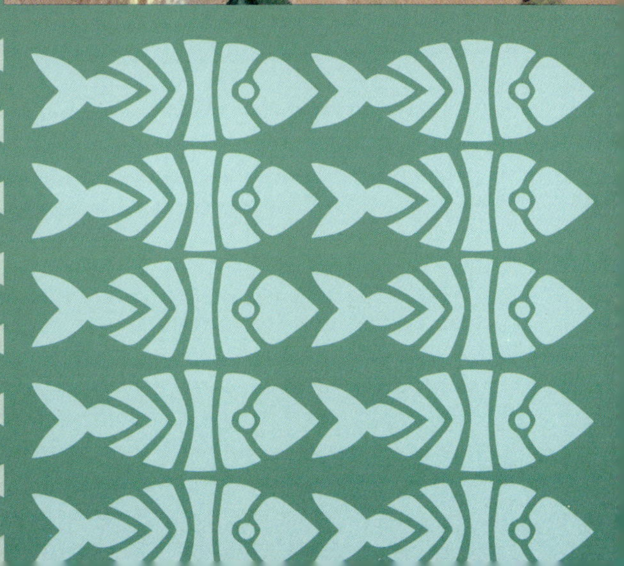

Der Plotter

Schneidplotter werden im DIY-Bereich immer beliebter. Oft werden sie eingesetzt, um Folien zu schneiden, die auf Textilien gebügelt oder als Beschriftung und Deko aufgeklebt werden. Diese Anwendungen interessieren mich persönlich weniger, mir geht es hauptsächlich um das Schneiden von Schablonen. Allerdings muss ich zugeben: Mit meinen Plottern verbindet mich eine Hassliebe. Als ich meinen ersten Plotter bekam, habe ich es innerhalb kürzester Zeit geschafft, das Messer abzubrechen. Dies lag wohl daran, dass ich die Anleitung kaum gelesen und mir keine Videos dazu angeschaut habe. Ganz selbsterklärend sind die Funktionen nicht, und es gibt eine Menge Einstellungsmöglichkeiten.

Der Schneidplotter ist ein Gerät, in dem ein Messer eine Vorlage, die über eine Software vom Computer an den Plotter geschickt wird, aus unterschiedlichen Materialien ausschneiden kann. Auf einer klebenden Schneidematte wird das Material eingezogen, das Messer fährt nach und nach die Vorlagenkonturen nach und schneidet sie.

Es gibt Plotter von verschiedenen Herstellern in unterschiedlichen Größen. Ich kann nur über meine Erfahrungen mit den Modellen der Firma Silhouette und der mitgelieferten Software Silhouette Studio berichten. Die Geräte von Brother oder Cricut sind teurer und bieten teilweise andere Schwerpunkte. Für meine Anwendungen, also hauptsächlich das Schablonenschneiden, reicht ein Gerät mit einer Schneidematte im DIN-A4-Format völlig aus.

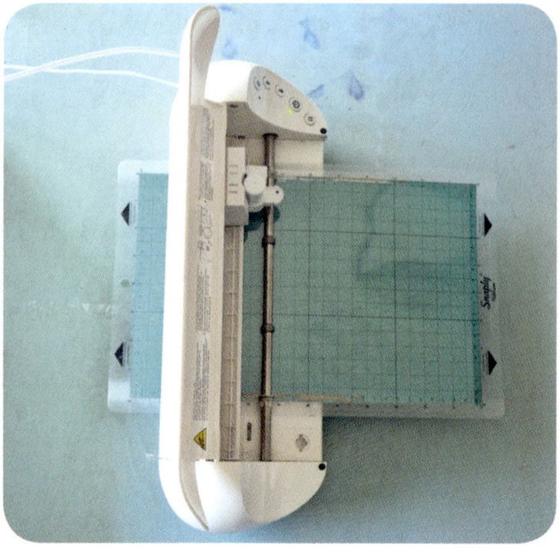

Mein kleiner Plotter Silhouette Portrait ist zusammengeklappt etwa so groß wie ein Laminiergerät.

Wenn du dich mit dem Gedanken trägst, dir einen Plotter anzuschaffen, informiere dich gut. Schaue dir Videos an, vergleiche die Möglichkeiten der unterschiedlichen Modelle und Hersteller. Die Geräte unterscheiden sich besonders in der dazugehörigen Software. Der Markt ändert sich ständig, es gibt Updates und neue Geräte, lass dich nicht verunsichern, du brauchst nicht das allerneuste Modell.

Meiner Erfahrung nach gibt es keine Dienstleister, die im Auftrag plotten, jedenfalls keine Schablonen, nur Beschriftungen. Aber höre dich in einer Umgebung um, vielleicht kannst du ein Gerät ausleihen oder du nutzt einen Plotter gemeinsam im Freundeskreis.

Messer

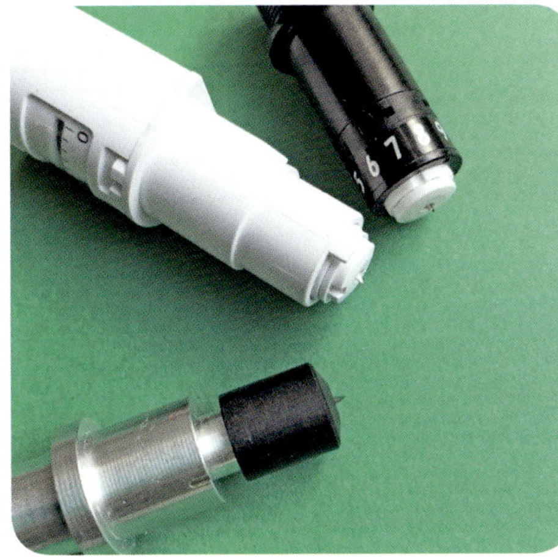

Das Messer ist das eigentliche Werkzeug: eine sehr kleine, bewegliche Klinge in einer Halterung. Es gibt Messer für unterschiedliche Materialien, die entweder manuell oder automatisch über die Software auf die richtige Schnitttiefe und den Anpressdruck eingestellt werden. Meinerseits komme ich gut mit dem automatischen Messer klar, aber es braucht immer einige Testläufe, wenn ich neues Material schneide. Messer werden stumpf und müssen mit der Zeit ausgetauscht werden, gerade wenn viel Papier oder kräftige Folie geschnitten wird.

Schneidematte

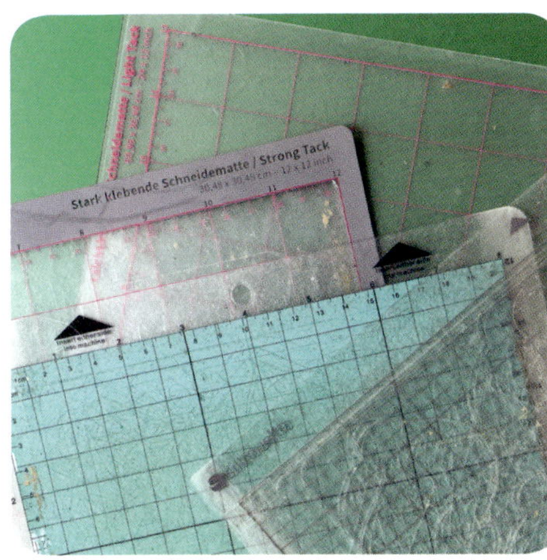

Auf der klebenden Matte wird das Material platziert, das geschnitten werden soll. Das Material muss an der Matte haften, damit es sich während des Schneidens nicht verschiebt. Es gibt unterschiedlich stark klebende Schneidematten. Für Papier oder Folien eignet sich eine leicht oder mittel klebende Matte. Wenn die Matte zu stark klebt, kann das Papier zerreißen. Mit der Zeit lässt die Klebkraft der Matte nach. Dann behelfe ich mir, indem ich die Matte leicht mit wieder ablösbarem Sprühkleber einsprühe. Eine zweite Matte macht auf jeden Fall Sinn, damit du nacheinander mehrere Motive plotten kannst und in der Zwischenzeit die andere Matte entgittern bzw. von Resten reinigen kannst.

Zubehör

Zum Plotter gibt es eine Menge Zubehör und spezielle Materialien, von denen du für Schablonenzuschnitte allerdings nur wenig brauchst. Eine alte Scheckkarte, um die Reste von der Matte zu kratzen, tut gute Dienste.

Schablonen schneiden mit dem Plotter

Software

Plottersoftware wie Silhouette Studio, Cricut Design Space o. Ä.

Overhead- oder andere Folien

Hardware

Computer

Plotter

Material

Schablonen kannst du aus allen möglichen Materialien schneiden. Wenn sie nur für den einmaligen Gebrauch gedacht sind, reichen auch Papier oder dünne Pappe. Doch sicher wirst du die Schablone öfter nutzen wollen. Teure Spezialfolien sind hierfür nicht nötig, schau zunächst, was du noch im Vorrat hast. Die Folien sollen nicht zu dick (max. 1 mm) und gleichzeitig nicht zu weich sein. Gut funktioniert der Schnitt und der Druck mit Schnellhefter-Folien. Sowohl aus den transparenten Deckblättern als auch aus den farbigen Rückseiten kannst du Schablonen schneiden.

[1] Der grüne Augenfisch ist aus einem alten Schnellhefter geschnitten. [2] Meist nutze ich einfache transparente Overhead-Folien, sie sind relativ günstig, wenn auch nicht in jedem Schreibwarenladen zu finden, da die Projektoren nicht mehr genutzt werden. Ich habe schon über Kleinanzeigen Altbestände gekauft, die nicht mehr gebraucht wurden. Der große Vorteil von Overhead-Folien ist die Transparenz. Beim Drucken siehst du besser, wo du das Motiv platzierst.

Auch aus Steinpapier (einem sehr reißfesten dünnen Material) oder Tyvek (dünnem reißfestem Polyestergewebe) habe ich schon Schablonen geschnitten. Tyvek hat allerdings neben der Undurchsichtigkeit den Nachteil, dass es sehr leicht und weich ist und beim Drucken nicht plan auf dem Material liegen bleibt.

Plotterschnitt

Die Folie wird auf die Schneidematte gelegt und in den Plotter eingezogen. In der Software legst du zunächst fest, wie du schneiden willst. Die Silhouette-Software

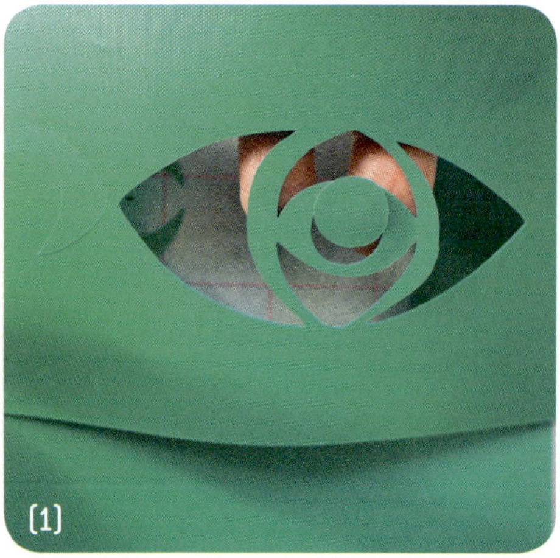
[1]

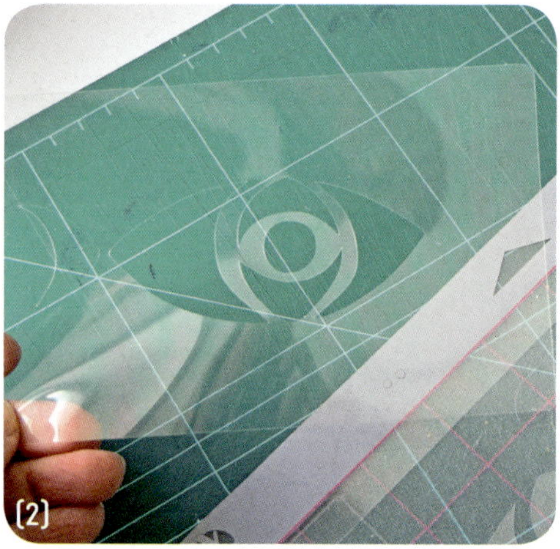
[2]

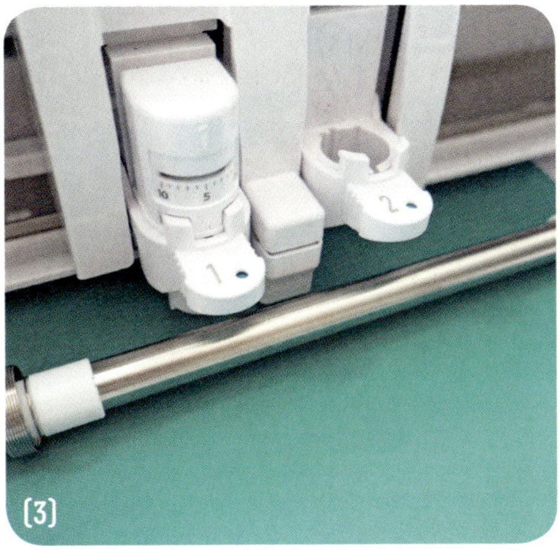
(3)

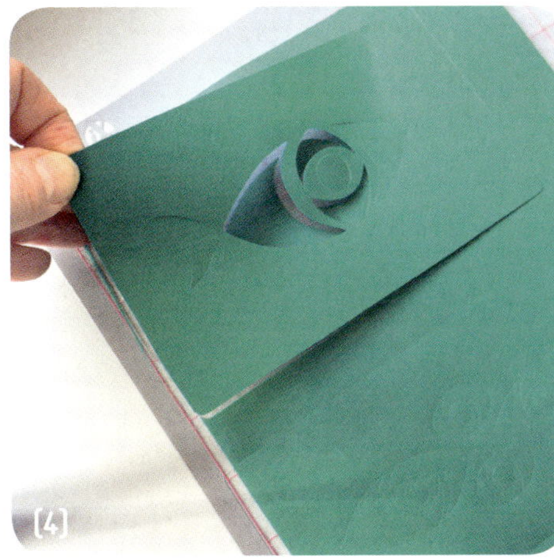
(4)

bietet mit dem automatischen Messer viele voreingestellte Materialien an. Trotzdem macht es Sinn, einen Probeschnitt zu machen. Je nachdem, wie alt dein Messer ist, funktionieren die Voreinstellungen nicht immer gleich gut. Du kannst aber sowohl die Schnitttiefe, den Anpressdruck als auch die Geschwindigkeit manuell einstellen. Wenn mein Messer nicht mehr so scharf ist, schneide ich meist mit doppeltem Schnitt.

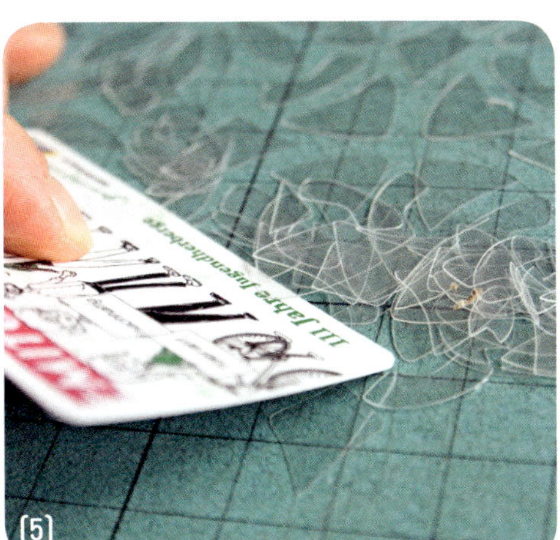
(5)

(3) Das Messer stellt sich automatisch auf die Einstellung ein und fährt die Konturen des Motivs nach. Das macht bei der glatten Folie leider ein recht lautes Geräusch.
(4) Am Ende wirft der Plotter die Matte aus und du kannst die Folie abziehen. Die ausgeschnittenen Formen bleiben meist auf der Matte kleben und alle einzeln abzuknibbeln, macht sehr viel Arbeit. (5) Ich schiebe sie mit einer alten Plastikkarte zusammen und versuche dabei, so wenig wie möglich davon durch den Raum fliegen zu lassen. Diese Schnipsel und das Geräusch des Plotters sind das, was ich am Schablonen-Schneiden weniger mag. Dafür kommt im nächsten Schritt die Belohnung: endlich drucken!

>> Den Plotter in Aktion kannst du im Video sehen.

Endlich drucken

Software
- Acrylfarbe
- farbiges Papier
- evtl. Sprühkleber

Hardware
- Schaumstoffrolle
- Glasplatte

Nach dieser langen Vorbereitung kannst du dir endlich wieder die Finger dreckig machen und deine frisch geplotteten Muster drucken.

Für den Schablonendruck – oder mit dem Pinsel eher Schablonenmalerei – wird oft ein Stupfpinsel verwendet. Allerdings arbeite ich nicht gerne damit, mir werden der Farbauftrag zu ungleichmäßig und die Kanten zu unscharf. Viel bessere und schnellere Ergebnisse erhalte ich mit einer einfachen Schaumstoffrolle aus dem Baumarkt, meinem Lieblingswerkzeug.

(1) Ein paar Kleckse Acrylfarbe walzt du dünn auf einer alten Glasplatte aus. Du kannst auch einen Teller oder ein Brettchen benutzen. Die Glasplatte hat den Vorteil, dass sie sich später durch Abkratzen der Farbe gut reinigen lässt (siehe Seite 122).

Du kannst zwei oder drei Farbtöne nicht ganz durchmischen, damit die Farbe nicht zu eintönig wird. Rolle die Farbe dünn aus.

(2) Platziere die Schablone auf einem Papier, halte sie mit der einen Hand fest, während du mit der anderen Hand leicht und ohne viel Druck mehrfach über die Folie rollst. Mit der Rolle kann es kaum passieren, dass Farbe unter dem Rand der Folie landet.

(3) Durch die Löcher siehst du gut, ob die Farbe alle offenen Stellen bedeckt hat. Hebe die Schablone vorsichtig an.

(4) Je nachdem wie stark du die Farbe durchmischst, wie viel Farbe du nutzt und wie stark du aufdrückst, kann der Schablonendruck sehr unterschiedlich ausfallen. Zarte Drucke mit möglichst wenig Farbe gefallen mir am besten. Direkt nebeneinander kannst du die Motive nicht sofort drucken, damit der Rand der Schablone nicht in der feuchten Farbe landet, deshalb musst du den nötigen Platz lassen.

(5) Besonders bei größeren Motiven ist es sinnvoll, die Schablone von der Rückseite leicht mit wiederablösbarem Sprühkleber einzusprühen, damit sie beim Drucken nicht verrutscht.

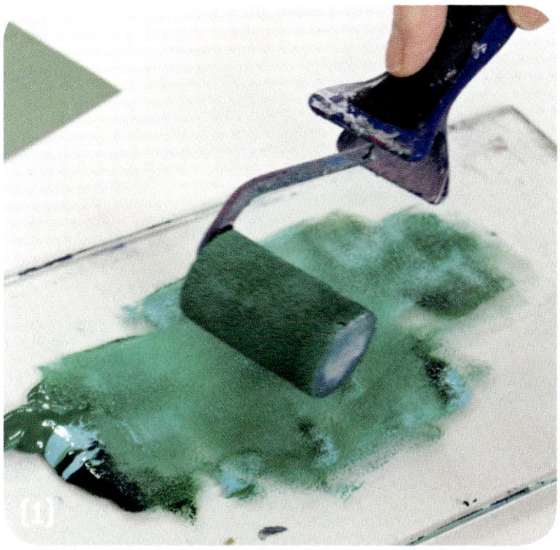

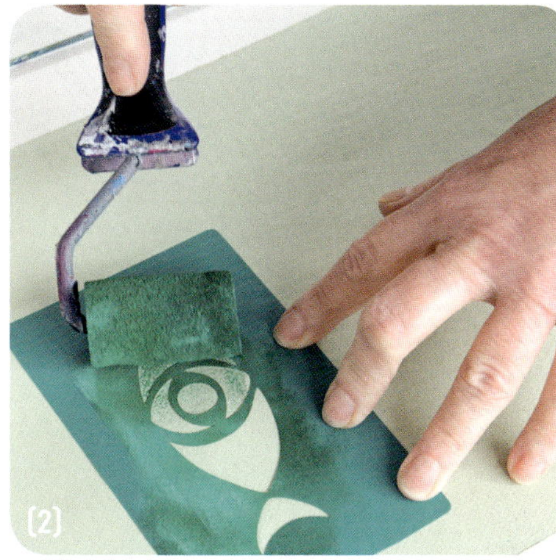

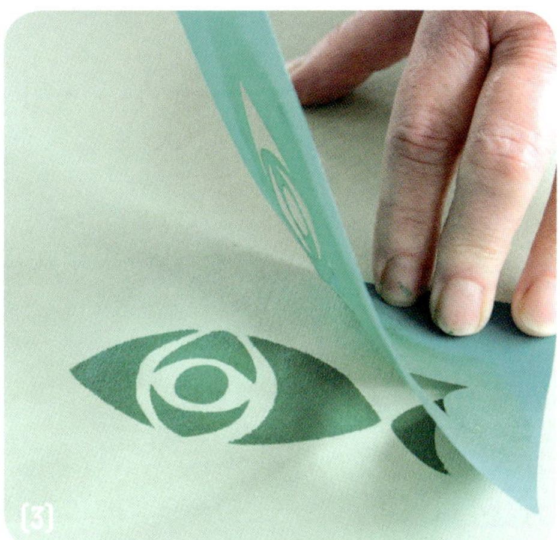

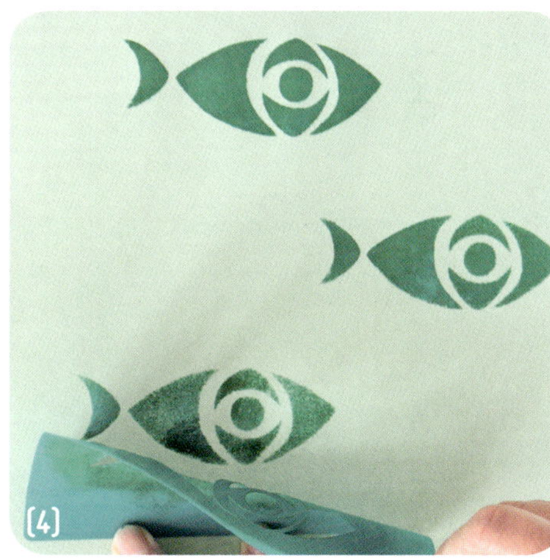

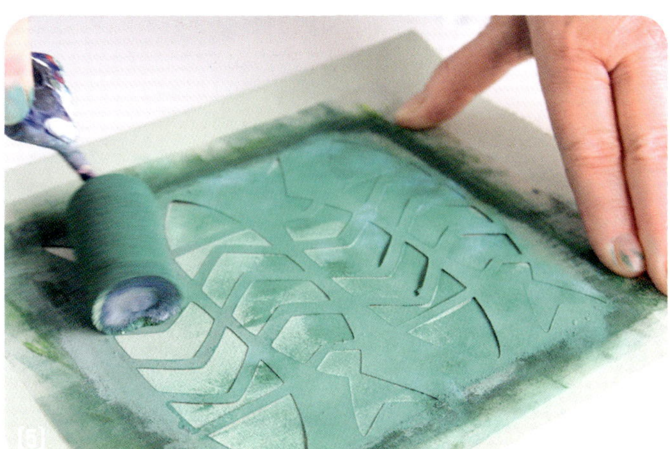

Schablonendruck funktioniert ebenso auf Stoff, der allerdings saugfähiger ist als Papier und mehr Farbe schluckt. Die Tipps zum Stempeldruck auf Seite 84 gelten auch für den Stoffdruck mit Schablonen.

Große Musterbögen drucken

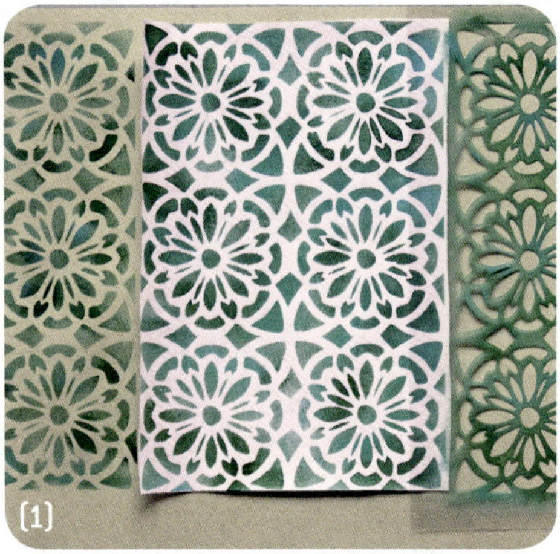

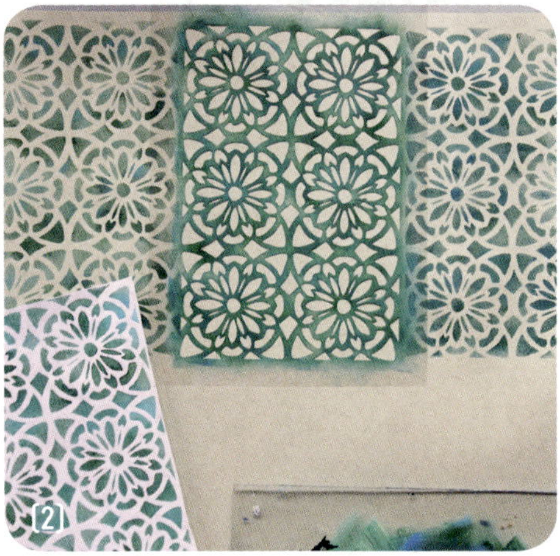

Dieses kleinteilige Muster aus dem Scherenschnitt-Entwurf von Seite 97 werden im Plotterprogramm sechsfach angeordnet und fast vollformatig aus einer DIN-A4-Folie ausgeplottet. Ein Rand von mindestens 3 cm rundum muss auf jeden Fall stehen bleiben. Mit dieser großen Vorlage kannst du schnell einen großformatigen Bogen in DIN A2 oder 50 x 70 cm bedrucken, ohne das einzelne Motiv einzeln immer wieder aneinanderzusetzen.

(1) Das Muster ist als Rapportmuster wie ein Fliesenboden angelegt. Es sollte dicht an dicht gedruckt werden. Damit du den Rand der Schablone nicht in die feuchte Farbe legen musst, drucke zunächst das Motiv einmal als Platzhalter auf ein einfaches Papier, schneide es rundum knapp aus. Drucke das Motiv einmal auf den großen Bogen, lege das Platzhalterpapier daneben und drucke als Nächstes den übernächsten Druck.

(2) Später kannst du die Lücke schließen. Acrylfarbe trocknet sehr schnell, besonders wenn sie dünn ausgerollt wird. So kannst du den großen Bogen komplett füllen. Ich drucke meist über den Papierrand hinaus, um den Bogen möglichst auszunutzen und viel Material zum Buchbinden zu haben.

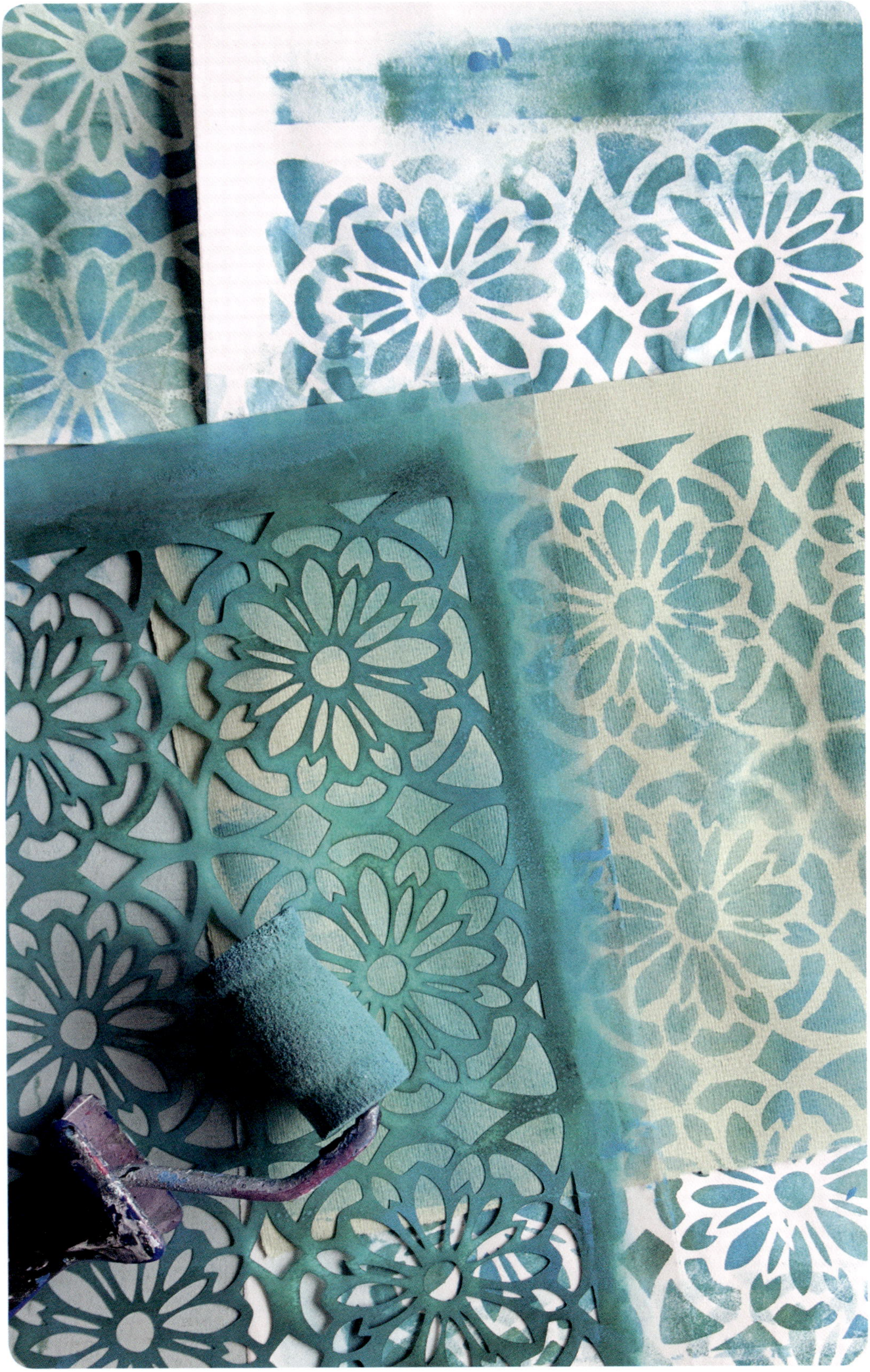

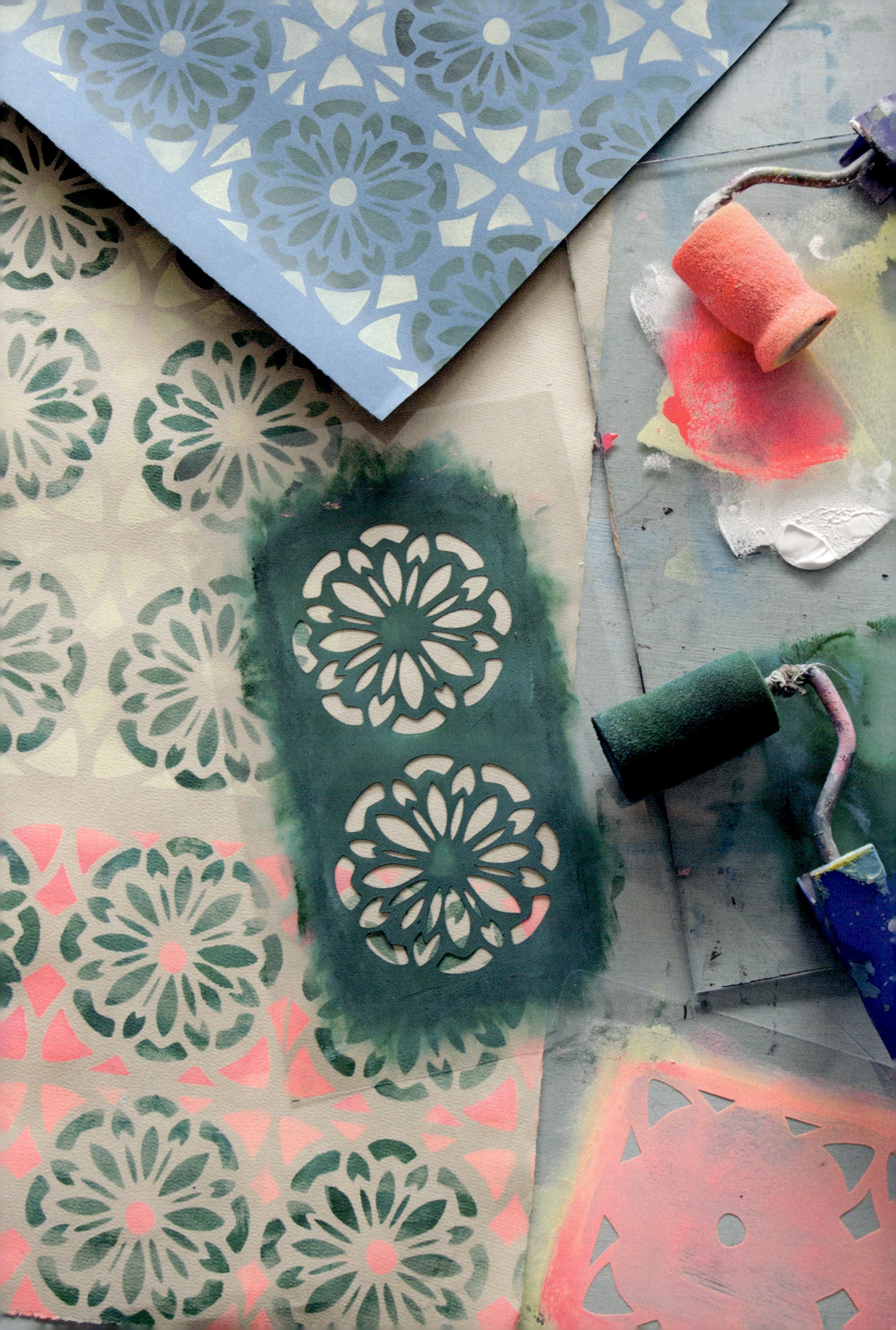

Mehrfarbiger Schablonendruck

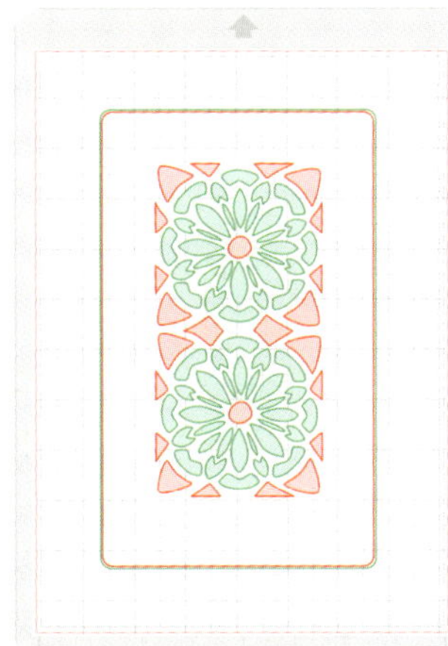

Der digitalisierte Scherenschnitt bietet die Möglichkeit, das Motiv in mehrere Farben aufzuteilen, daraus einzelne Schablonen zu plotten und mehrfarbig zu drucken.
In der Plottersoftware kannst du jedem Element des Motivs unterschiedliche Farben und Konturen zuordnen und sie nacheinander vom Plotter schneiden lassen. So gibt es hier die rot und die grün umrandeten Flächen in einer Datei, daraus entstehen zwei Folien, die übereinanderpassen.

Das Muster kannst du in mehrere Einzelfarben aufteilen, dabei solltest du darauf achten, dass die Bereiche zusammengehören und das Gesamtmotiv optisch nicht auseinanderfällt. Der Blütenblätterkranz könnte z. B. noch in einer dritten Farbe gedruckt werden. Digital kannst du die Wirkungen gut ausprobieren.

Beim Schablonendruck mit der Rolle arbeite ich immer mit gewollten Farbschwankungen und Verläufen, die das Motiv lebendig und mehrfarbig machen, da könnten zu viele Einzelfarben auch unruhig wirken. Auch die Wahl der Papierfarbe spielt eine Rolle, die je nach Helligkeit und Intensität mehr oder weniger in den Vordergrund tritt. Auf dunklem Papier verschwinden dunkle Farben und die hellen Töne sollten deckend sein, damit sie den nötigen Kontrast bieten. Die Beimischung von Weiß hilft, die Deckkraft zu erhöhen.

Mehrfarbiger Druck ist auch mit nur einer Schablone möglich: leicht versetzt und zweimal übereinandergedruckt, erhält das Motiv einen plastischen Effekt.

Handdruck

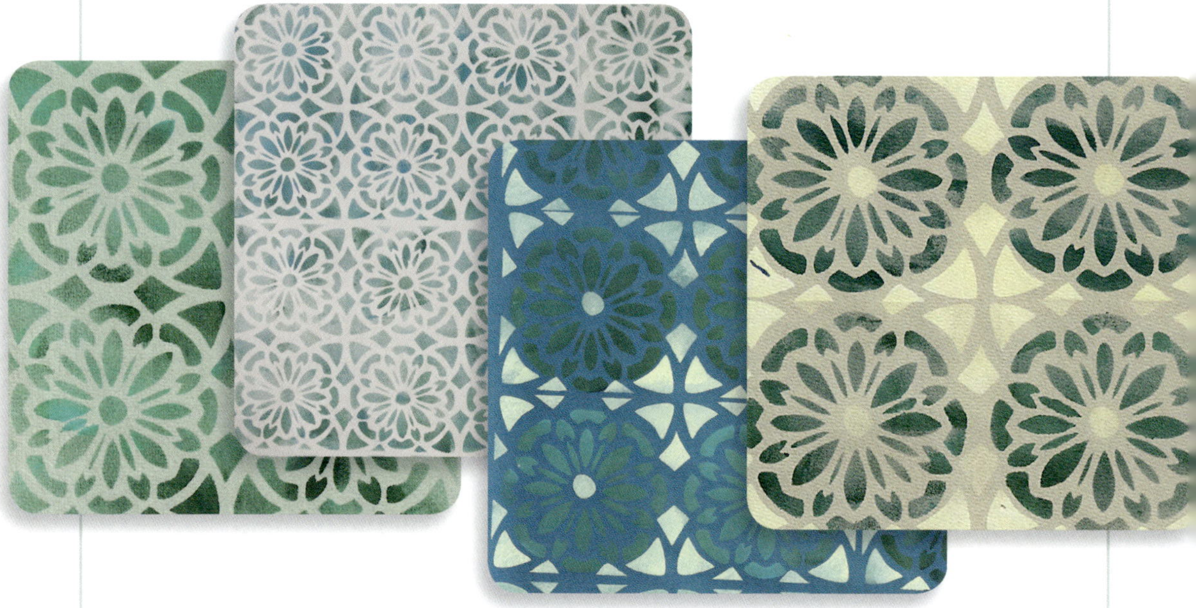

Das Muster liegt für den Plotterschnitt bereits digital vor, da ist die Frage berechtigt, warum überhaupt noch von Hand gedruckt wird und was den Unterschied zum digitalen Print ausmacht: Der Handdruck ist immer ein Unikat, kein Bogen Papier gleicht exakt dem nächsten. Der Schablonendruck mit der Rolle bringt immer Farbmischungen und Unregelmäßigkeiten mit sich, die digital nur mühsam zu erzeugen wären. Jeder einzelne Bogen ist wertvoll, weil handgemacht. Farbiger Druck auf unterschiedlich farbigem Papier kann komplett andere Wirkungen erzeugen, je nach Kontrast und Deckkraft der Farbe. Ich mag es sehr, in einer Farbstimmung unterschiedliche Untergründe zu bedrucken, mit mehr oder weniger Farbe zu spielen. Analog bin ich begrenzt, ich muss mit dem Material arbeiten, das da ist und kann keine unendlichen Varianten ausprobieren, das zwingt zu Entscheidungen, was sehr dabei hilft, sich nicht zu verzetteln.

oder Print?

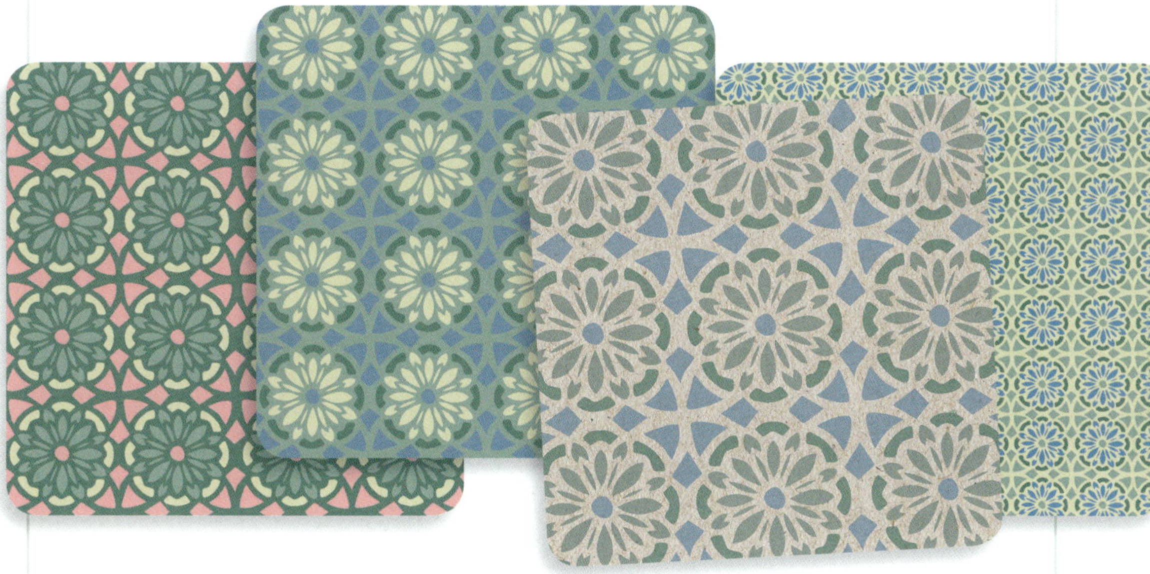

Digital kannst du das gleiche Muster in zig Varianten, Größen und Farbstimmungen austesten, bevor du es selbst ausdruckst oder zur Druckerei schickst. Das kann hilfreich sein, um Kombinationen und Wirkungen zu testen, kann aber auch zu totaler Verwirrung führen. Denn der digitale Farbkasten ist unbeschränkt. Das digitale Muster lässt sich auf unterschiedlichsten Materialien ausdrucken. Als große Papierbögen kann es als Geschenkpapier oder Bucheinbandpapier zum Einsatz kommen, das ist auch in recht kleiner Auflage zu günstigen Preisen möglich. Der einzelne Bogen ist dann nicht mehr so wertvoll, für eine kleine Serie mit handgebundenen Büchern oder Schachteln aber sehr reizvoll.

Den analogen Charme kannst du auch im Digitaldruck simulieren: Du kannst gescannte Papierstrukturen oder Pinselspuren einbauen oder auch den fertigen Handdruck scannen und mehrfach ausdrucken.

>> Die Muster als Digipaper findest du hier:

Schablonen zeichnen

Wenn du mit den Grundlagen des Schablonendrucks vertraut bist, kannst du auch zeichnerisch Motive entwerfen.

Software

- weißes Papier oder Rahmenvorlage
- evtl. Procreate oder alternative Zeichen-App

Hardware

- Bleistift
- schwarzer Filzstift, Marker oder Brushpen
- evtl. iPad mit Pencil oder anderes Tablet mit druckempfindlichem Stift

Um das Grundprinzip – alles muss mit dem Rand verbunden sein – anzuwenden, ist es am einfachsten, mit dem Rand anzufangen (1+2). Dafür kannst du dir als Vorlage leere „Bilderrahmen" erstellen. Quadrate, Kreise und auch Fische mit dickem schwarzem Rahmen, die du ausdrucken und ausschneiden kannst. Auf diesen kleinen Vorlagen kannst du zeichnend Motive entwerfen, die nicht wie beim Scherenschnitt symmetrisch sein müssen und einem lockeren Strich folgen. Dabei kannst du locker loslegen wie auf Seite 54 oder auch gegenständlich zeichnen.

Alternativ schneidest du dir Papiere zu und zeichnest den Rand direkt mit dickem schwarzen Filzstift nach. Der schwarze Stift hat wie das Seidenpapier beim Scherenschnitt den Vorteil, dass eindeutig klar ist, was stehen bleibt und was herausgeschnitten wird. Schwarz ist hier die Schablone, das Motiv, das jetzt weiß ist, wird später farbig gedruckt. Die Schablone ist also eine Negativ-Vorlage.

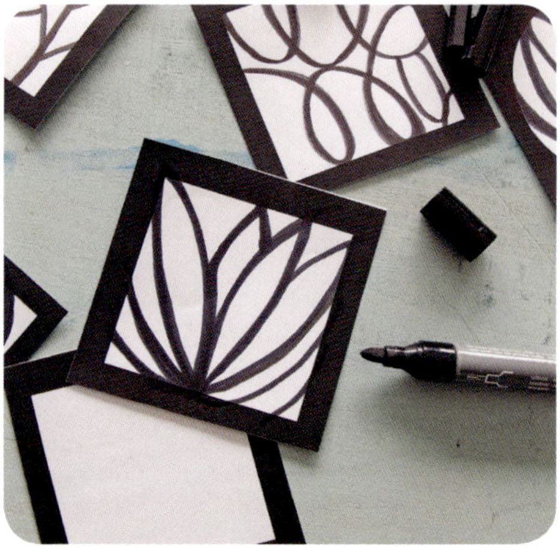

Die gezeichneten Motive kannst du genauso wie auf Seite 100 als Scan oder Foto digitalisieren, mit hohem Kontrast abspeichern und daraus die Plotterdatei für den Schablonenschnitt erstellen. (3) Einfache Kringel oder lockere Striche verwandelst du digital durch Spiegeln, Drehen und Vervielfachen in spannende Muster.

(4) Oder du zeichnest direkt digital: Auf dem Tablet setzt du genauso den schwarzen Rahmen um die Zeichenfläche. In der Zeichen-App Procreate kannst du durch Einstellung der Zeichenhilfe eine Symmetrie festlegen. Damit wird automatisch deine Zeichnung symmetrisch kopiert, ähnlich wie beim Scherenschnitt, das ist ein bisschen Zauberei und macht großen Spaß.

>> Die Vorlagen findest du hier:

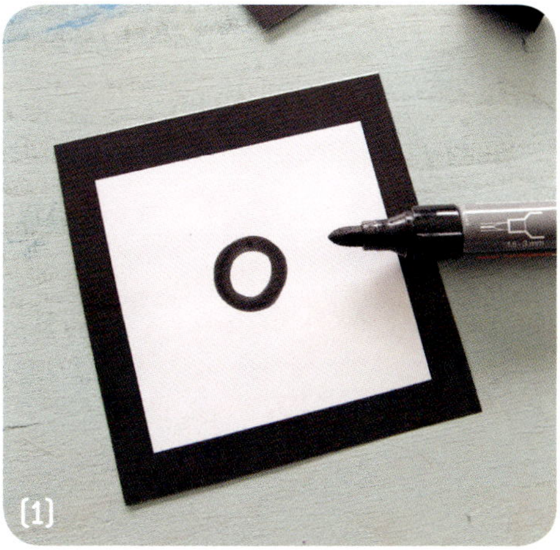

Der Kreis alleine würde aus der Schablone herausfallen.

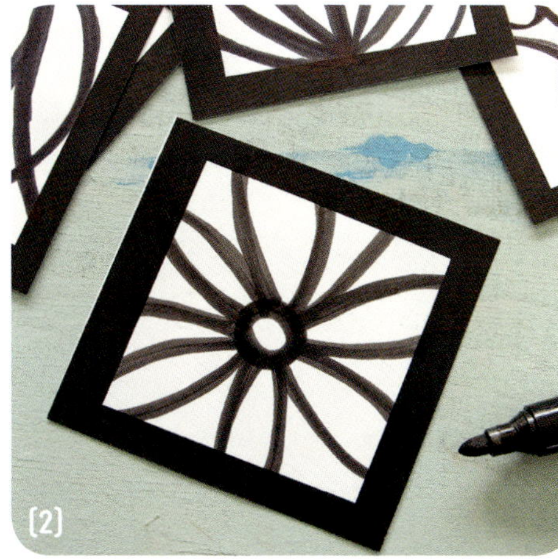

Verbunden mit dem Rand funktioniert das Motiv als Schablone.

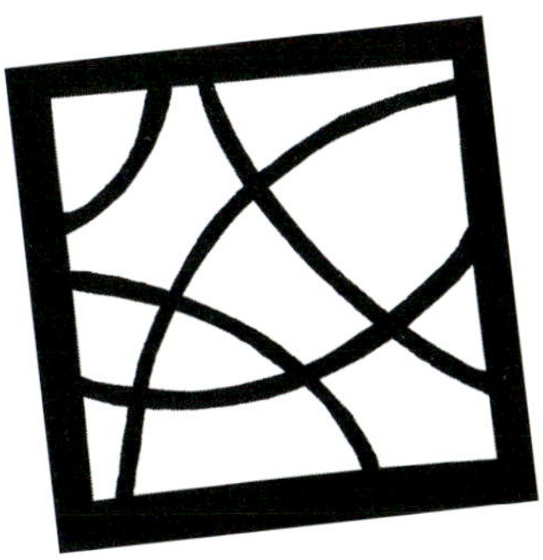

Aus diesen wenigen Strichen ist im Workshop ein spannendes Muster entstanden.

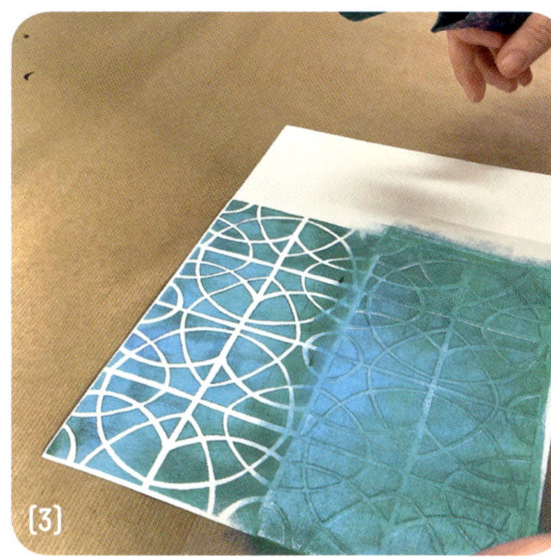

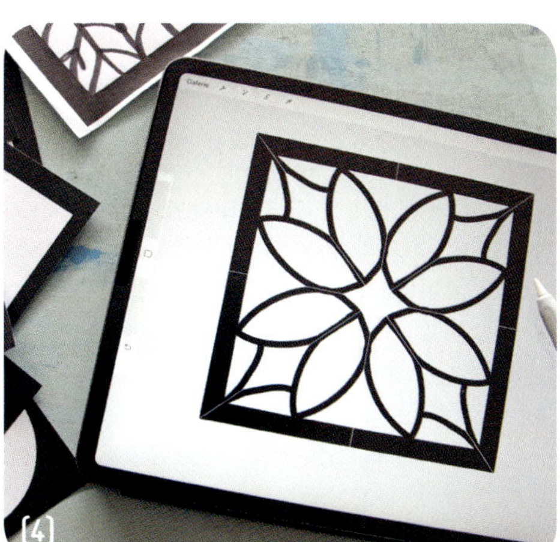

Digital gezeichnetes Motiv mit automatischer Symmetrie

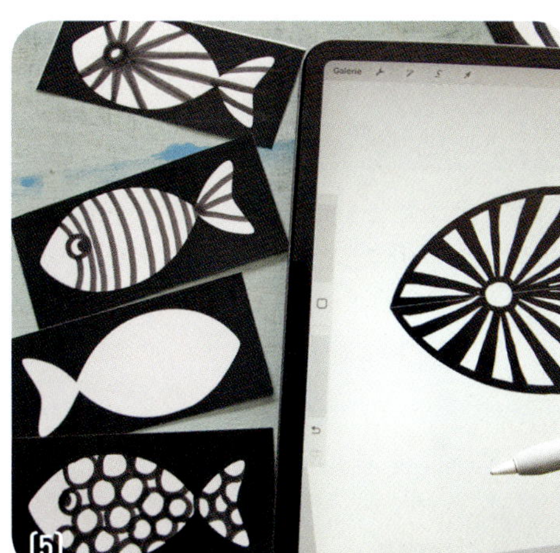

Die Zeichnungen der Musterfische dienen als Vorlage für den Sonnendruck im nächsten Kapitel ab Seite 128.

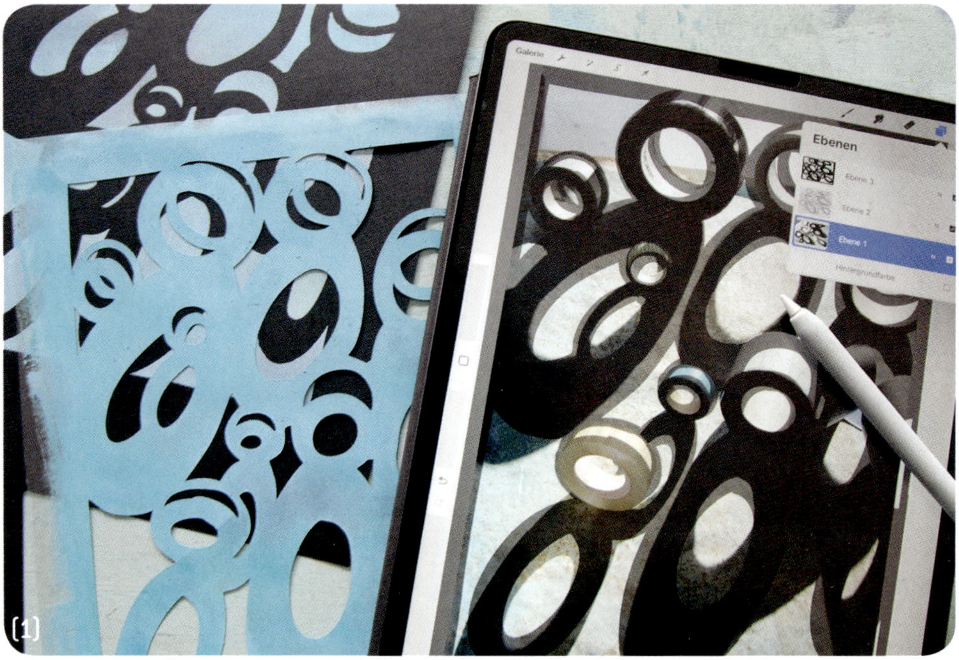

[1]

Vom Foto zum Schablonendruck

Software

- Procreate oder Alternative Zeichen-App
- Fotovorlage
- Plottersoftware

Hardware

- iPad mit Pencil oder anderes Tablet mit druckempfindlichem Stift

Kommen wir zurück zur Fotosammlung aus dem ersten Kapitel. Dort hatte ich Bilder gesammelt, die sich gut als Vorlage für Schablonen eignen. Die Licht- und Schattenspiele der Klebeband-Rollen mit den hohen Kontrasten auf Seite 18 sind ein gutes Motiv, um daraus eine Schablone zu erstellen. Dies könnte nur durch reine Fotobearbeitung geschehen, schöner ist es jedoch durch Nachzeichnen, ähnlich wie beim Schnurwurf auf Seite 60. Beim Zeichnen kannst du vereinfachen und immer mehr reduzieren.

[1] Das Foto liegt als Ebene unter der Zeichnung, die du zunächst mit leichtem Strich anlegst und dann auf einer neuen Ebene mit einem schwarzen Monoline-Strich nachzeichnest. Dieser digitale Pinsel entspricht in etwa dem dicken Filzstift, hat aber mehr Einstellungen und Korrekturmöglichkeiten.

[2] Auch hier wurde zunächst der schwarze Rahmen gezeichnet und darauf geachtet, dass alle Formen damit verbunden sind. Für der Umwandlung in die Plotterdatei blendest du alle anderen Ebenen aus und speicherst die Zeichnung ohne Hintergrund als PNG ab.

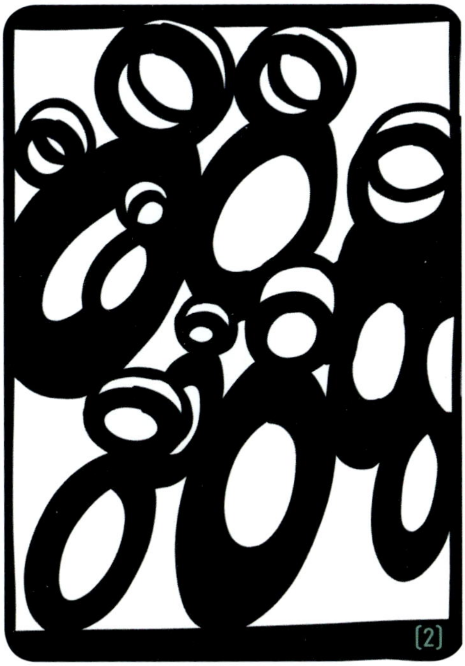

(2)

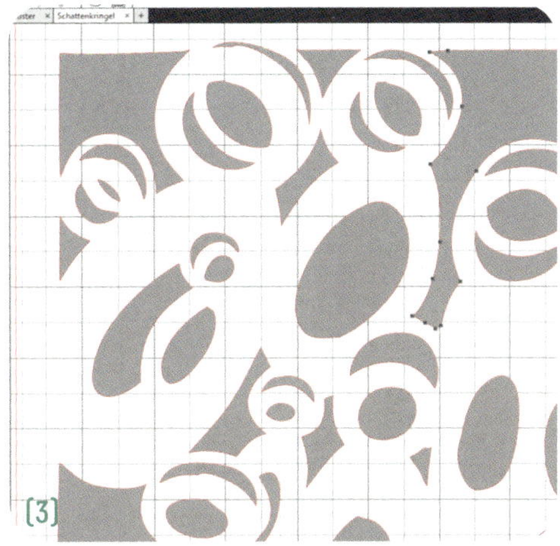

(3)

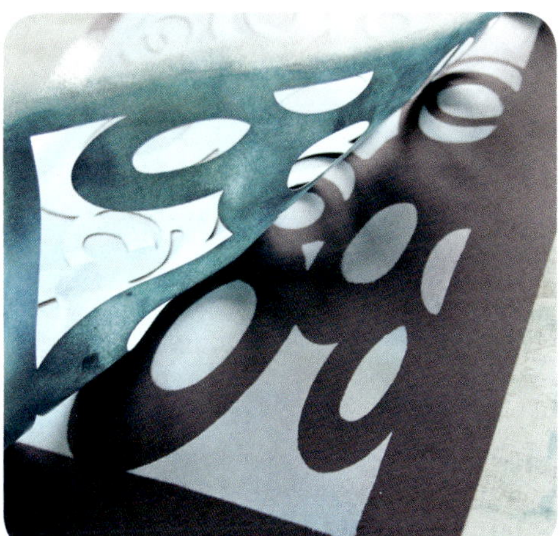

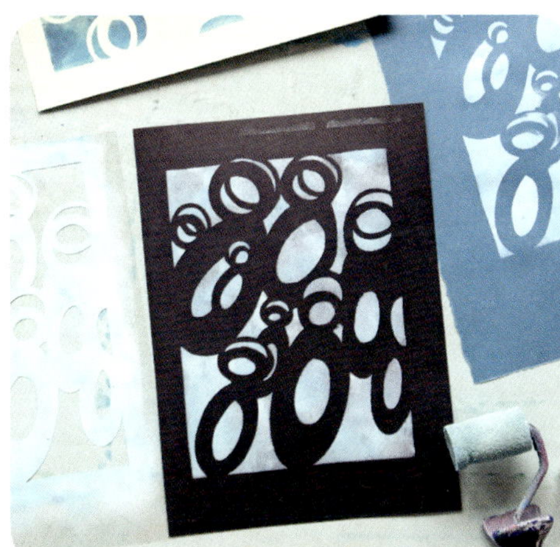

(3) Die Plottersoftware erkennt aus der Datei direkt die Schnittlinien, die du noch bearbeiten und verändern kannst.

Ein Motiv wie dieses abstrahierte Foto kannst du als kleine Künstleredition drucken, anders als die Musterpapiere zuvor, die eher zum Weiterverarbeiten zum Buchbinden oder Collagieren gedacht sind.

Um die Wirkung des Licht- und Schattenspiels, das in der Zeichnung stark vereinfacht ist, beizubehalten, wirkt dieses Motiv am besten hell auf dunklem Papier gedruckt.

Reinigung von Schablonen und Werkzeugen

Seit mir bewusst geworden ist, dass Acrylfarbe Mikroplastik enthält, bin ich mit der Reinigung meiner Schablonen und Werkzeuge sehr vorsichtig geworden. Leider habe ich noch keine wirklich gute alternative Farbe gefunden, die nach der Trocknung sich nicht wieder anlöst und somit für Bucheinbände geeignet ist. Solange die Alternative nicht da ist, versuche ich, so wenig wie möglich Acrylfarbe ins Abwasser gelangen zu lassen. Das heißt, ich wasche die Schablonen und Rollen nicht unter fließendem Wasser ab.

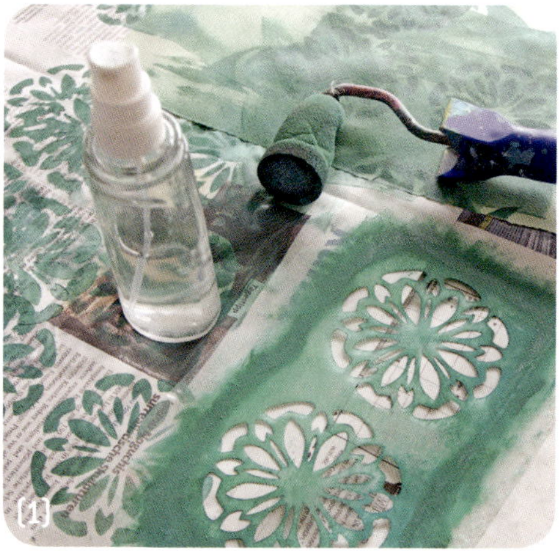

Deswegen: Rolle möglichst wenig Farbe aus und drucke mit zartem Farbauftrag. In der Farbrolle sammelt sich sehr viel Farbe. Auch wenn die Rolle nicht mehr viel Farbe abgibt, ist im Inneren oft noch viel vorhanden. Diese Farbe lässt sich durch leichtes Einsprühen mit Wasser wieder gut anlösen, sofern sie nicht schon angetrocknet ist.
Das Drucken ist nicht beendet, wenn ein schöner Bogen Papier bedruckt ist, danach geht der Spaß erst richtig los:

[1] Die Restfarbe von der Rolle und der Schablone feuchtest du mit etwas Wasser leicht an und rollst, solange sich noch Farbe löst, auf Restpapieren, Zeitung oder Packpapier. [2] Die Schablone lässt sich mit der feuchten Rolle am besten von Farbschichten befreien, die die Löcher verstopfen könnten. Komplett sauber muss die Schablone nicht sein. Wenn die Farbe aber ein-

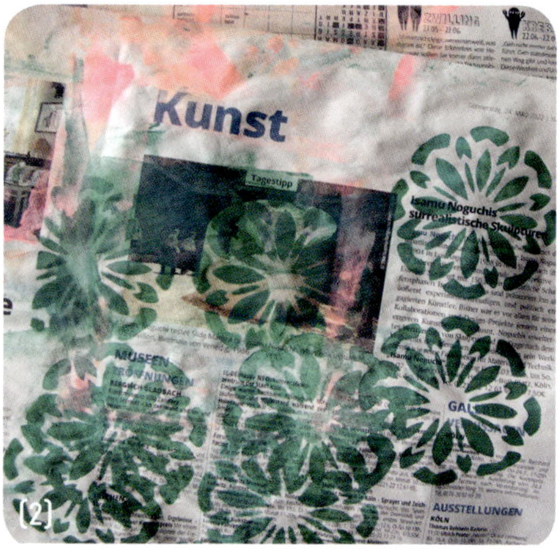

Achtung!

Acrylfarbe enthält Mikroplastik! Die Farbe ist zwar wasserlöslich und lässt sich im feuchten Zustand einfach abwaschen, was den Anschein erweckt, sie sei harmlos. Sie enthält aber Kunststoffpartikel, die sich nicht auflösen und das Abwasser verunreinigen!

mal durchgetrocknet ist, lässt sie sich nur schwer von der Schablone lösen. Die Farbwalzen rolle ich so lange aus, bis sie auch nach mehrfachem Anfeuchten so gut wie keine Farbe mehr abgeben, nur den letzten Rest wasche ich in einer Schüssel aus. Das Waschwasser lasse ich stehen, bis sich die restlichen festen Partikel am Boden abgesetzt haben, und filtere dann den Rest beim Ausgießen durch ein Tuch.

(3+4) Oft entstehen beim Rollen schöne Farbverläufe, Mischungen und Schichtungen. Papierstreifen oder Pappreste vom Buchbinden bewahre ich dafür immer auf und rolle darauf meine Rollen aus. Diese Restpapiere sind perfekt als Hintergründe für neue Drucke oder Collagen. Oft packe ich in die Makulaturpapiere Pakete oder Briefe ein. Genauso kannst du sie für die digitale Weiterverarbeitung nutzen. Scanne oder fotografiere die schönen Strukturen, die die feuchte Rolle hinterlassen hat, und nutze sie für digitale Gestaltungen, z. B. als Hintergrund in Fotobüchern oder für ein Digipaper-Set mit deinen eigenen Mustern und handgemachtem Charme.

(5) Von den Glasplatten, auf denen ich meine Farben mische, lässt sich auch die eingetrocknete Farbe gut lösen. Dafür legst du ein feuchtes Küchenpapier auf die Platte, lässt es kurz einweichen und kratzt dann die Farbe mit einem Glaskeramik-Spachtel ab. Mit dem feuchten Tuch kannst du die Farbe im Restmüll entsorgen und so gelangt sie nicht ins Abwasser.

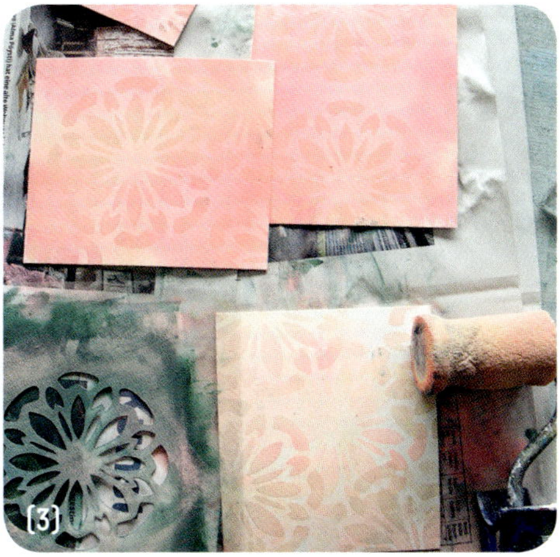
(3)

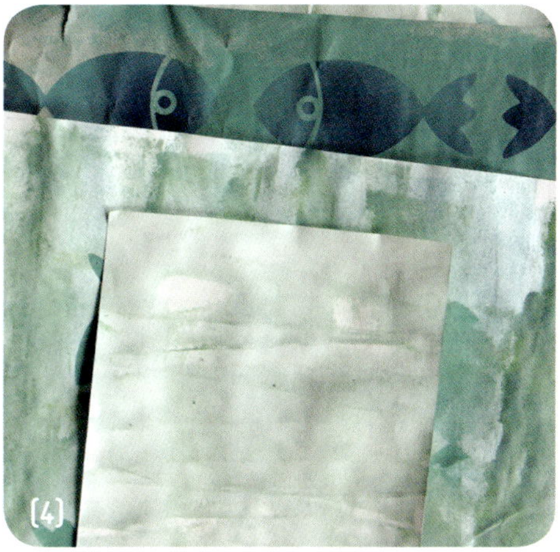
(4)

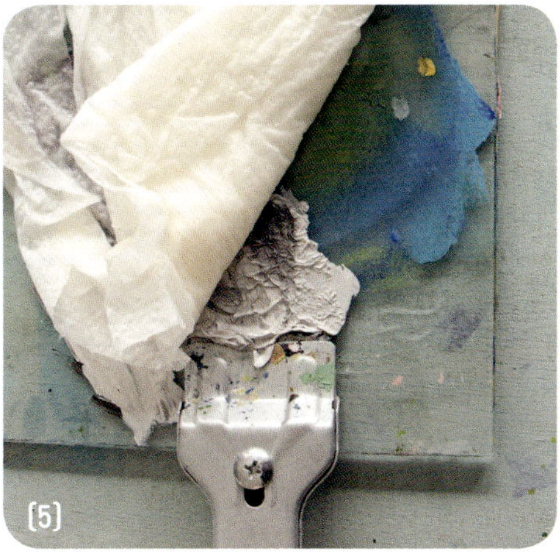
(5)

Drucksachen

Und, was machst du mit dem bedruckten Papier? Diese Frage verbiete ich mir eigentlich, handgedrucktes Musterpapier darf auch einfach so an der Wand hängen, mit oder ohne Bilderrahmen. Manchmal dauert es lange, bis ich einen Bogen anschneide und damit ein Heft hefte, ein Buch binde oder eine Schachtel beziehe. Fürs Buchbinden sind die Schablonenpapiere ideal, dafür bedrucke ich am liebsten farbiges Tonpapier, starkes Kraft- oder Packpapier, Bütten- oder Ingrespapier, Efalin, Surbalin oder andere farbige Überzugpapiere aus dem Buchbinderbedarf.

Als Geschenkpapier ist es fast zu schade, aber ich beziehe oft Schachteln mit dem bedruckten Papier, die später auch noch genutzt werden können. Die Restpapiere, die beim Reinigen der Rollen entstehen, benutze ich sehr gerne als Geschenkpapier oder falte Tüten daraus. Probedrucke und Restdrucke auf Postkartenkarton sind super zum Verschicken oder als Geschenkanhänger. Vielleicht ist ein Bogen handbedrucktes Papier auch einfach so ein Geschenk für jemanden, der Papier mag?

Eine Pappschachtel kannst du auch bemalen und direkt im Schablonendruck bedrucken, als Geschenkverpackung und Aufbewahrung für Kleinigkeiten.

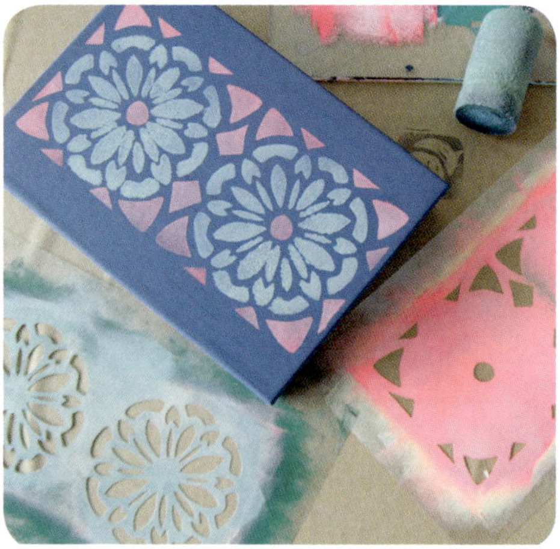

Anregungen fürs Buchbinden findest du in meinen anderen Büchern *Bunte Bücher, Stoff trifft Papier* und *Schöne Post.*

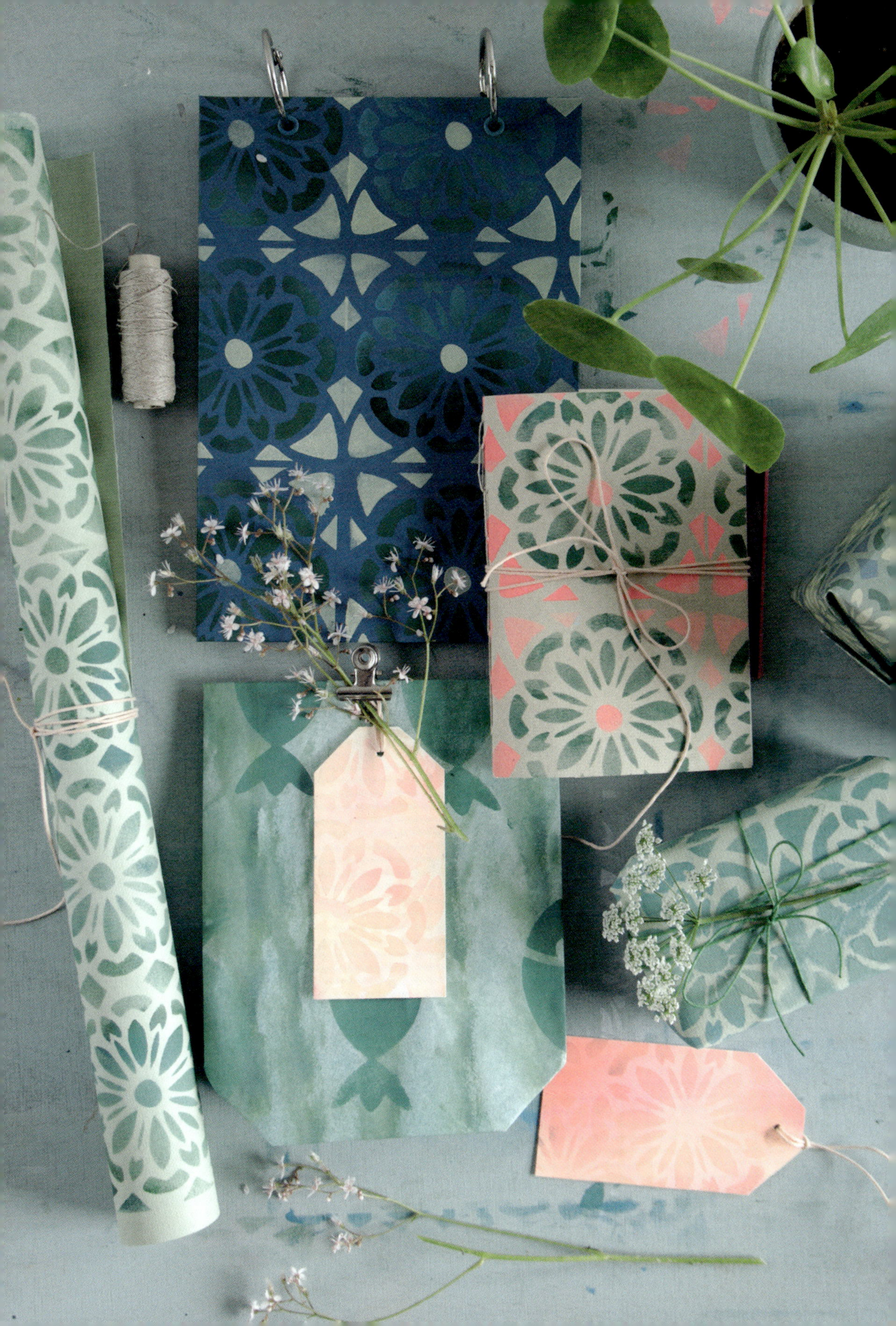

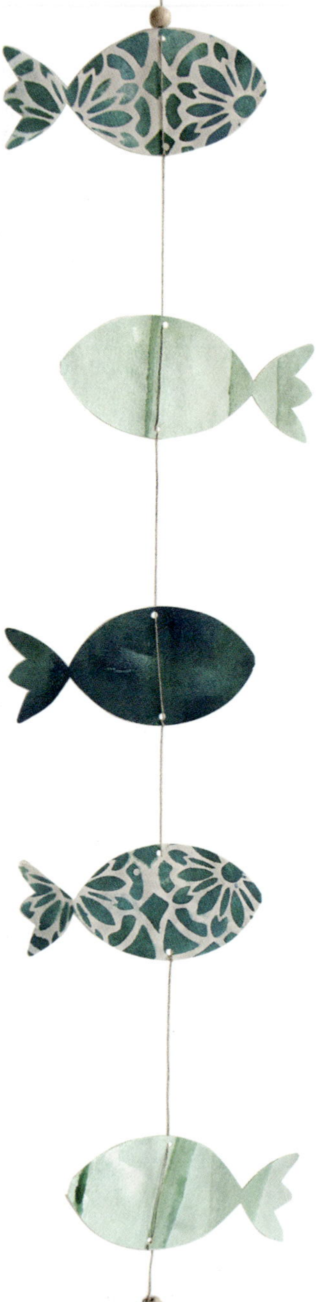

Plotterideen

Meine Plotter schneiden meist Schablonen, aber sie können noch viel mehr:

Papier-Deko

Schnell gemacht ist eine Fischgirlande aus den Restpapieren vom Schablonendruck. Die Vorlage ist direkt im Plotterprogramm angelegt, zwei Fischformen gespiegelt und miteinander verbunden, damit beide Seiten zusammenpassen. Die kleinen Löcher zur Aufhängung werden direkt mit ausgeschnitten. So muss ich die Fische nur noch zusammenkleben, eine Kordel durchfädeln, oben und unten ziehe ich jeweils eine Holzperle mit ein, damit die Girlande besser hängt.

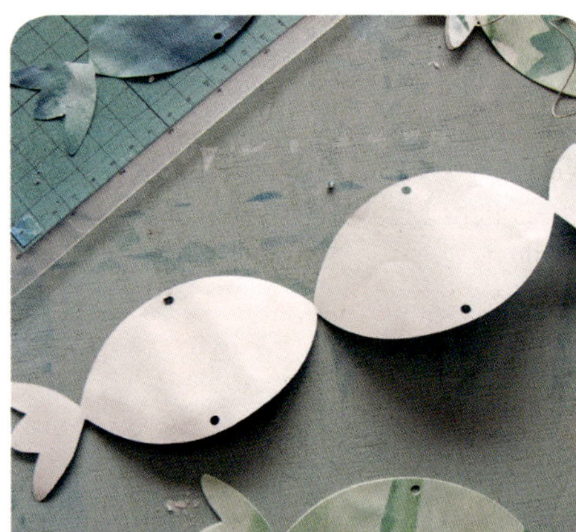

Plotter-Inspiration gibt es bei Stefanie von Hösslin @tanteplotta auf Seite 168.

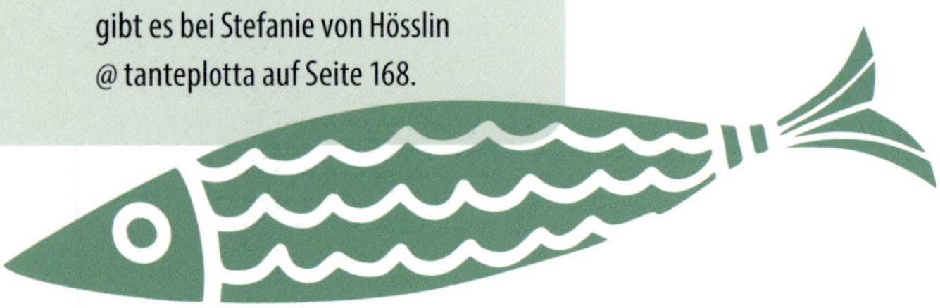

>> Alle Plotterdateien aus diesem Kapitel findest du hier:

Beschriftung

In den Kartons, bezogen mit handgedrucktem Schablonenpapier, bewahre ich in meinem Studio Materialien für Workshops auf. Die Beschriftung dafür habe ich aus selbstklebender Vinylfolie geschnitten. Diese Folien, die es in vielen Farben gibt, muss der Plotter nicht so stark schneiden wie die feste Schablonenfolie. Hier wird nur die dünne Klebefolie geschnitten, die Trägerfolie bleibt ganz. Alles, was nicht zur Beschriftung gehört, muss von der Trägerfolie entfernt werden, das nennt man Entgittern. Mithilfe einer dritten Folie, einer Transferfolie nimmt man die geschnitten Buchstaben von der Trägerfolie ab und überträgt sie auf den Karton.

Siebdruck

Aus Vinylfolie kannst du auch Siebdruck-Vorlagen schneiden. Dabei sind, anders als beim Schablonendruck, auch Innenformen und sehr zarte Linien möglich. Die Folie wird auch über eine Transferfolie auf das Sieb übertragen, alles was von der Folie abgedeckt wird, bleibt weiß, durch das restliche Sieb wird die Farbe gedruckt. Für diese Techniken findest du viele Anleitungen im Netz.

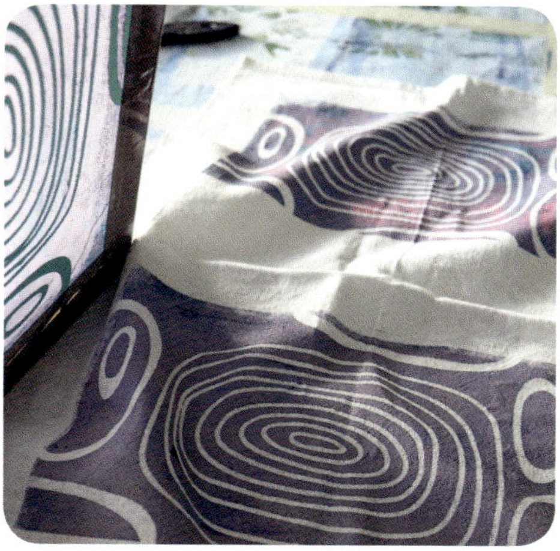

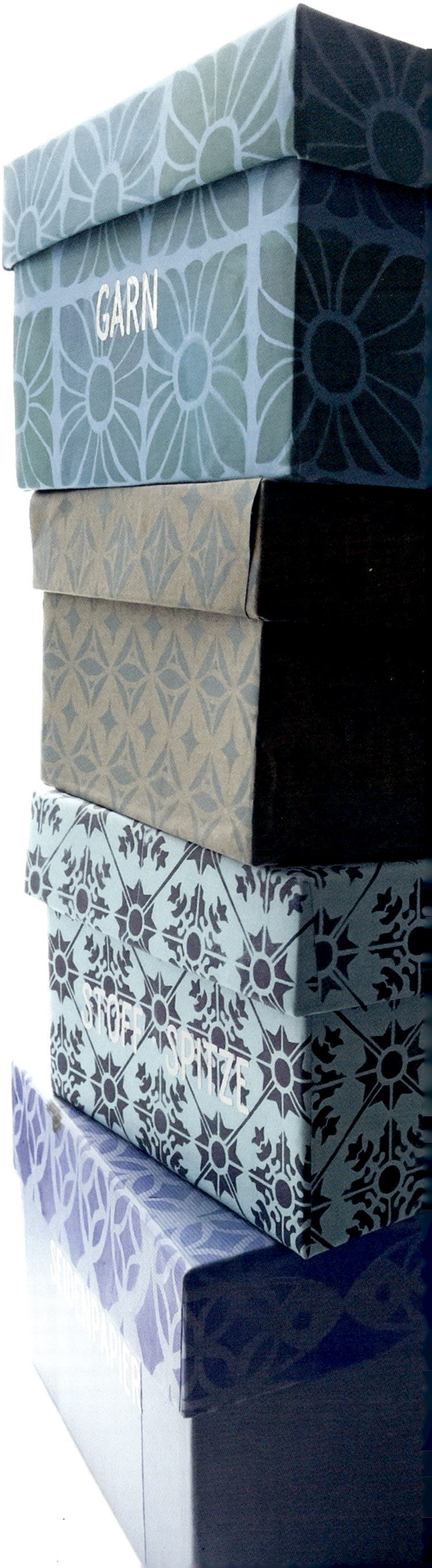

6. Sonne

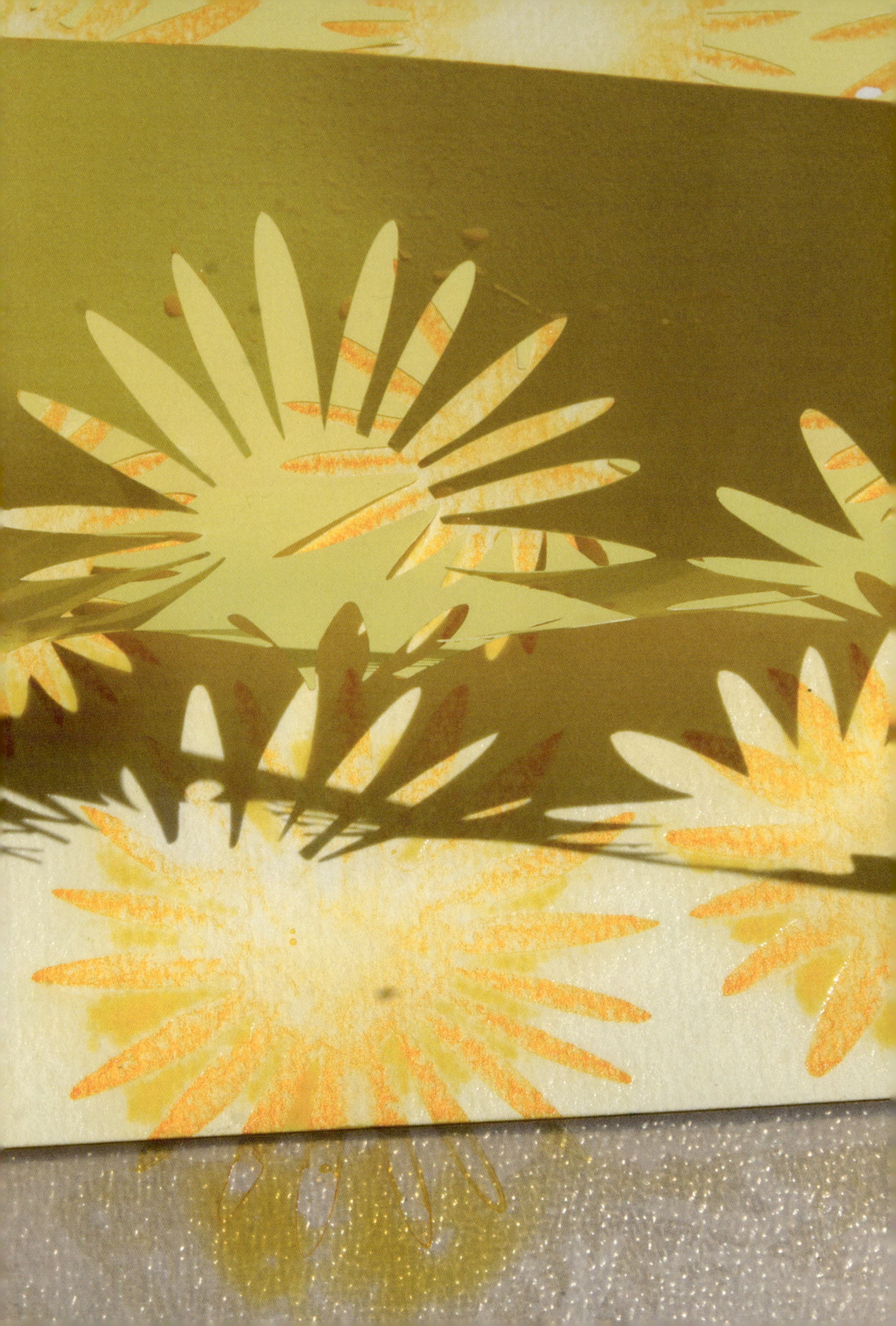

Sonnenenergie

Gibt es etwas Analogeres als die Sonne? Sonnenlicht benötigt keine Steckdose und ist lebensnotwendig, auch für kreative Projekte. Wünschenswert wäre, dass auch der Strom für unsere digitalen Projekte aus Solarstrom kommt, aber für analoge Projekte können wir direkt die Wärme und das Licht der Sonne nutzen.

Ein klassisches fotografisches, sehr faszinierendes Verfahren ist die Cyanotypie, bei der Papier oder Stoff mit einer lichtempfindlichen Lösung aus Eisen und Silber behandelt werden. Aufgelegte Objekte, z. B. Pflanzen, lassen sich mithilfe von Sonnenlicht als „Blaupause" abbilden. Das Blau der Cyanotypie mag ich sehr gerne, aber das Verfahren ist recht aufwändig, da die Materialien im Dunkeln vorbehandelt werden und genaue Belichtungszeiten eingehalten werden müssen. Ich zeige in diesem Kapitel die einfachere Variante, die in allen möglichen Farben realisierbar ist, auch in leuchtendem Sonnengelb!

Wir spielen mit Pigmentwanderung auf unterschiedlichen Materialien mit digital erstellten Vorlagen. Diese Sonnendrucke brauchen nur die Wärme und nicht unbedingt das Licht der Sonne. Es macht aber trotzdem bei schönem Sonnenwetter mehr Freude als im Winter auf der Heizung.

Eigentlich brauchst du nur die Schablonen aus dem letzten Kapitel auf farbgetränkte Papiere oder Stoffe zum Trocknen in die Sonne legen und warten. An einem warmen Tag zeichnen sich schon nach kurzer Zeit die Formen ab, die Pigmente wandern über das Papier oder den Stoff. Der Untergrund trocknet an den offenen Stellen, die nicht von der Schablone oder einem anderen Gegenstand bedeckt sind, schneller. Die Farbpigmente unter den abgedeckten Bereichen wandern mit der Feuchtigkeit in die offenen Bereiche und sammeln sich dort.

Dieses Kapitel ist nach den vielen technischen Details ein kleiner analoger Urlaub in der Sonne. Nur zum Schluss kümmern wir uns noch ein wenig um das digitale Ordnen und Speichern unserer Daten.

Sonnendruck
auf Papier

Software

- saugfähiges Papier, z. B. Aquarellpapier
- Ausschnitte aus Folien
- flüssige hochpigmentierte Farbe, z. B. Seidenmalfarbe, flüssige Acrylfarbe, Tusche
- Sonne oder Wärme

Hardware

- wasserfeste Unterlage
- Pinsel oder Schwamm

Das Ausgangsmaterial für diese einfache Sonnendruck-Technik ist digital, aber die Verarbeitung sehr analog und sommerlich. Ich nutze hier die Sonnen-Ausschnitte, die beim Schablonen-Schnitt herausgefallen sind.

Es eignen sich auf Papier fast alle flüssigen Farben, die stark pigmentiert sind: farbige Tuschen und Tinten, Seidenmalfarbe oder flüssige Acrylfarbe. Das Papier sollte saugfähig sein, aber nicht zwingend wasserfest. Aquarellpapier funktioniert sehr gut, auch auf handgeschöpftem Papier habe ich schöne Ergebnisse erzielt.

(1) Die Schablone ist aus einer Ordner-Trennfolie geschnitten. Dass sie gelb ist, ist ein schöner Zufall, aber unwichtig. Mit transparenten Folien funktioniert es genauso. Die Sonnen sind digital gezeichnet und vom Plotter ausgeschnitten.

(2) Feuchte das Papier gut von beiden Seiten an und lege es auf einen nicht saugenden Untergrund, eine Folie oder Wachstuchdecke. Mit einem dicken Pinsel oder Schwamm trägst du die flüssige Farbe auf, hier kannst du auch mehrere Töne mischen. Lege deine ausgeschnittenen Elemente in die feuchte Farbe. Solange alles feucht ist, kannst du die Anordnung noch verändern.

(3) In der prallen Sonne beginnt die Pigmentwanderung sehr schnell, strahlenförmig sammelt sich die Farbe um das Motiv.

(4) Warte, bis das Papier gut getrocknet ist. Ich bin manchmal zu neugierig und ungeduldig. Wenn die Farbe noch zu feucht ist, können die Ränder wieder verschwimmen.

(5) Nach dem Trocknen kannst du alle Elemente abnehmen und dich über wunderschöne Strukturen freuen. Die Zufallsstrukturen und Verläufe lassen sich nicht planen und sind deshalb immer wieder sehr überraschend.

Diese Technik funktioniert genauso mit Blättern oder Blüten, allerdings macht es hier Sinn, die Pflanzen vorher zu pressen, damit sie flach auf dem Untergrund liegen bleiben, und sie vor Wind zu schützen. Eine Glasscheibe daraufzulegen, macht keinen Sinn, da damit die Pigmentwanderung verhindert wird.

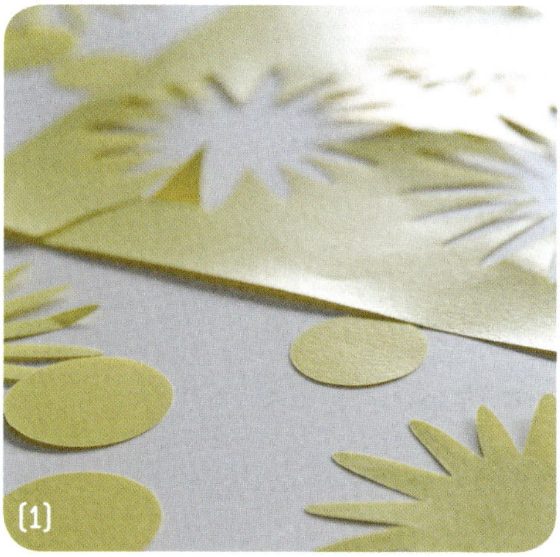

(1)

(2)

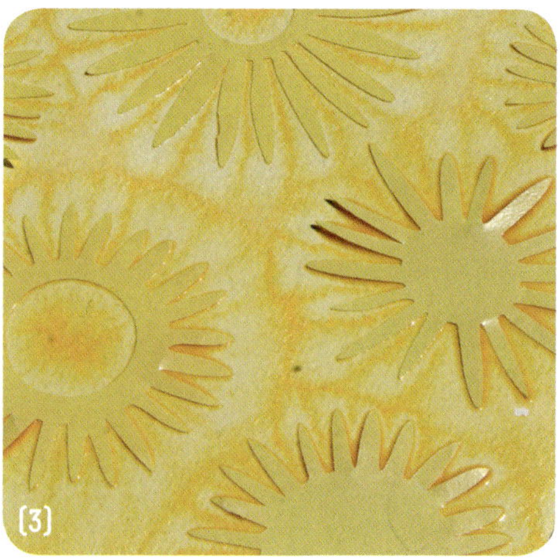

(3)

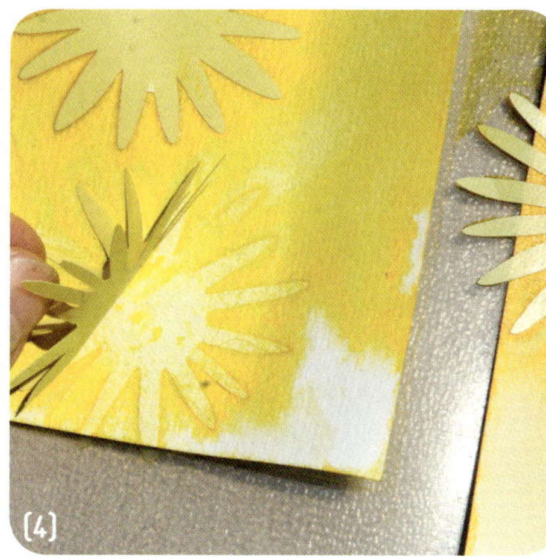

(4)

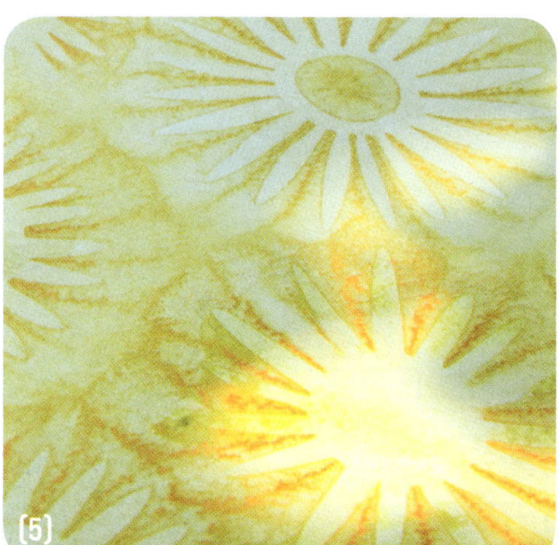

(5)

Auch diese Papiere solltest du scannen oder fotografieren, bevor du sie weiterverarbeitest. Die digitalen Bilder kannst du archivieren und als Hintergründe für digitale Collagen verwenden. Als Hintergründe in Fotobüchern eignen sie sich ebenfalls sehr gut.

> > Die Schablone steht hier zum Download bereit:

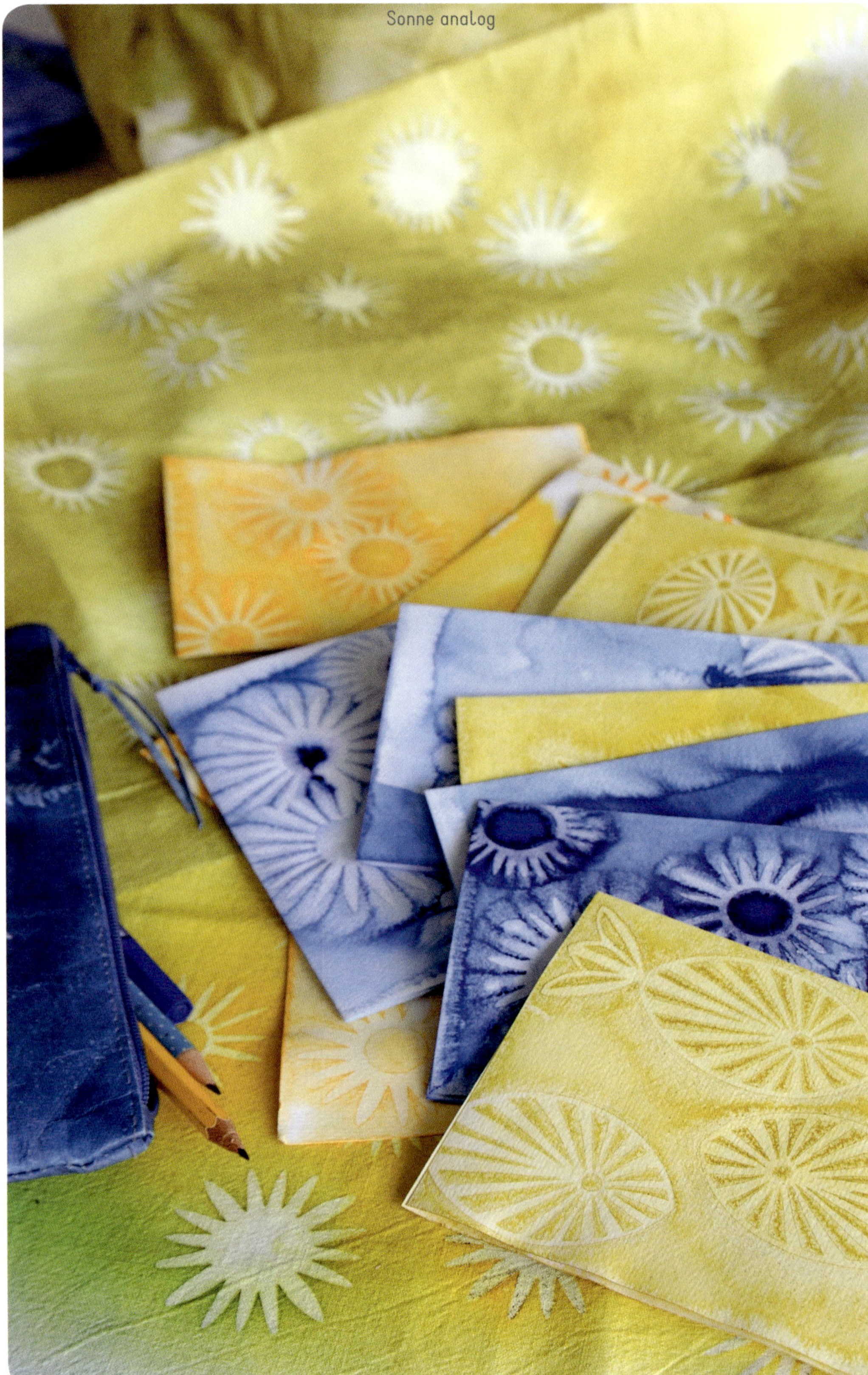

Sonnengrüße

Die sonnengedruckten Papiere eignen sich gut für Sommergrüße mit der Post. Die Aquarellpapiere schneidest du vor dem Sonnendruck im DIN-A5-Format zu, du kannst sie einmal falten, evtl. etwas pressen oder bügeln und mit einem Einlegepapier als Sonnengruß im Umschlag verschicken, ganz analog als Einladung für eine Sommerparty! Oder du machst ein Foto der wunderschönen Strukturen und verschickst die Einladung digital?

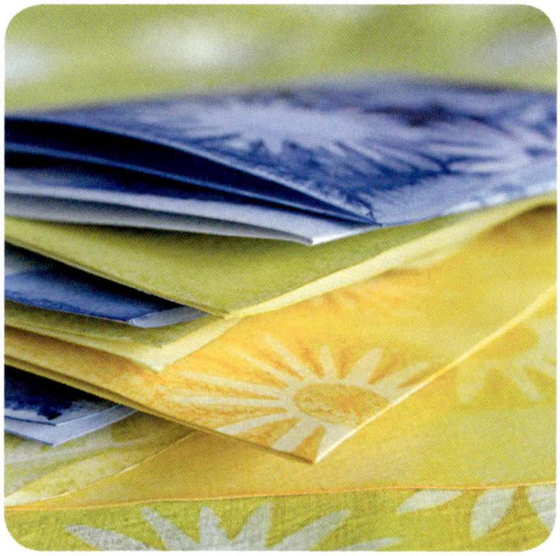

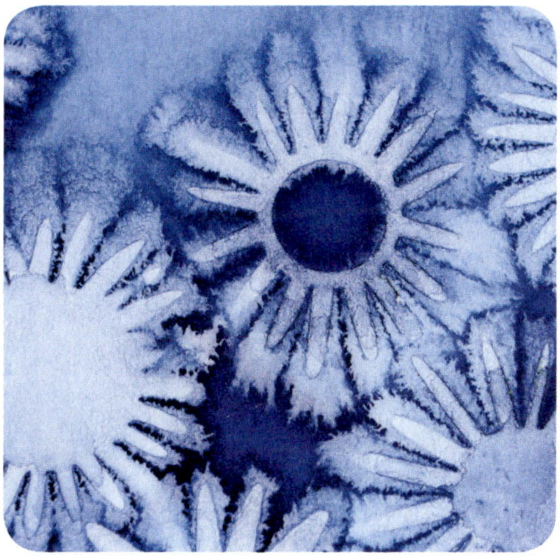

Je nach Papier entstehen völlig unterschiedliche Strukturen. Diese Drucke sind mit Seidenmalfarbe auf saugfähigem Aquarellpapier entstanden.

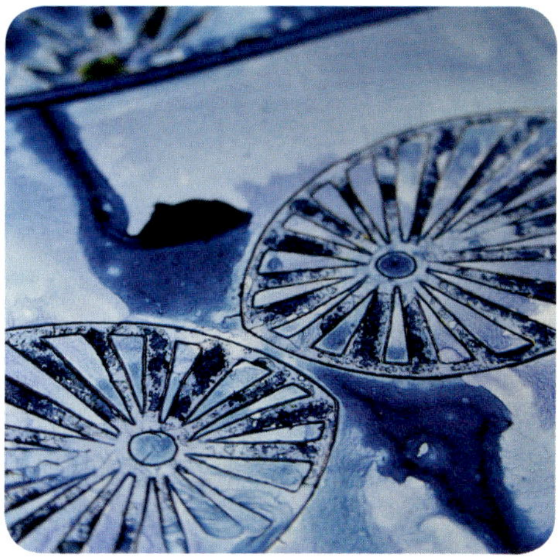

Dies ist ein glatter Karton mit gestrichener Oberfläche, darauf sammelt sich die Farbe unter den Folien, verläuft weniger und bildet scharfe Konturen. Einfach ausprobieren und überraschen lassen!

Sonne und Seide

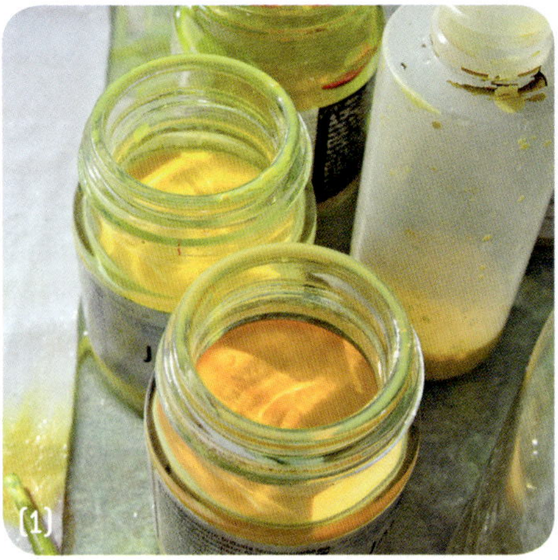

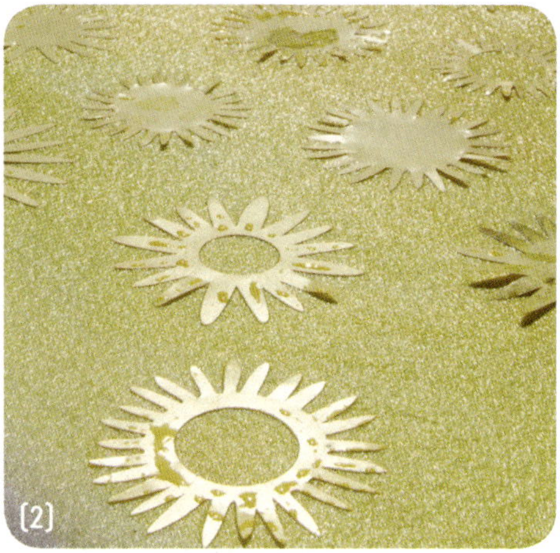

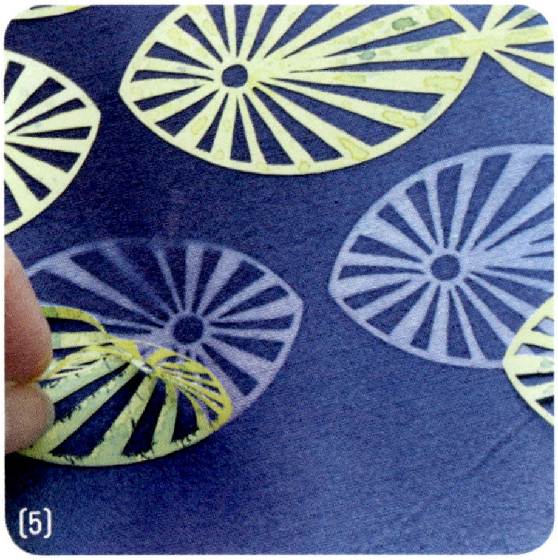

Auf Stoff werden die Farbverläufe weicher. Obwohl der komplette Stoff eingefärbt war, wird fast alle Farbe unter den Motiven wieder herausgezogen. Es entstehen weniger Aquarellstrukturen als auf Papier und die Kontraste wirken stärker, bei dunklen Farben ganz besonders.

Sonnendruck auf Stoff

Der Sonnendruck mit Pigmentverdrängung funktioniert auf Stoff fast noch besser als auf Papier. Dünne Baumwollstoffe, Leinen oder Seide mit möglichst wenig Struktur sind dafür am besten geeignet. Je dicker der Stoff, desto unschärfer wird der Abdruck.

(1) Seidenmalfarbe ist in den letzten Jahren etwas in Vergessenheit geraten. Der Name ist irreführend, denn sie ist keineswegs nur für Seide geeignet. Es ist eine sehr hochpigmentierte flüssige Farbe, die wunderschöne Verläufe zaubern kann, auf hellen Stoffen aus Baumwolle oder Seide, aber auch auf Papier. Für den Sonnendruck eignet sie sich perfekt.

(2) Die Folien-Elemente, die bereits für den Druck auf Papier genutzt wurden, kommen auf dem Stoff erneut zum Einsatz. Sie lassen sich immer wieder verwenden.

(3) Falls die Motive vom letzten Druck noch Farbe aufweisen, macht es Sinn, sie abzuwaschen, sonst kann es sein, dass die alte Farbe sich auf den Stoff überträgt, wie es mir hier passiert ist.

Da die Motive während des Trocknens liegen bleiben müssen, kann ich die Stoffstücke immer nur so groß wählen, wie ich sie mit den Elementen gleichzeitig bestücken kann. Ich kann ja nicht wie beim Schablonendruck ein Motiv nach dem anderen auf einen großen Unterdruck drucken.

Den Stoff feuchte ich gut an und lege ihn auf den glatten Untergrund, mit einem dicken Pinsel oder Schwamm tupfe ich wieder die flüssige Farbe darauf, die sehr schön verläuft. Dann lege ich die Motive in die feuchte Farbe und lasse alles in der Sonne oder Wärme trocknen.

(4) Der Stoff zieht sich auf dem Untergrund (ich habe eine alte Schreibtischunterlage genutzt) sehr glatt. Die Motive bleiben flach liegen, wenn sie zusammen mit dem Stoff trocknen.

(5) Nach dem Trocknen kannst du wieder alle Elemente abnehmen und dich freuen! Der Stoff sollte zur Fixierung gebügelt werden und ist in der Regel bei 40°C waschbeständig.

Software

- Baumwoll- oder Seidenstoff
- Ausschnitte aus Folien
- Seidenmalfarbe
- Sonne oder Wärme

Hardware

- wasserfeste Unterlage
- Pinsel oder Schwamm

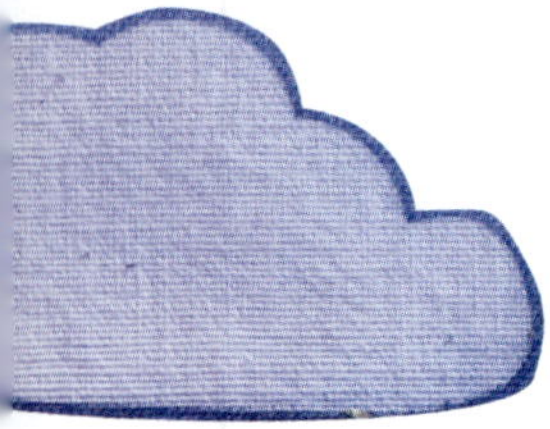

In der Cloud?

Daten speichern, ordnen und sichern

Digitale Fotos und Dateien brauchen Platz. Die Datenmengen, die wir täglich erzeugen, werden immer größer. Schnell geschossene Fotos, Plotterdateien, Entwürfe in verschiedenen Stadien: Vieles davon wollen wir sichern und später darauf zugreifen, vieles verstopft uns unnötig den Speicherplatz auf den mobilen Geräten.

So kreativ und inspirierend analoges Chaos auf dem Arbeitstisch sein kann, digitales Chaos führt nie zu neuen Ideen, sondern eher zu Frust. Deshalb macht es auch keinen Sinn, die Dateien direkt auf dem Schreibtisch/Desktop des Computers zu speichern. Das wäre so, als würden wir alle Papiere und Fotos in riesegen Stapeln auf dem Tisch liegen lassen. Besser speichern wir unsere Projekte in Ordnern im Explorer (Windows) oder Finder (Mac), damit wir sie gut wiederfinden.

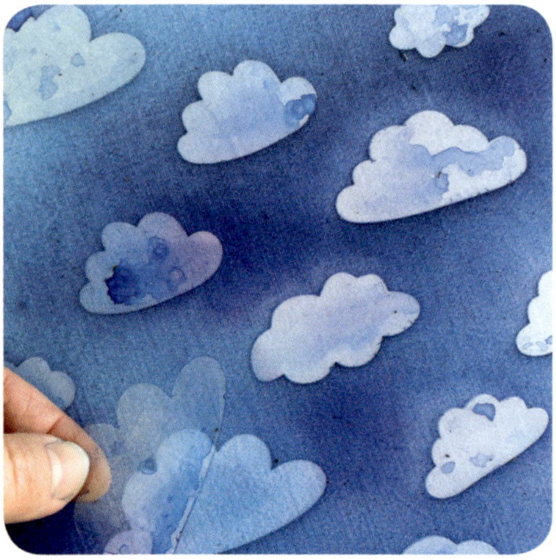

Wolkenmuster im Sonnendruck für den analogen Cloud-Speicher.

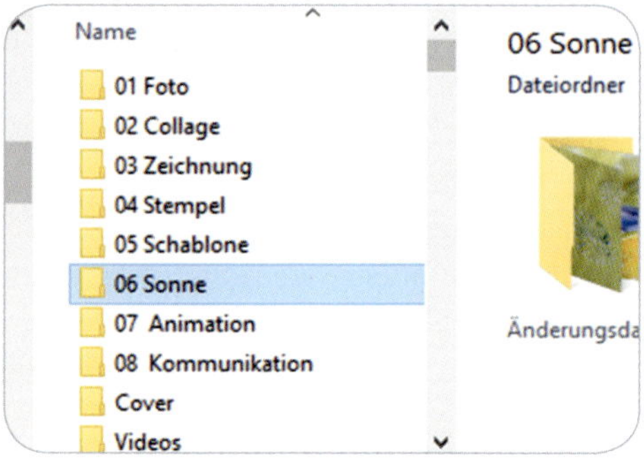

Dieses Buch im Datei-Explorer

Ich arbeite übrigens für eine Grafikerin völlig untypisch auf einem Windows-PC, nutze aber die mobilen Geräte mit dem Apfel, das funktioniert mittlerweile sehr gut miteinander.

Kreative Projekte habe ich auf dem Computer in einer altbewährten Ordnerstruktur sortiert. Dort finde ich meine Buchprojekte, Blogbeiträge, Workshop-Planungen, Musterentwürfe oder Plotterdateien schnell wieder. Ich habe die Angewohnheit, eher zu viele Daten auf meinem Computer zu speichern und zu wenig auszusortieren. Dafür finde ich meist auch nach längerer Zeit alte Bilder oder Dateien, die später doch nochmal benötigt werden.

Fotos lege ich in Jahres- und Monatsordnern ab. Schlechte Fotos lösche ich sofort, ähnliche und doppelte Bilder sortiere ich möglichst aus, obwohl es manchmal auch gut ist, noch ein alternatives Bild in der Hinterhand zu haben. Die Kameraspeicherkarte leere ich regelmäßig, aber auf dem Handy sammeln sich immer zu viele Bilder.

Daten sind kostbar und sollten regelmäßig gesichert werden. Ich nutze dafür hauptsächlich externe Festplatten, einen privaten Server und teilweise einen Cloud-Dienst. Cloud-Speicher sind sehr praktisch, wenn du von unterwegs oder von verschiedenen Geräten auf Daten zugreifen möchtest. Allerdings bist du dabei immer auf eine Internetverbindung angewiesen und verbrauchst viel Energie.

Da ich in meinem Alltag immer hin und her wechsle zwischen meinem Arbeitsplatz zuhause mit einem Desktop-Rechner und meinem Studio mit dem Laptop, transportiere ich viele Daten auf einer kleinen externen Festplatte. Damit ich die Festplatte nicht vergesse – was hin und wieder vorgekommen ist – stecke ich sie von nun an in das sonnengedruckte Täschchen.

Solche Täschchen sind praktisch für diversen digitalen Kleinkram wie Ladekabel, Festplatten, Sticks oder vielleicht eine Solarpowerbank? Auch für den Laptop oder das Tablett kannst du dir selbst Taschen oder Hüllen aus handbedrucktem Stoff nähen. Schnittmuster dafür gibt es viele im Netz.

Nicht vergessen: Möglichst den Strom ausschalten, wenn du das Gerät nicht nutzt, und schau zwischendurch immer wieder mal in den blauen Himmel!

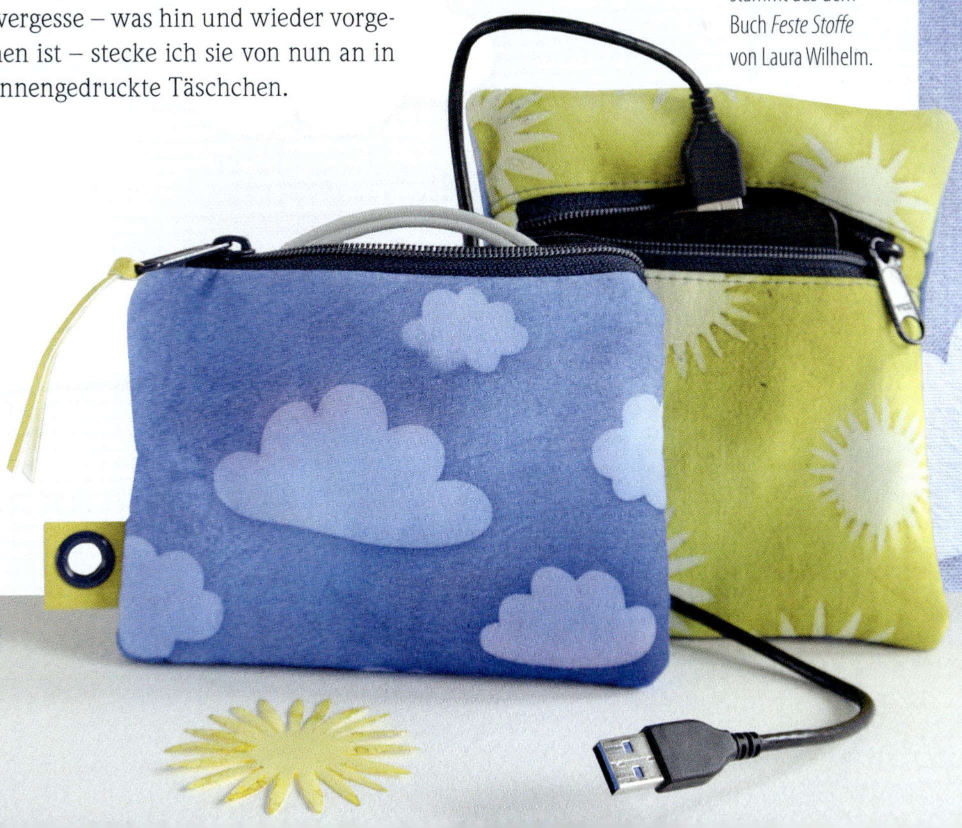

Das Schnittmuster stammt aus dem Buch *Feste Stoffe* von Laura Wilhelm.

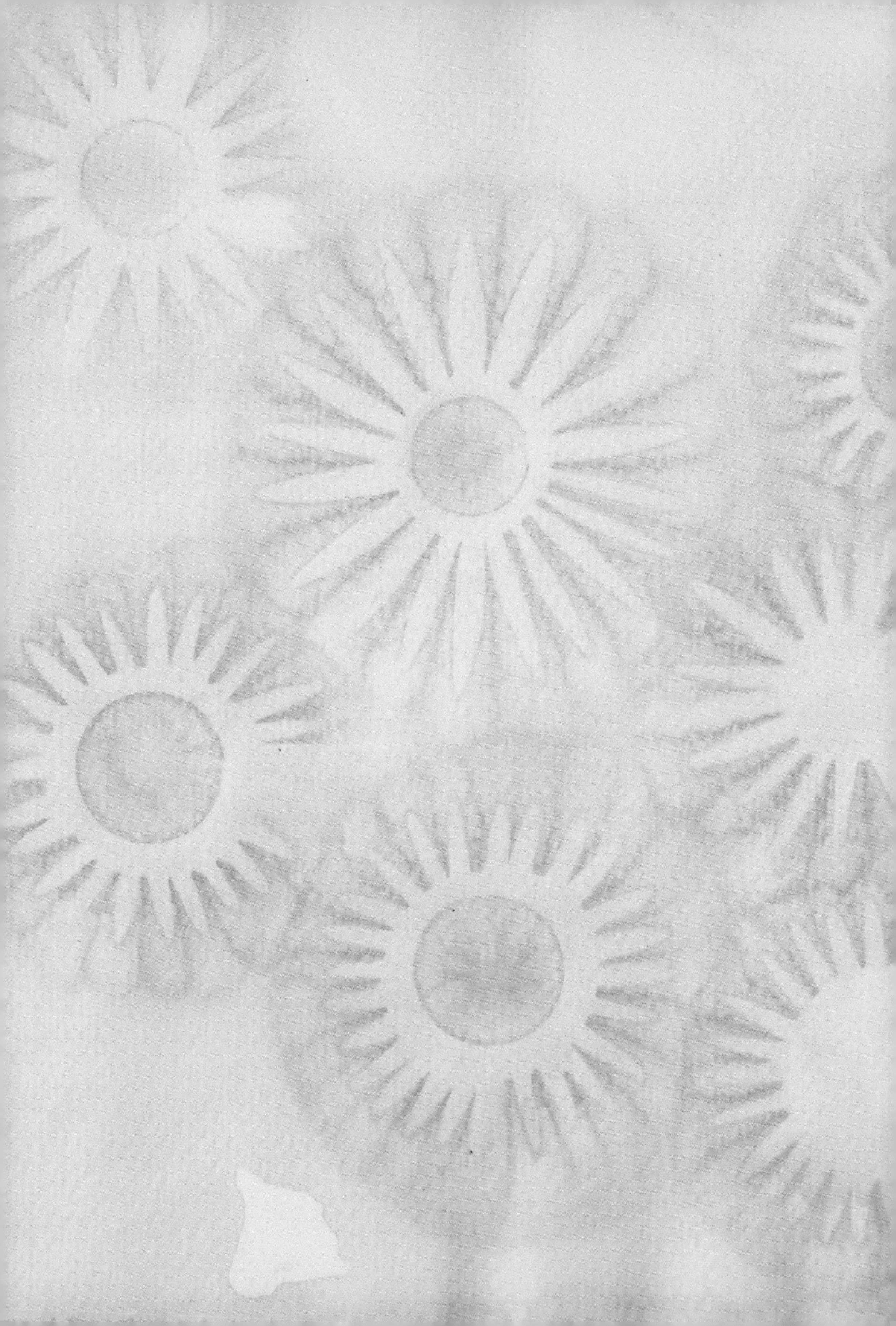

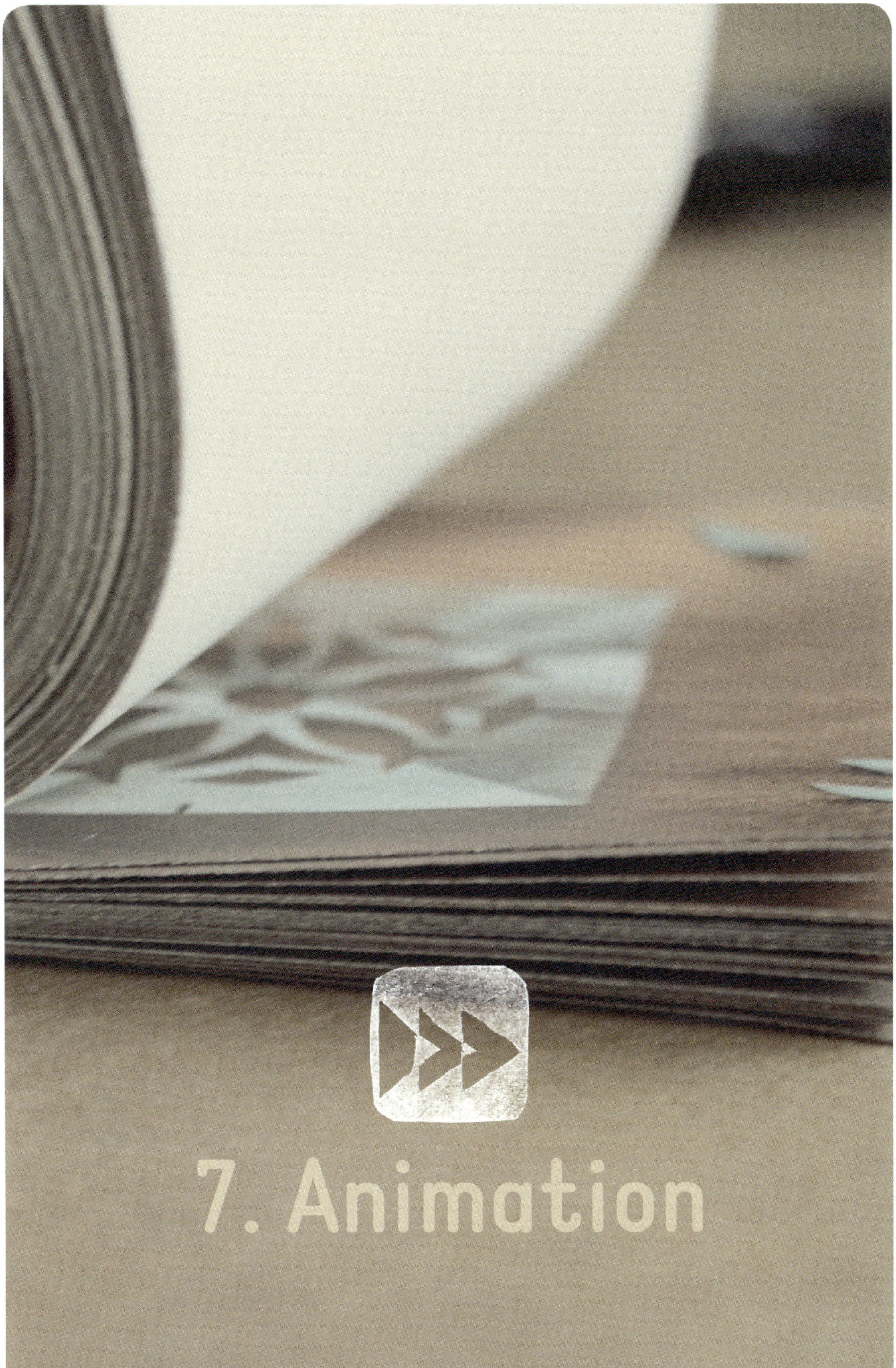

7. Animation

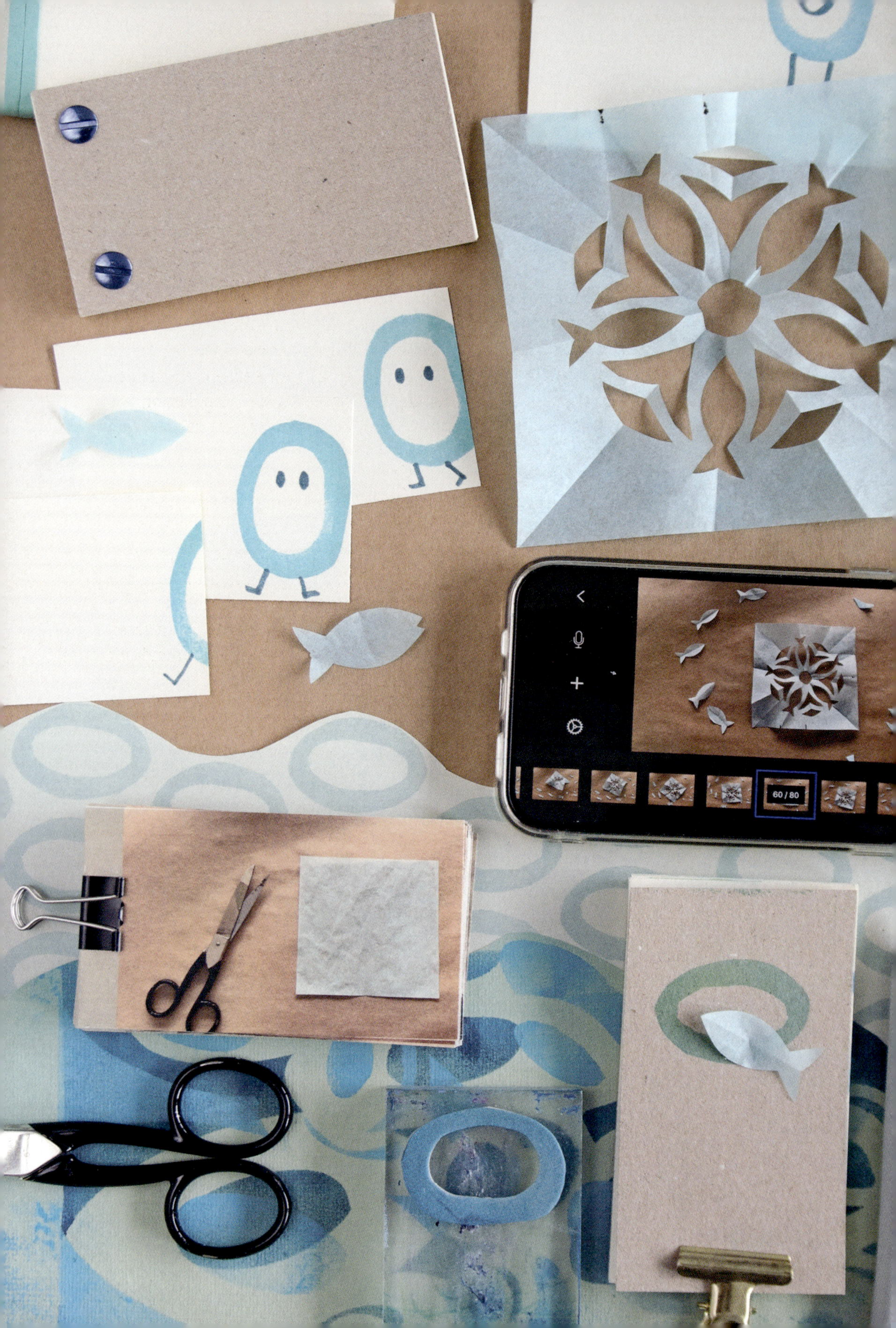
60 / 80

Papier in Bewegung

Der Fisch schwimmt, wackelt mit den Flossen, die Wolken ziehen, die Blumen wachsen. Das Leben steht nicht still. Bewegte Bilder begegnen uns heute überall, in den sozialen Medien, auf Websites, in Mails. Überall wackelt es, und viele Inhalte werden heute über Videos vermittelt. Kleine Filme können gut erklären und Geschichten erzählen. Bewegte Inhalte erhalten mehr Aufmerksamkeit als statische Fotos.

Zeichentrick und Stop Motion waren früher unglaublich zeitintensive Methoden mit großem technischem Aufwand. Heute kannst du mit intuitiven Apps deine Zeichnungen, Stempel und Fotos in Bewegung bringen. Digitale Tools bringen auch Papier in Bewegung, ganz einfach.

Animation ist für mich eine neue Spielwiese, ich habe noch nicht viel Erfahrung damit. Ich kann dir hier nur ein paar Einsteiger-Tipps geben und dich dazu inspirieren, selbst aktiv zu werden, um deinen Kreationen aus Papier Leben zu verleihen. Probiere einfach aus, schau dir Videos im Netz zu dem Thema an. Es gibt für alles Erklärungen und Anleitungen.

Auch in diesem Kapitel starten wir analog mit einem Film zum Anfassen, dem Daumenkino. Wir nutzen Stempel und Ideen, die in den vorherigen Kapiteln entstanden sind, und erwecken sie zum Leben, zunächst nur auf Papier, später auch auf dem Bildschirm.

Dabei bleibt durch das analoge Material, die rauen Strukturen, das bedruckte Papier immer der handgemachte Eindruck erhalten, den ich so charmant finde. Animation ist eine wunderbare Möglichkeit, reale unbelebte Dinge, wie unsere bedruckten Papiere, in Bewegung zu bringen und mit virtuellen Elementen zu kombinieren.

Animationsinspiration gibt es bei Claudia Huboi @ kreisrund.wb auf Seite 170.

Daumenkino

Software

Papier, maximal 90 g /m²

Hardware

- Klammer, Buchschrauben oder Gummiband
- Cutter und Lineal, Schneidematte oder Schneidemaschine
- Stempel und Stempelkissen

Das klassische Daumenkino ist ein Film zum Anfassen, ein analoges GIF, das uns das Grundprinzip bewegter Bilder begreiflich macht – im wahrsten Sinne des Wortes. Denn es braucht die Finger, um die Bilder in Bewegung zu bringen. Durch das schnelle Abspielen, das Blättern durch den Papierblock, nimmt das Auge nicht mehr die Einzelbilder auf jeder Seite wahr, sondern verbindet die Bilder zu einem Bewegungsablauf.

Das Papier sollte nicht zu stark sein, damit es sich gut blättern lässt. Normales Kopierpapier oder ein leichtes Zeichenpapier eignen sich gut. Du kannst einen fertigen Block nutzen oder du schneidest dir aus DIN-A4-Bögen das Papier zu. Einen Bogen Papier kannst du in 10 Seiten aufteilen, das ergibt pro Seite 105 x 59,4 mm. Das ist ein günstiges Format zum Blättern. Du kannst es auch noch etwas kleiner schneiden. Schneide dir so mindestens vier Bögen Papier, also 40 Seiten zu, mit weniger Seiten kommt die Bewegung nicht richtig ins Laufen.

Ein Daumenkino hat immer ein Querformat. Die Bindung an der linken Seite fixiert die Seiten, durch das schnelle Blättern spielt sich die Animation hauptsächlich am rechten Rand ab.

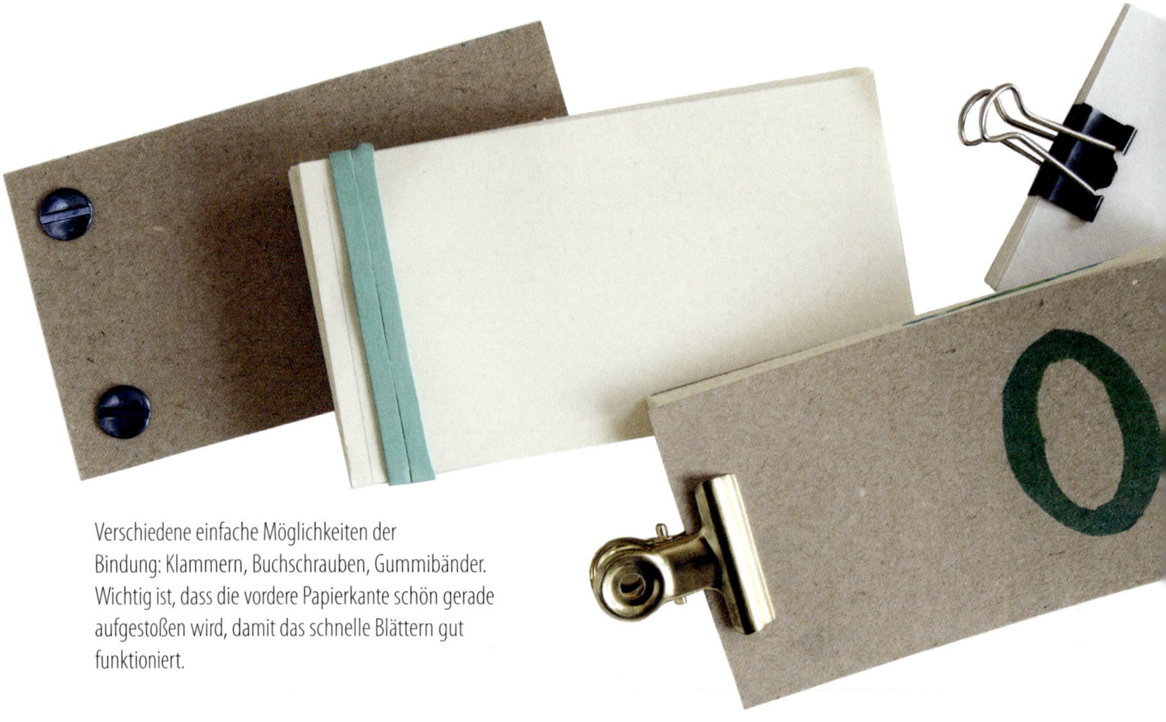

Verschiedene einfache Möglichkeiten der Bindung: Klammern, Buchschrauben, Gummibänder. Wichtig ist, dass die vordere Papierkante schön gerade aufgestoßen wird, damit das schnelle Blättern gut funktioniert.

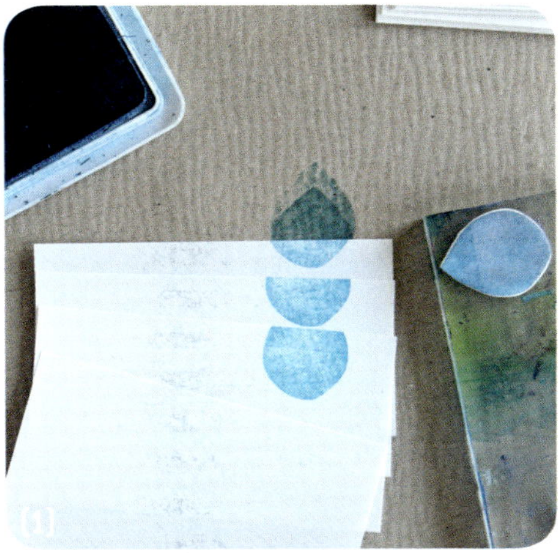

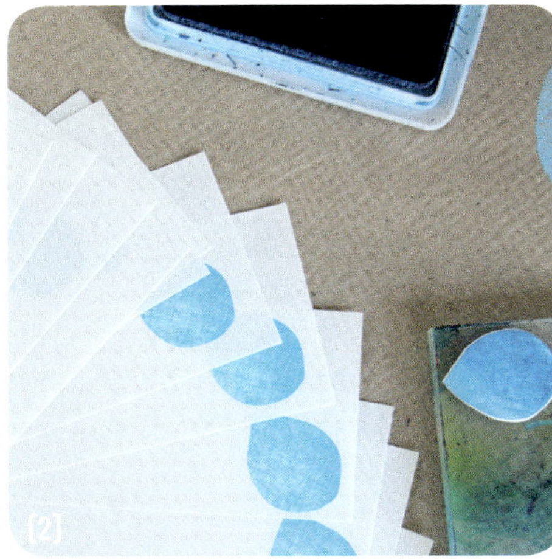

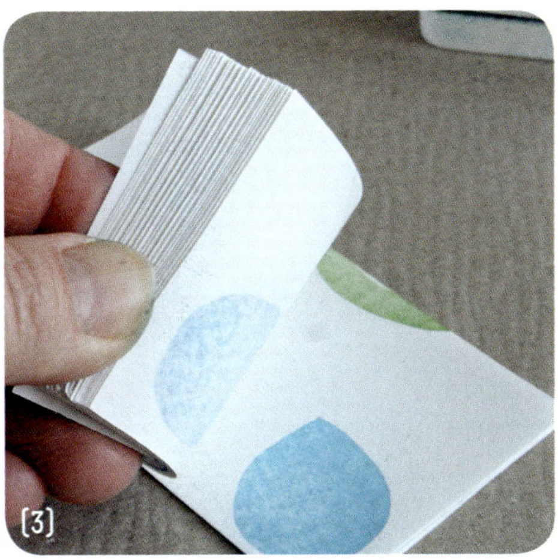

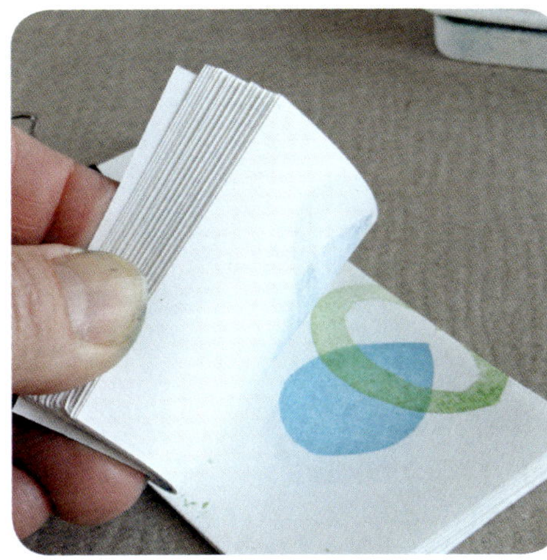

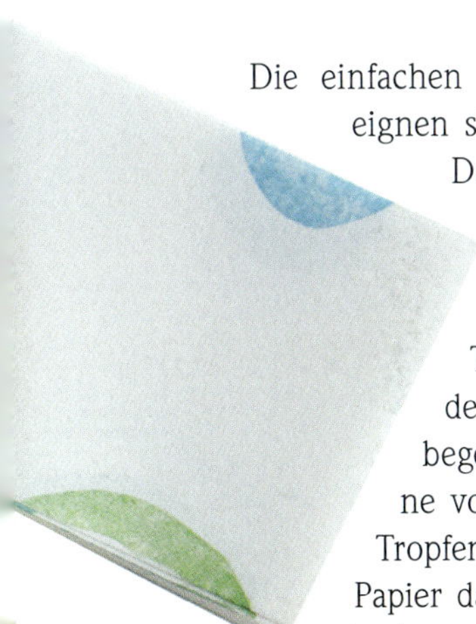

Die einfachen Formen der Stempel eignen sich gut für ein erstes Daumenkino, hier in der Kombination von zwei Stempeln und zwei Farben. Tropfen und Ring wandern über das Blatt und begegnen sich. (1) Beginne vom Rand her mit dem Tropfen, lege das nächste Papier darüber. Durch das Papier kannst du den ersten Druck durchscheinen sehen. Drucke den nächsten Tropfen etwas versetzt darunter. (2) Dann kommt das nächste Papier – und Stück für Stück wandert der Tropfen über das Papier, bis er unten verschwindet und oben wieder auftaucht. (3) Den grünen Ring kannst du in einem zweiten Durchgang dazu stempeln und die Formen miteinander spielen lassen. Dieses Daumenkino entstand ohne Plan, einfach im Tun. Du kannst dir vorher auch die Seiten aufteilen und planen, wie viele Seiten du für einen Ablauf brauchst. Und natürlich kannst du dir auch eine kleine Story ausdenken, die du erzählen möchtest.

Bewegung zeichnen

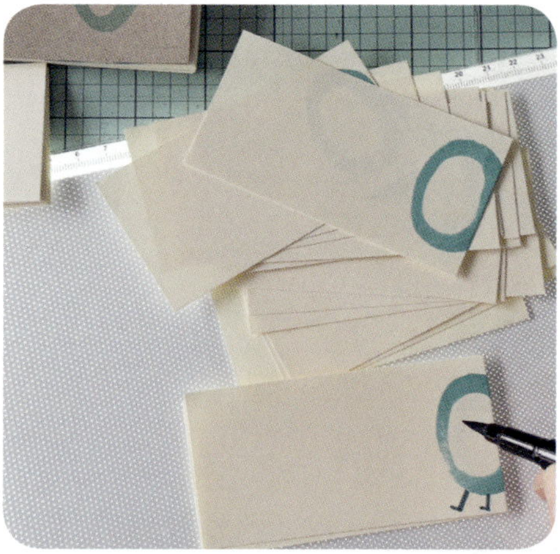

Stempel als Daumenkino-Motiv sind einerseits gut geeignet, da du die Form einfach wiederholen kannst. Andererseits bleibt die Form immer gleich, verändert sich nicht in Größe oder Proportion. Mit Zeichnung kombiniert, kannst du mehr variieren und mit wenigen Strichen Dynamik erzeugen. Füße, die laufen, Augen, die rollen, ein Mund, der sich öffnet. Aus der einfachen ovalen Form wird eine kleine Figur, die singt und springt.

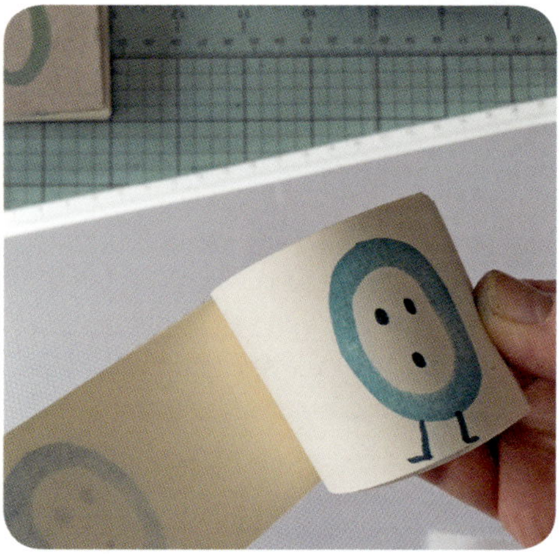

(1) Einfach geht das Durchzeichnen auf einem Leuchttisch oder einer leichten LED-Leuchtplatte. Darauf kannst du die vorhergehende Zeichnung durch das Papier sehen, die nächste Seite genau positionieren und die Zeichnung abwandeln. So kannst du auch feinteiligere Motive durchzeichnen und mit leichten Änderungen in Bewegung bringen. Für das Daumenkino bietet sich eine einfache Bewegungsabfolge an, die schnell zu erfassen ist.

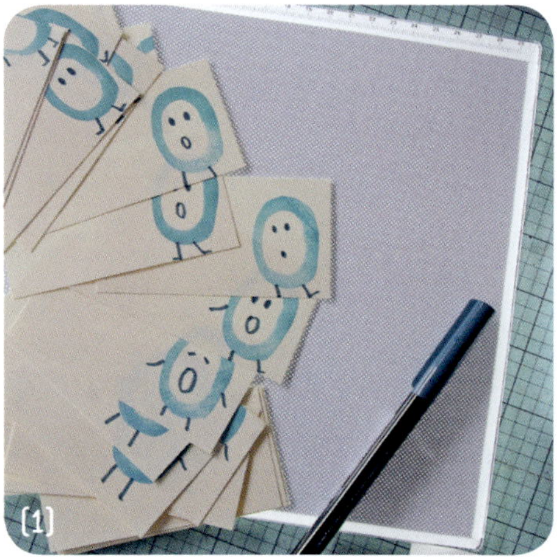
[1]

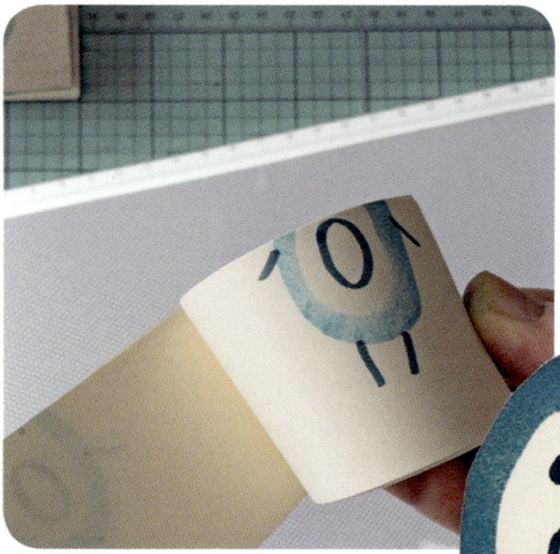

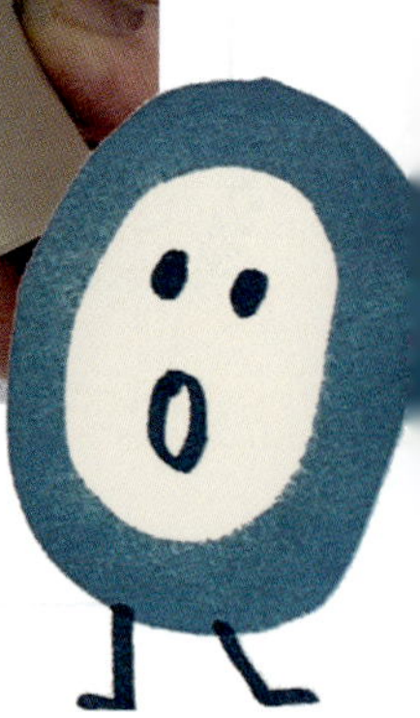

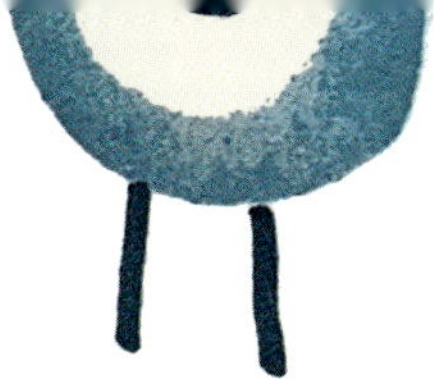

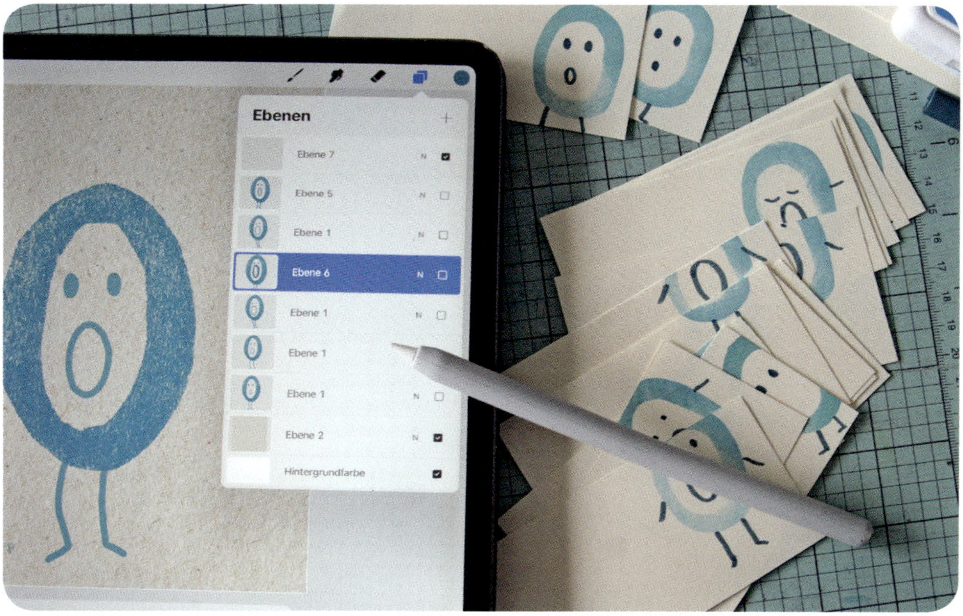

Nach dem gleichen Prinzip der leichten Abwandlung kannst du auch digital zeichnen und damit eine erste kleine Animation erstellen, z. B. mit der App Procreate. Eine Seite des Daumenkinos entspricht dabei einem Frame in der Animation, also einem der vielen Standbilder, die in schneller Folge hintereinander abgespielt die Bewegung simulieren. Eine Ebene entspricht hier einem Frame (mehr zu Frames, FPS und Framerate gibt es auf Seite 153). Bei etwas komplexeren Animationen kann man auch mehrere Ebenen als Gruppe zusammenfassen, in diesem Fall bildet die Gruppe den jeweiligen Einzelframe. Das Oval hatte ich schon für das Stempel-Kapitel auf Seite 72 digitalisiert und einen Pinsel in Procreate erstellt. Damit kann ich die Grundform einfach wiederholen, jeweils in einer neuen Ebene. Der Hintergrund ist Packpapier, das ich als Scan eingefügt habe. Die kleinen zeichnerischen Elemente ergänze ich mit einer einfachen Linie, die Beine bewegen sich, der Mund wird größer und alles zusammen wieder kleiner.

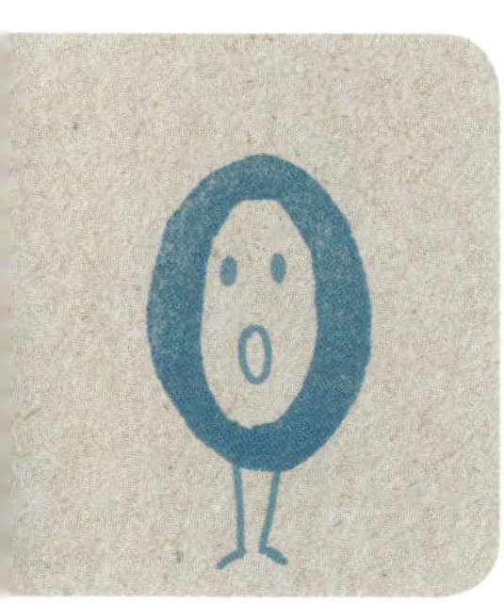
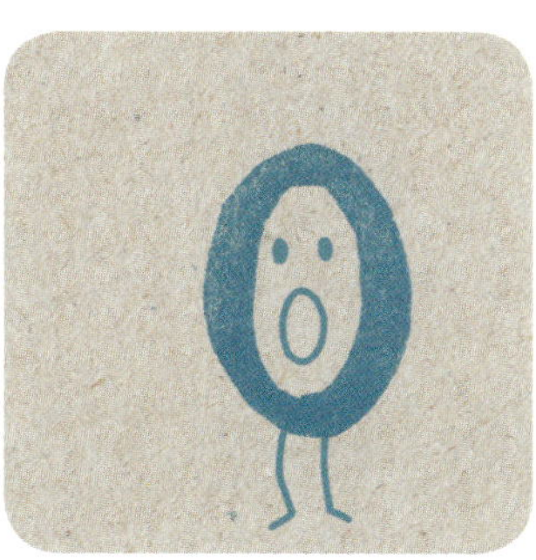
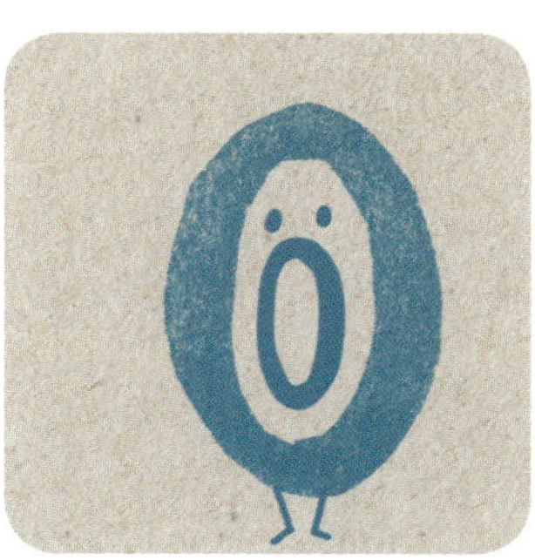
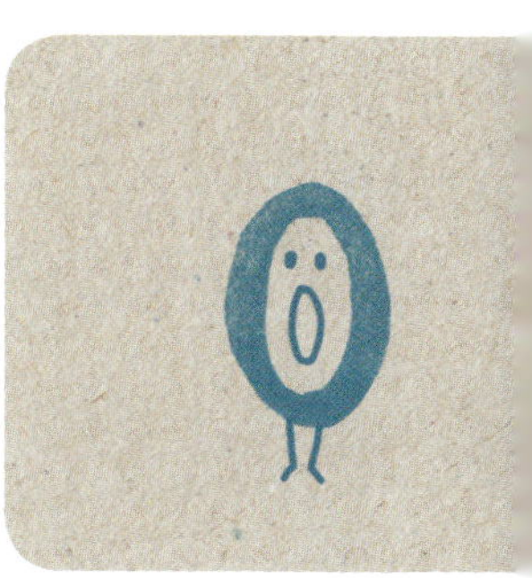

Stop Motion

Software

Stop Motion Studio

Hardware

Handy

evtl. Stativ

Papier ... oder was immer du filmen willst

Anstatt zu stempeln und zu zeichnen, kannst du auch einfach schieben und fotografieren. Step by Step bzw. Frame by Frame entsteht ein Stop-Motion-Video. Am Beispiel des Scherenschnitts von Seite 98 ist eine Serie von Fotos entstanden, die schnell nacheinander abgespielt zeigt, wie das Papier gefaltet und geschnitten wird.

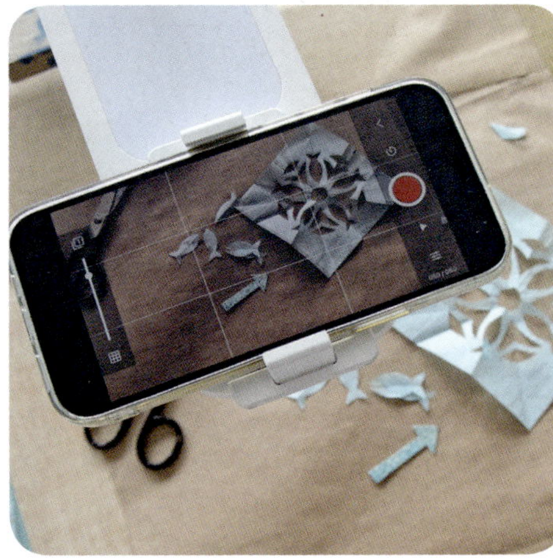

Dafür habe ich mein Mobiltelefon in ein Stativ eingespannt, sodass es von oben auf dem Tisch fotografiert. Auf der Arbeitsfläche führe ich nach und die Arbeitsschnitte aus und fotografiere sie jeweils, verändere dabei das Setting nur leicht mit möglichst vielen Zwischen-Steps, damit sich am Ende eine flüssige Bewegung ergibt. Zwischen jedem Foto nehme ich die Hände aus dem Kameraausschnitt, damit sie nicht im Bild zu sehen sind und die Dinge sich wie von Zauberhand bewegen.

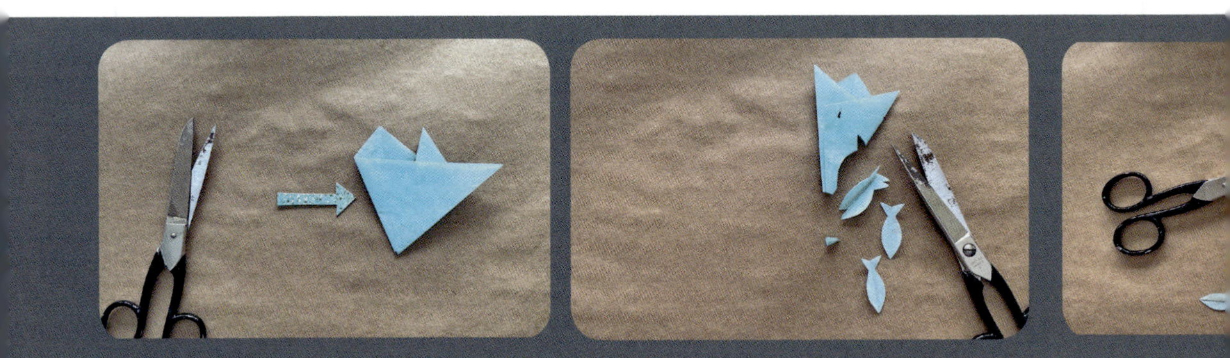

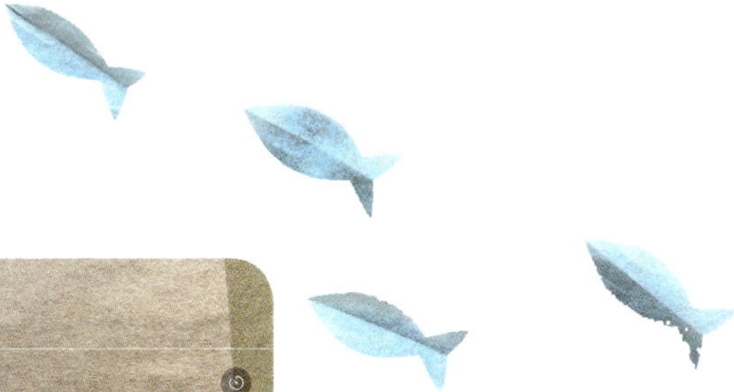

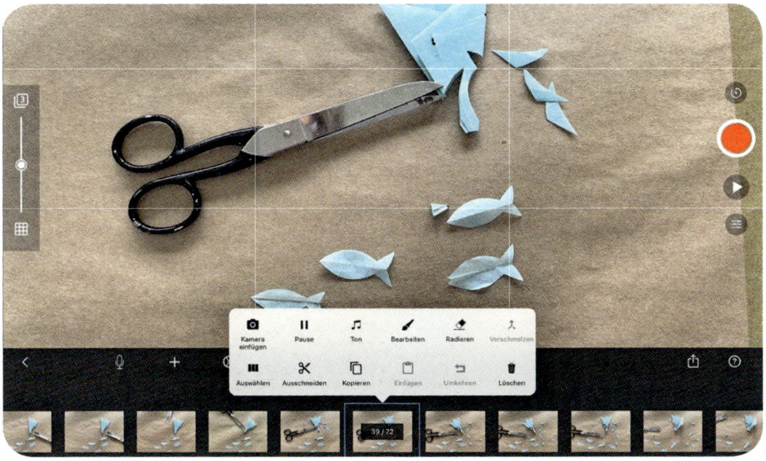

Du kannst die Fotos mit der Kamerafunktion des Mobiltelefons machen, leichter ist es aber direkt in einer Stop-Motion-App. Ich habe die App Stop Motion Studio genutzt, die sehr einfach zu bedienen ist. Die Anwendung gibt es für mobile Geräte und Desktop, Mac und PC. Du kannst also mit dem Handy fotografieren und später bequem am Rechner den Stop-Motion-Film weiterbearbeiten.

Hierfür lässt sich die Geschwindigkeit ändern, in der die Fotos abgespielt werden, du kannst Toneffekte einbauen, Hintergründe löschen und korrigieren. Das Schöne ist, dass du am Ende sowohl den Film in unterschiedlichen Formaten als auch alle Fotos und auch eine Datei als Daumenkino exportieren kannst. Das ist eine PDF-Datei, die alle Bilder enthält. Daraus mache ich wieder ein echtes, analoges Daumenkino!

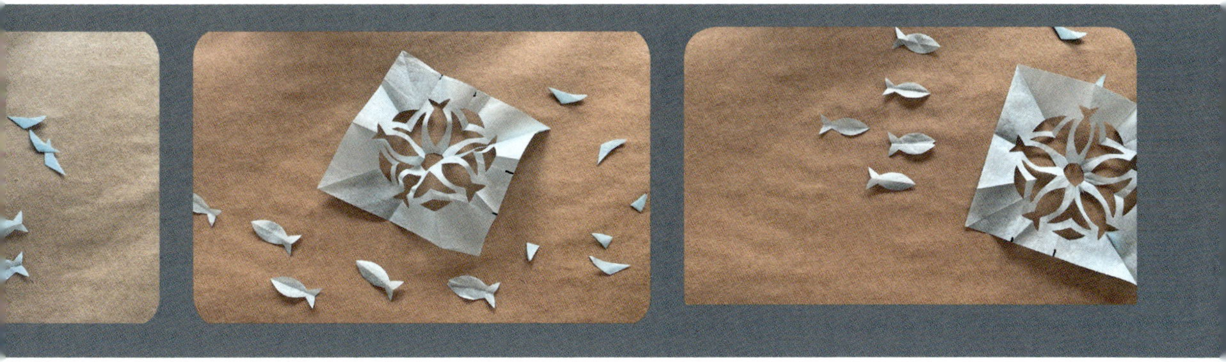

>> Schau dir hier den Stop-Motion-Film an:

Video zum Anfassen

Die 70 Bilder, aus denen das Stop-Motion-Video besteht, habe ich heruntergeladen und in ein Dokument mit sieben Seiten zu je zehn Bildern eingefügt. So kannst du auch gut mit deinem Stop-Motion-Video verfahren.

Software

- Stop Motion Studio
- Layoutprogramm
- Papier

Hardware

- Drucker
- Schneidemaschine oder Cutter und Linieal
- Klammer

(1) Die Seiten druckst du aus und schneidest sie mit der Schneidemaschine in Streifen und Einzelbilder (2). Das kannst du auch mit Cutter und Lineal auf der Schneidematte machen. Achte schon beim Fotografieren darauf, dass sich möglichst alles am rechten Bildrand abspielt.
(3) Zusätzlich ergänzt du links einen Streifen, der in der Bindung verschwindet, damit möglichst viel von den Bildern zu sehen ist.

(4) Die Bilder sortierst du in der richtigen Reihenfolge. Den Stapel stößt du vorne auf und klemmst links alles mit einer Foldback-Klammer zusammen (5), fertig zum Blättern (6)! Den Block könntest du auch noch mit Buchbinderleim zu einem festen Block leimen, damit wäre die Bindung stabil und dauerhaft.

Übrigens gibt es Dienstleister, die aus einer kurzen Videosequenz gedruckte und gebundene Daumenkinos fertigen. Dafür musst du nur ein Video hochladen, ein Titelbild wählen, das Büchlein wird gedruckt und geliefert. Eine schöne Idee, bewegte Bilder in etwas Greifbares zu verwandeln und eine nette Geschenkidee.

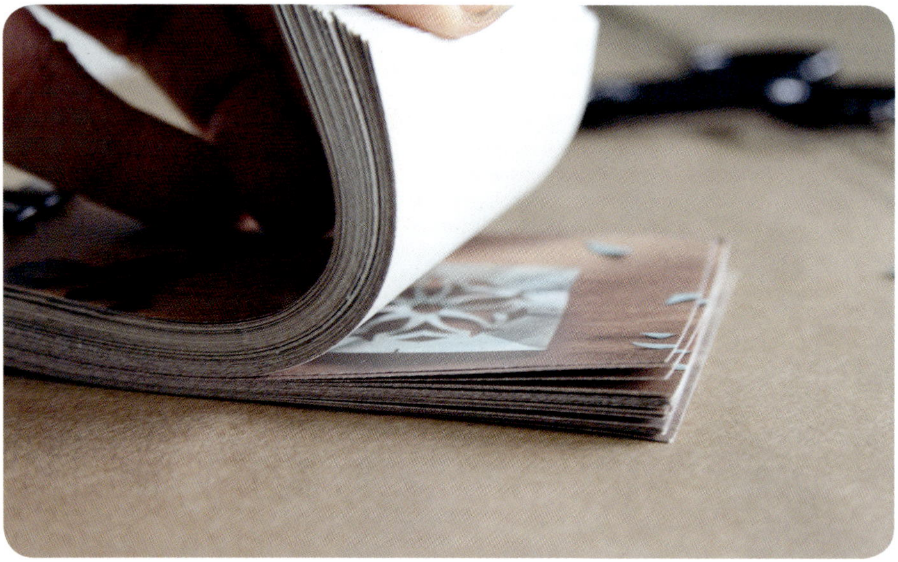

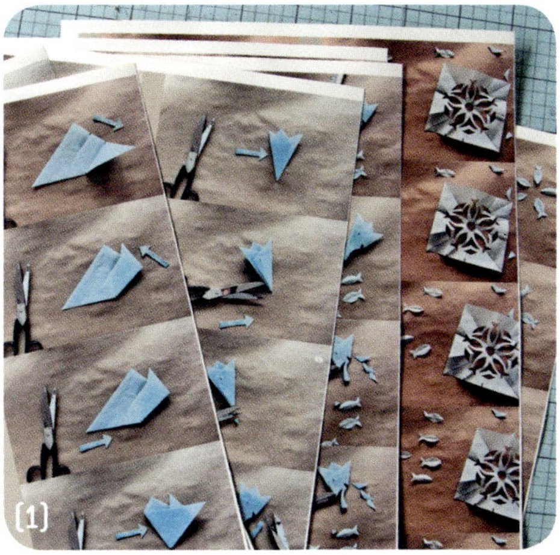
(1)

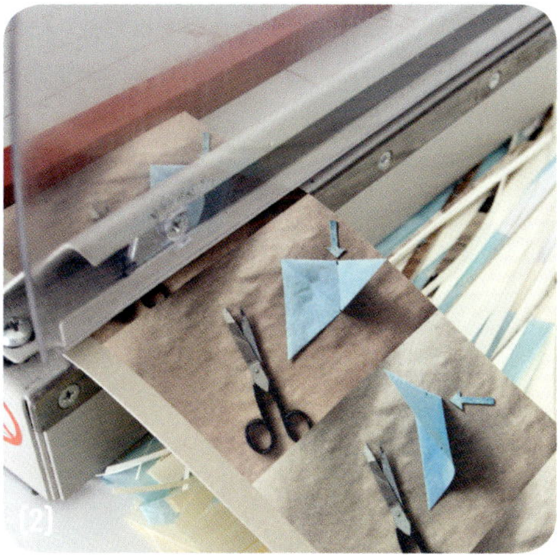
(2)

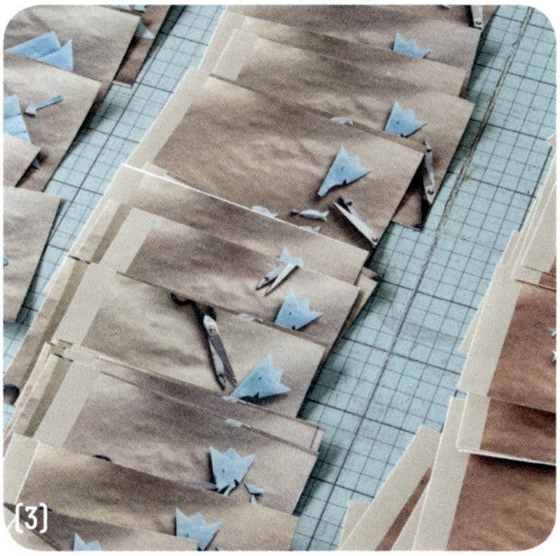
(3)

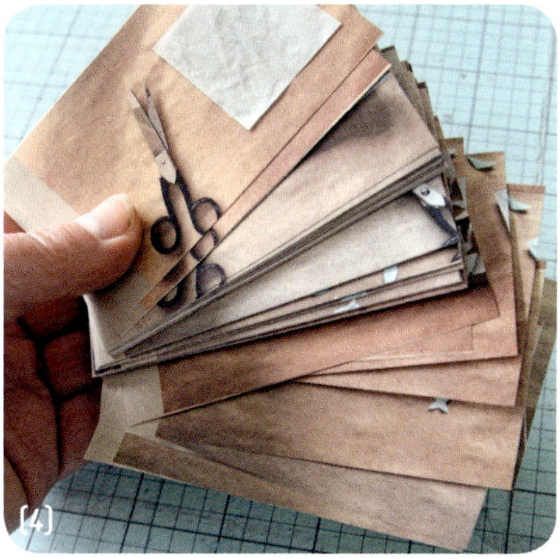
(4)

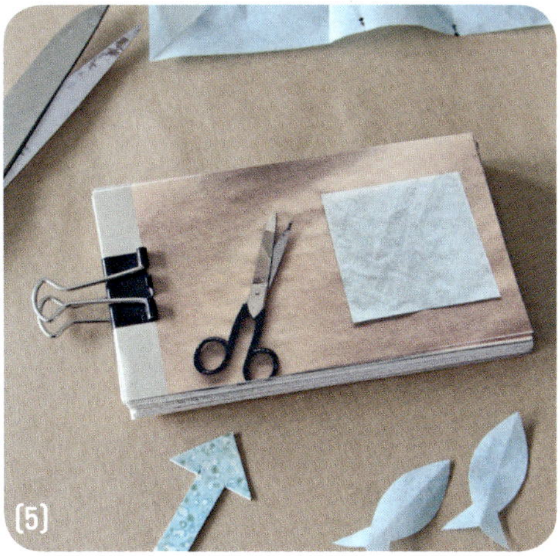
(5)

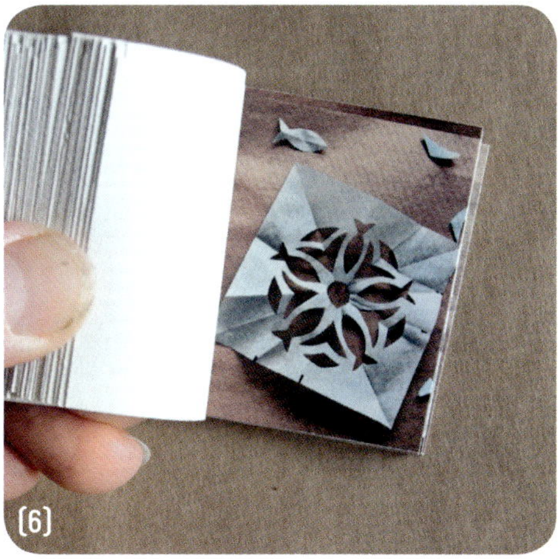
(6)

Wackelbildchen

Bewegte Bilder lassen sich in unterschiedlichen Formaten für verschiedene Einsatzzwecke speichern. Die kleinste Dateigröße haben GIFs. GIF steht für Graphic Interchange Format. Grundsätzlich unterscheidet man GIF (mit Hintergrund) und GIF-Sticker (ohne Hintergrund). GIF-Animationen sind fürs Web gemacht, haben keinen Ton und sind nett als digitale Sticker auf Social Media, z. B. für Instagram-Stories.

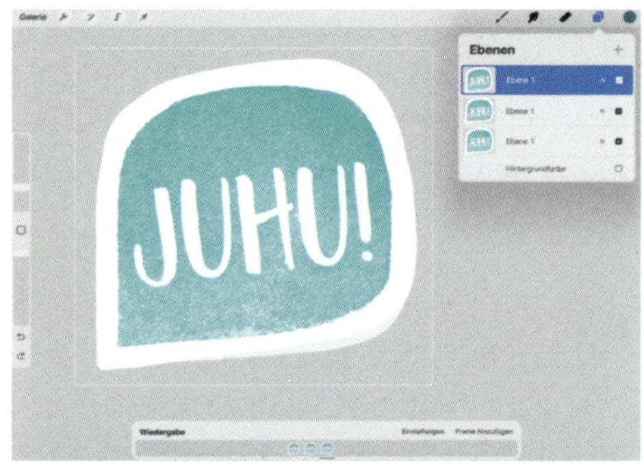

Eigentlich brauchst du nur ein Bildchen, wie diesen Sticker, den wir im Stempel-Kapitel auf Seite 80 erstellt haben. Der Sticker ist in Procreate mit dem digitalisierten Stempel, einer weißen Fläche und der weißen Schrift gestaltet. In Procreate gibt es einen Animationsassistenten, mit dem du aus den Ebenen einer Zeichnung Einzelbilder eines Films (Frames) machen kannst. Dazu musst du nur die Bildebene duplizieren, in diesem Fall zweimal, und das Bild jeweils leicht drehen. Über die Einstellungen kannst du festlegen, wie schnell sich das Bild bewegen soll. Ich wähle hier acht Bilder pro Sekunde und lasse diese drei Bilder sich unendlich wiederholen. Damit wackelt die kleine Sprechblase hin und her. Wichtig ist, die Datei als animiertes GIF mit transparentem Hintergrund zu speichern, um es als Sticker nutzen zu können.

Software

Procreate

Hardware

iPad mit Pencil

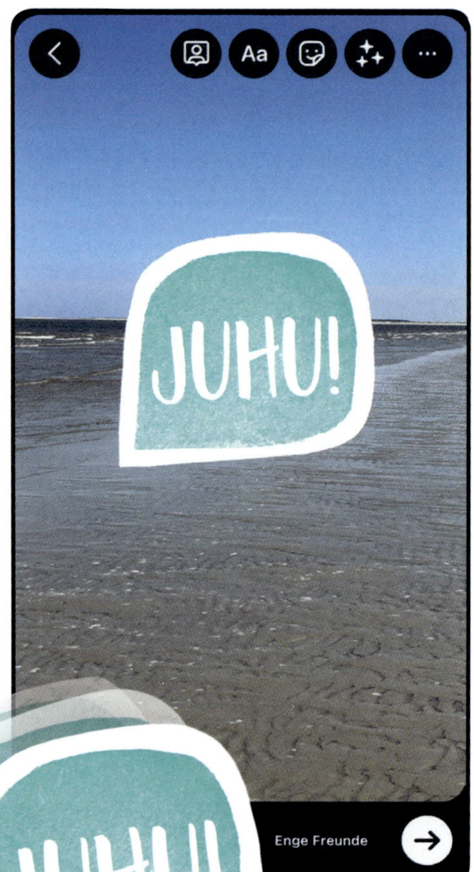

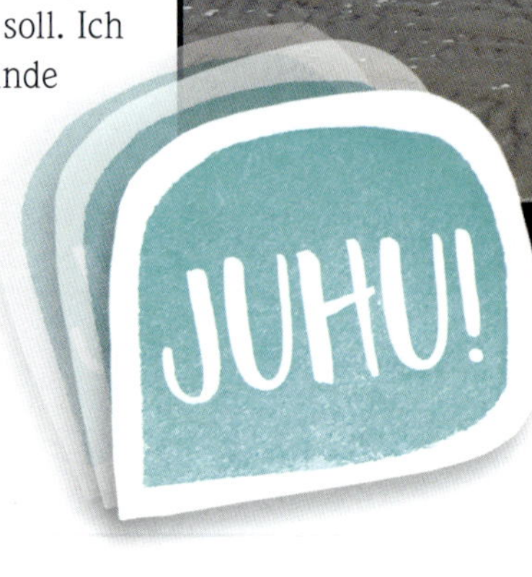

Mit einer kleinen eigenen GIF-Sammlung kannst du deinen Social-Media-Auftritt persönlich und handgemacht gestalten und auf vorgefertigte Designs verzichten. Auf der Plattform Giphy kannst du deine GIFs veröffentlichen und anderen zur Vefügung stellen. Instagram und andere Social-Media-Kanäle verändern sich ständig, die Funktionen und Möglichkeiten werden immer wieder aktualisiert und erweitert. Deshalb gibt es hier keine detaillierten Anleitungen, die schnell von neuen Möglichkeiten überholt werden. Schau einfach, was andere machen, suche und frage nach, probiere neue Features aus, aber renne auch nicht jedem Trend hinterher, sondern mache dein eigenes Ding! Ein handgemachtes Wackelbildchen lässt sich auch ganz altmodisch per E-Mail oder SMS verschicken.

Frames, FPS und Framerate

Die Einzelbilder einer digitalen Animation heißen Frames, sie entsprechen der Einzelseite eines analogen Daumenkinos.
Die Framerate ist die Geschwindigkeit, mit der die Einzelbilder abgespielt werden.
Die Framerate wird in FPS gemessen (frames per second). Normalerweise liegt die Framerate bei 24 FPS, bei GIFs zwischen 2–15 FPS und bei Stop Motion meist bei ca. 12 FPS.
Generell gilt: Je höher die Framerate, desto flüssiger die Bewegung, da mehr Einzelbilder pro Sekunde gezeigt werden. Umgekehrt heißt das: Je niedriger die Framerate, desto ruckeliger wird die Animation. Ein schöner Effekt, wenn die Animation „charmant analog“ wirken soll.

Zwiebelschichten

Sie sind ein sinnvolles Werkzeug beim Animieren. Durch leichte Transparenz ist der vorherige Frame sichtbar und die neue Schicht kann richtig positioniert werden.

Animierte GIFs

Das kleinste Dateiformat für kleine Animationen. GIFs haben nur 256 Farben und keinen Ton. Sie sind ideal für webbasierte Formate, wie beispielsweise die eigene Webseite, als Mailanhänge, für Storys bei Instagram oder Messengerdienste wie Signal oder WhatsApp.

MP4 oder MOV

Dies sind die gängigen Videoformate. Sie eignen sich für Feedbeiträge oder Storys bei Instagram, Beiträge bei Vimeo oder YouTube oder als eingebettete Videos auf der eigenen Webseite. Möchtest du deine bewegten Geschichten mit Sound und Mikrotönen erzählen, sind dies die Dateiformate der Wahl.

>> Alle Animationen aus diesem Kapitel findest du hier:

Collage-Geschichten

Alle Techniken aus diesem Buch, das bedruckte Papier, die geschnitzen Stempel und gedruckten Schablonen, die Zeichnungen und Fotos sind perfektes Grundmaterial für bewegte Geschichten.

Aus gemusterten Papieren wird ein bewegtes Meer für eine Stop-Motion-Animation, die Wellen schwappen hin und her, der Fisch kommt hereingeschwommen. Das gleiche Material kannst du auch rein digital verarbeiten, wenn es einmal auf deinen Geräten gespeichert ist. Du kannst die Papierschichten als Ebenen in einer Animations-App anlegen, kannst die Wellen digital ausschneiden und gegeneinander verschieben, eine Kulisse bauen, die gedruckten Fische im Papiermeer schwimmen lassen, zeichnerische Akzente setzen oder Teile wegradieren. Die Bewegung bietet unendliche Möglichkeiten, mit dem analogen Material zu spielen.

Wenn du Geschichten erzählen willst, macht es Sinn, dir vorher ein Storyboard zu skizzieren: Du machst dir klar, was wann passiert, welche Figuren wo auftauchen und welchen Weg sie nehmen. Für die ersten Spielereien kannst du aber auch einfach loslegen. Dies hier ist nur der allererste kleine Start ins Animieren. Es soll dir Lust machen, einfach zu probieren und deine analogen Materialien in Bewegung zu bringen.

Ich bin auch erst am Anfang. Noch sind es Stummfilme, die im nächsten Schritt mit Geräuschen und Musik unterlegt und vertont werden können. Animation ist für mich eine neue Spielwiese, die mich interessiert, weil ich damit wunderbar Analoges und Digitales kombinieren kann. Meine Muster und Drucke bekommen durch Bewegung ganz neue Einsatzmöglichkeiten.

In Bewegung kann ich damit mehr Aufmerksamkeit erzeugen und ganz andere Geschichten erzählen.

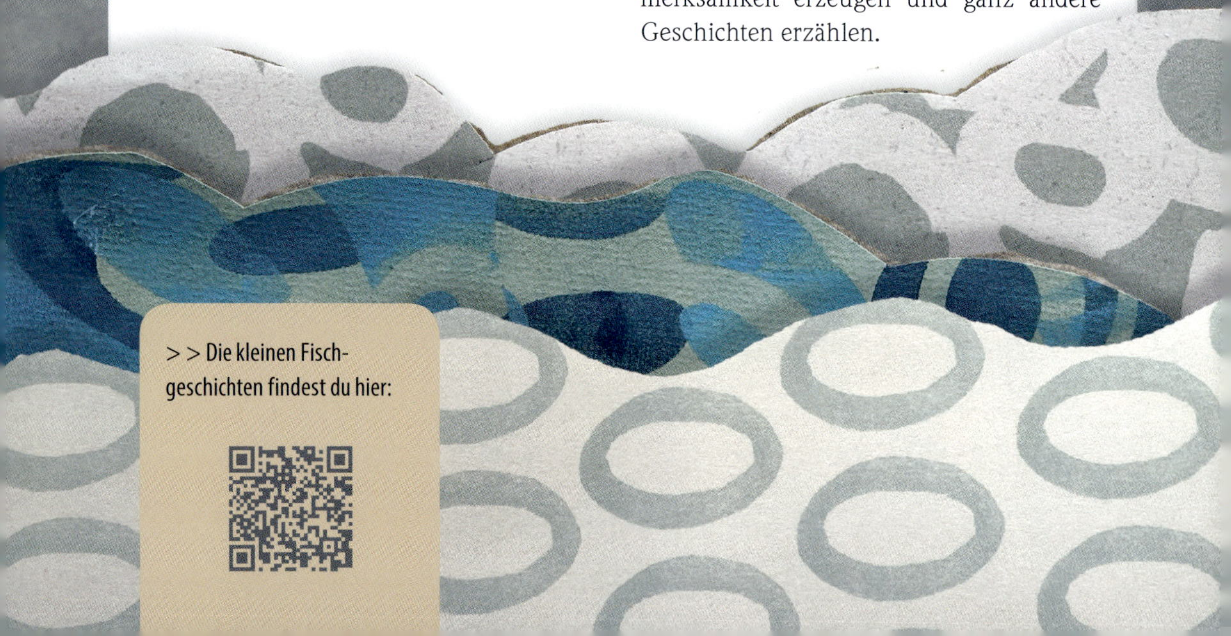

> > Die kleinen Fischgeschichten findest du hier:

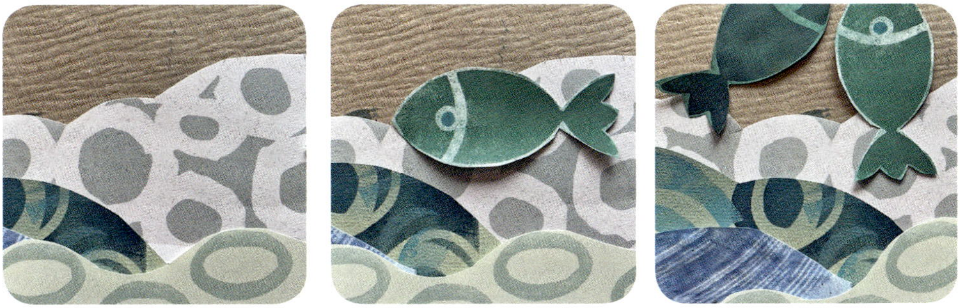

Stop-Motion-Animation: Einzelfotos von echtem Papier, das für jedes Foto weiterbewegt wird. Die Papiere werfen Schatten, die Anmutung ist sehr analog, es darf ruckeln und muss nicht nahtlos perfekt sein.

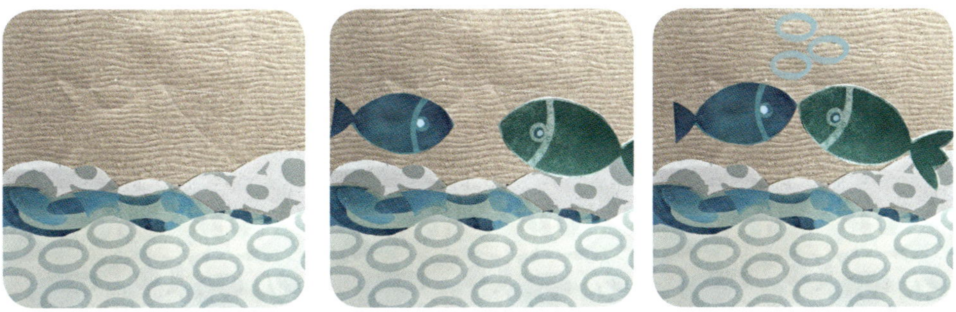

Digitale Animation in Procreate: Die einzelnen Papierschichten und die Fische sind als Fotos in Ebenen eingefügt, ergänzt durch Zeichnungen. Die Animationsmöglichkeiten für vielschichtige Geschichten sind eingeschränkt.

Digitale Animation in RoughAnimator: In dieser App sind mehrere Ebenen mit unterschiedlichen Bewegungsabläufen gleichzeitig möglich. Das Gute ist, dass sich die Ebenen hier bequem einzeln ansteuern lassen und die Einzelelemente unterschiedlich schnell animiert werden können.

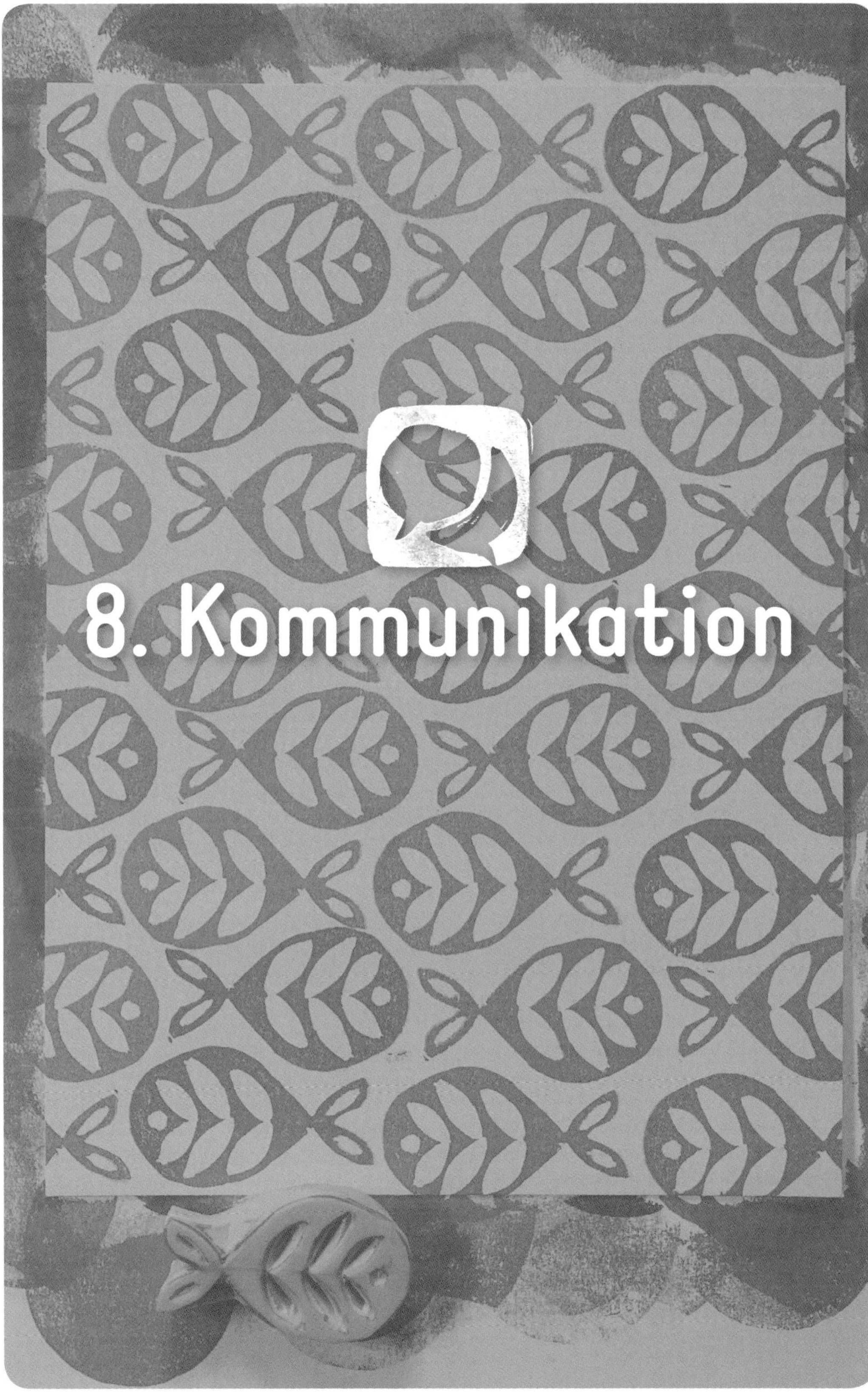

8. Kommunikation

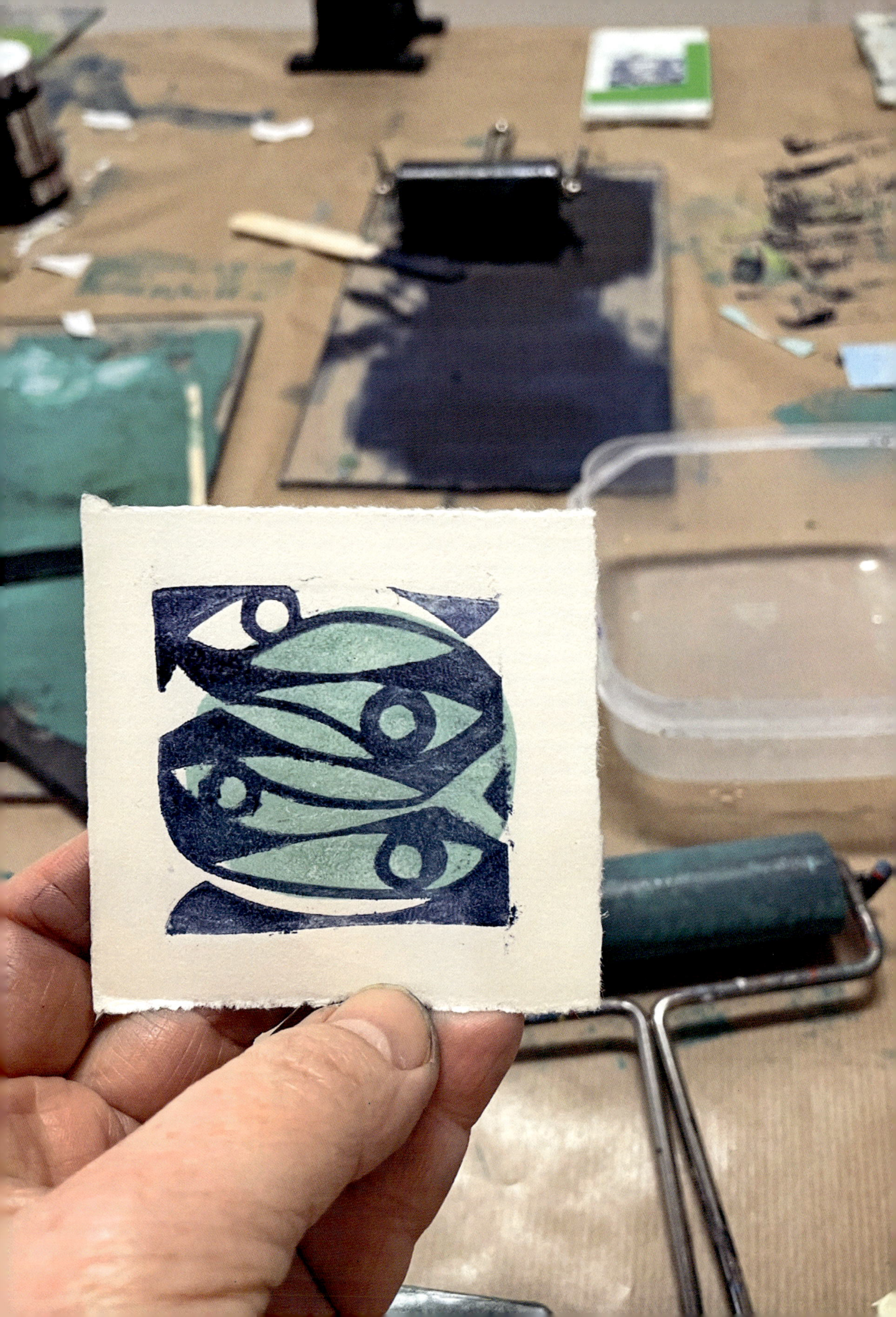

Vernetzung

Die digitale Welt macht es möglich, dass wir uns mit Kreativen aus allen Ecken der Erde mit ähnlichen Interessen und verrückten Ideen verbinden. In der direkten echten Nachbarschaft oder dem Freundeskreis finden sich selten viele Gleichgesinnte auf der gleichen Wellenlänge. Das Netz macht es einfach, die Kommunikation ist niedrigschwellig, wir können teilen, liken und uns austauschen. Aus vielen virtuellen Kontakten sind mittlerweile Freundschaften geworden und die digitalen Ideen schwappen über ins echte Leben.

Mit unseren Post-Kunst-Projekten ermutigen Tabea Heinicker und ich kreative Menschen zu künstlerischen Experimenten und verbinden sie miteinander, indem sie sich gegenseitig echte schöne Post schicken, die analog im Briefkasten landet. Dreimal im Jahr nehmen mehr als 200 Menschen an unseren Aktionen teil.

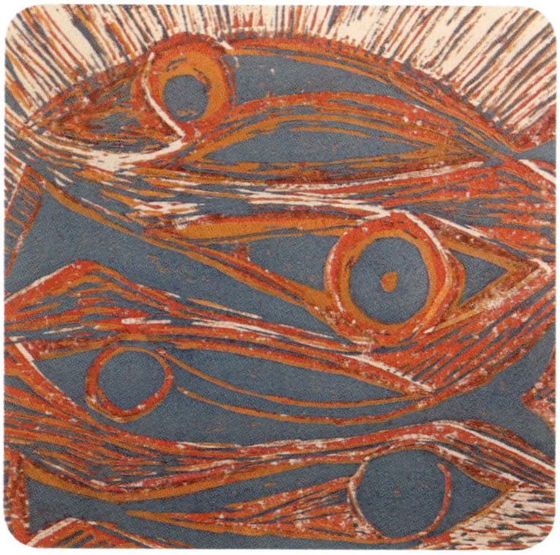

Linoldruck von Rita Wall inspiriert von meinen „Eyecatchern"

Eine andere tolle virtuell-analoge Aktion hat Martin Schneider, den ich im Gespräch auf der nächsten Seite vorstelle, ins Leben gerufen. Ich habe zusammen mit mehr als 300 Künstler:innen aus aller Welt an seiner Open-Print-Exchange teilgenommen. Mein Minidruck „Eyecatcher" – gedruckt auf der 3D-gedruckten Minidruckpresse mit einer geplotteten Tetra-Pak-Druckplatte – wiederum war für Rita Wall Inspiration für eine Reihe von Linoldrucken. Alles hängt zusammen.

Natürlich musst du beachten, dass alles, was du einmal im Netz gezeigt hast, in der Welt ist und du nicht sicher bist vor Ideenklau. Aber was hast du davon, wenn deine Werke nicht sichtbar sind? Inspiration ist immer gut, kopieren nicht. Deshalb achte bei allem, was du teilst, darauf, die Leute zu fragen, die dich inspiriert haben, und sie zu erwähnen. Ich freue mich immer, wenn ich andere inspirieren kann, natürlich nur, solange sie sich damit nicht bereichern.

Lasst uns im Gespräch bleiben, uns gegenseitig zeigen, was uns inspiriert, und uns gegenseitig inspirieren. Auf den folgenden Seiten habe ich sechs Kreative nach ihren besonderen digitalen und analogen Arbeitsweisen gefragt.

Was wären deine Antworten auf die fünf Fragen? Erzähle es mir, per Mail, per Kommentar, per Brief oder unter

#schnipselundpixel.

Martin Schneider

Martin Schneiders Open Press Project ist mir zunächst ganz analog im Papiermuseum Alte Dombach begegnet, die Mini-Druckpresse ist bei mir viel im Einsatz.

Das Open Press Project ist eine Miniatur-Tiefdruckpresse, welche mit einem herkömmlichen 3D-Drucker hergestellt werden kann. Die Daten zur Fertigung einer solchen Presse habe ich 2018 im Rahmen meines Design-Studiums in Köln als Open Source online kostenlos zur Verfügung gestellt, woraufhin Schulen, Künstler:innen und Druckinteressierte aus der ganzen Welt ihre eigene kleine Presse hergestellt und für ihre Kunst oder Illustrationen benutzt haben. Ich wollte damit besonders Tiefdrucktechniken zugänglicher machen, da man für derartige Techniken sonst sehr teure Druckpressen benötigt. Ein Jahr später habe ich nach einer Crowdfunding-Kampagne eine Firma mit meinem ehemaligen Kommilitonen und sehr guten Freund Dominik Schmitz gegründet, in der wir seitdem die kleine Presse auch selber produzieren und weitere Projekte mit Druckgrafiker:innen aus der ganzen Welt veranstalten, um die Druckgrafik zugänglicher zu machen.

Arbeitest du mehr digital oder analog?

Momentan arbeite ich überwiegend digital, da unsere 3D-gedruckten Produkte am Rechner konzipiert werden müssen. Als Jugendlicher habe ich sehr viel analog gezeichnet, war aber gleichzeitig schon früh an digitalen Zeichen- und Maltechniken interessiert.

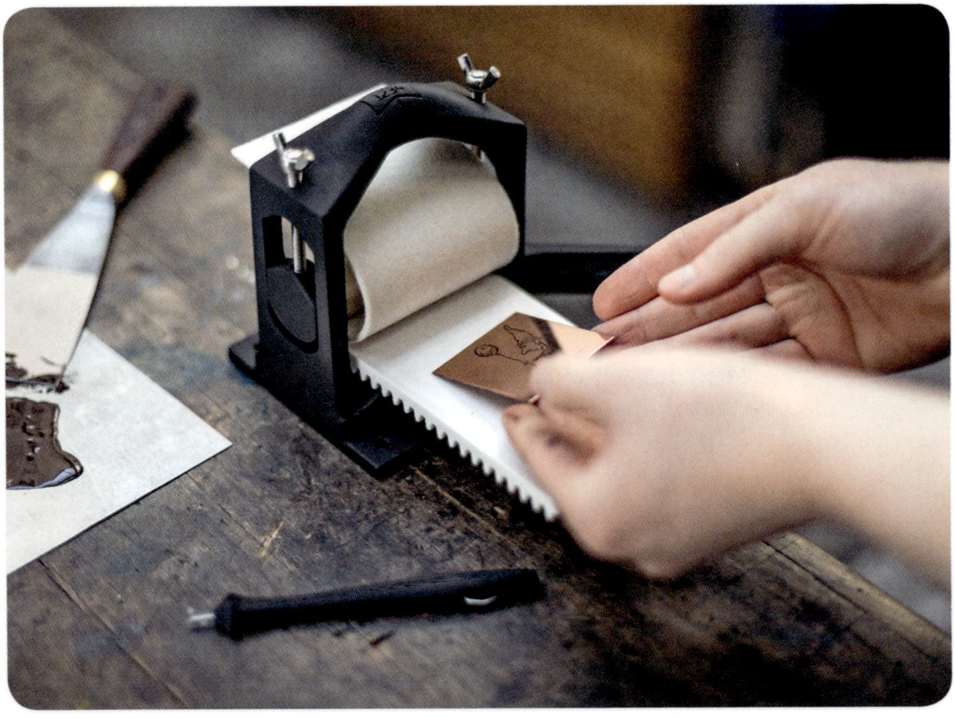

Wo verbindet sich in deiner künstlerischen Arbeit Digitales mit Analogem?
In letzter Zeit habe ich mich recht viel mit Kombinationen von digitalen und analogen Techniken beschäftigt und stelle mir konstant die Frage, wie ich z. B. neue Fertigungsverfahren (wie den 3D-Druck oder Lasercut) für die Generierung von Druckplatten benutzen kann, die ich dann mit unserer kleinen Presse im klassischen Tief- oder Hochdruckverfahren drucken kann.

Welche Werkzeuge nutzt du am liebsten analog?
Einen möglichst breiten, stumpfen und weichen Bleistift für Zeichnungen und die klassische Kaltnadel für Radierungen.

Und welches Tool am liebsten digital?
Das variiert je nach Projekt. Für Illustrationen nutze ich sehr gerne Photoshop und mein Stiftdisplay, für dreidimensionale Arbeiten Blender, Fusion360 oder Rhino. Vor ein paar Jahren lag mein Fokus auf digitaler Illustration, heute sind es interdisziplinäre Projekte, bei denen eine ganze Palette an Tools zum Einsatz kommt. Zwischen den Programmen zu springen und sie für Projekte zusammenzubringen, macht da für mich den Reiz aus.

Wo speicherst du deine Ideen?
Digital ganz unsortiert, spontan und chaotisch auf der Festplatte oder im Messenger, was das spätere Finden durch Suchfunktionen einfacher macht.

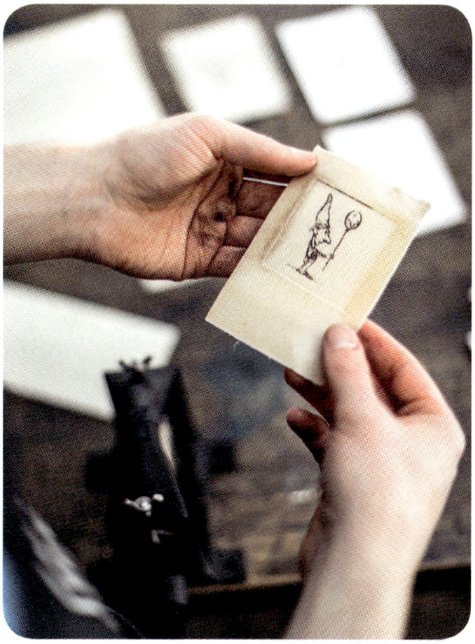

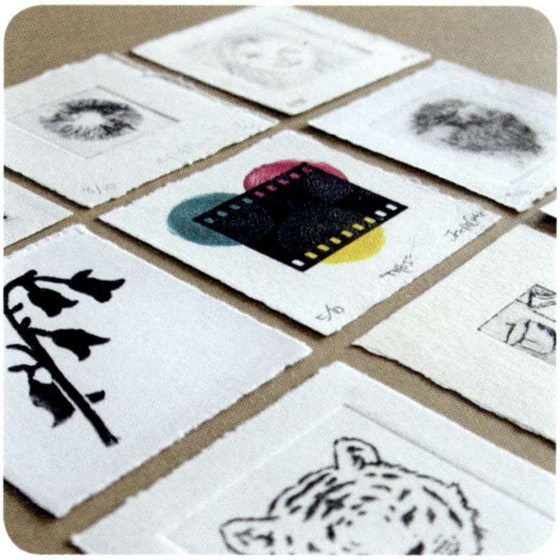

Drucke aus aller Welt:
Meine kleine Sammlung der Open-Print-Exchange

Martin Schneider
@ openpressproject
openpressproject.com

Katja Gohe

Katja Gohe ist Künstlerin aus Oldenburg. Über ihre farbenfrohen, vielschichtigen digitalen Collagen, die sie auf Instagram zeigte, bin ich auf sie aufmerksam geworden. Obwohl digital erstellt, sieht man ihren Collagen immer noch den analogen Ursprung an.

Arbeitest du mehr digital oder analog?
Vor zwei Jahren habe ich für mich das digitale Medium entdeckt und mir auf dem Weg „learning by doing" das Know-how erarbeitet. Mit viel kreativer Energie und Leidenschaft lote ich noch viele Aspekte des digitalen Arbeitens aus. Die Malerei – also das analoge Arbeiten – findet zurzeit eher kompakt in den Sommermonaten statt, da mein Atelier sich außerhalb meines Wohnortes befindet und zudem auch nur eingeschränkt zu beheizen ist.

Wo verbindet sich in deiner künstlerischen Arbeit Digitales mit Analogem?
Alte Fotografien, Modefotos und Abbildungen von Gemälden dienen als Vorlage für meine digitalen Collagen. Gemalt wirkende Abschnitte treffen auf Linien und Strukturen, die ich zum Teil analog herstelle, abfotografiere und als Layer in Photoshop weiter einsetze. Manchmal verarbeite ich die ausgedruckten Collagen mittels Transfer für analoge Arbeiten auf Leinwand oder Holzplatte.

Katja Gohe
#katjagohe
katja-gohe.jimdofree.com

Welche Werkzeuge nutzt du am liebsten analog?
Bei der analogen Arbeit steht die abstrakte Malerei auf Leinwand im Vordergrund. Ich arbeite dabei mit Acryl, Ölkreiden und viel Wasser. Auch mit Pinsel, Spachtel, allen möglichen „Gerätschaften" zum Schaben, Kratzen, Spuren machen.

Und welches Tool am liebsten digital?
Für meine digitalen Collagen arbeite ich am Computer – mit einer alten Version von Photoshop. Dabei nutze ich eher die malerischen Tools, Brushes, Texturen – die ich zum Teil selbst erstellt habe, aber auch fremde Vorlagen fließen mit ein. Und ich arbeite mit der Maus und nicht mit dem Stift.

Wo speicherst du deine Ideen?
Ich speichere meine fertigen Entwürfe auf USB-Sticks und externen Festplatten.

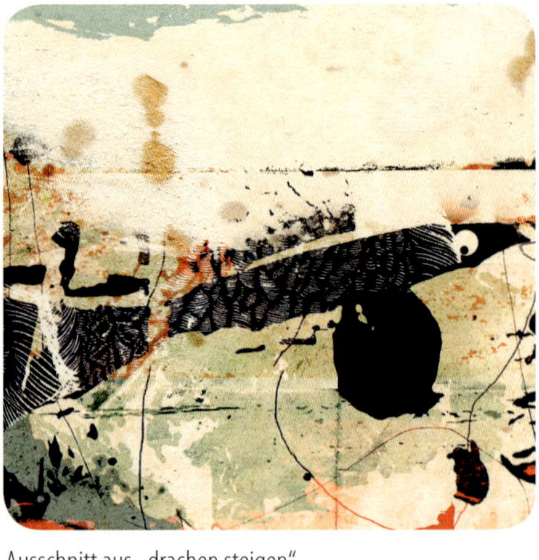

Ausschnitt aus „drachen steigen"

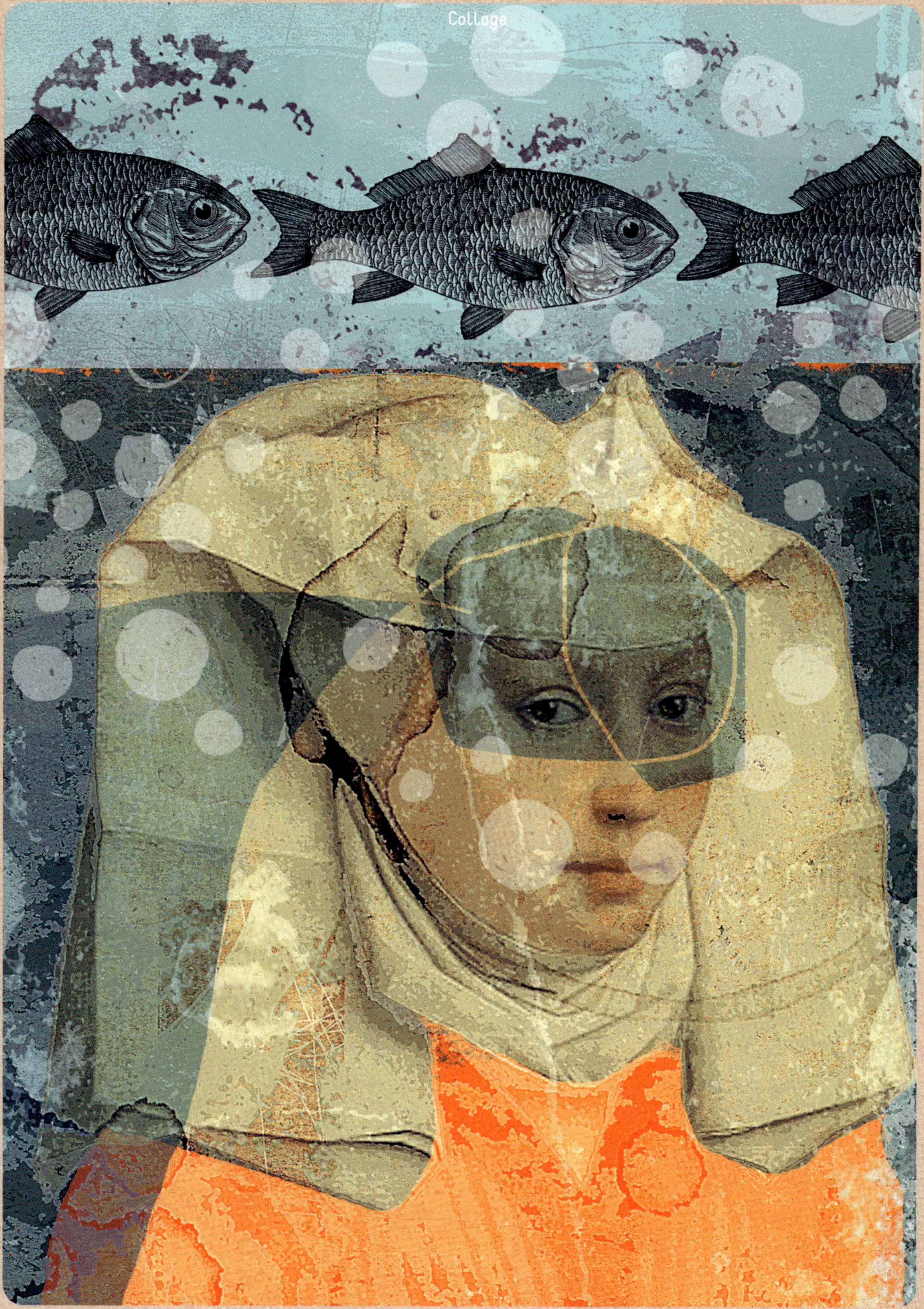

„under the sea"

Ali Bäcker

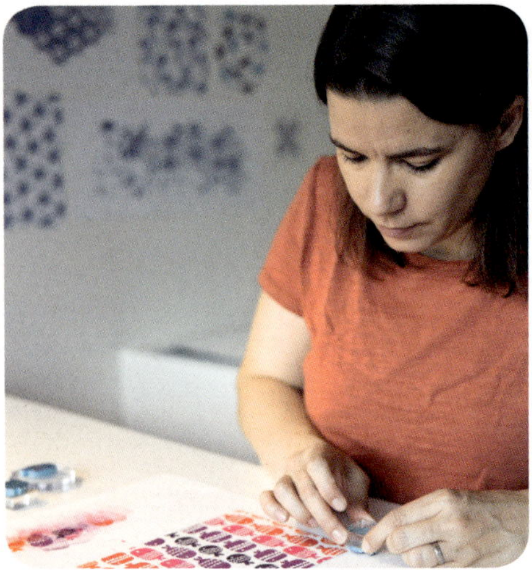

Ali Bäcker - autodidaktische Druckgrafikerin und Musterliebhaberin.

Die gebürtige Wienerin betreibt in der Schweiz ihr Musterdesign-Atelier „3 Dotted Penguins", wo sich alles um den Stempeldruck dreht. Sie entwirft, schnitzt und druckt alle Stempel von Hand – ein meditativer und langsamer Prozess. Die so entstandenen Designs bieten oft die Grundlage für Siebdrucke oder digitale Muster. Ihre Arbeit ist inspiriert von ihren (Tag-) Träumen vom (fernen) Meer und ihren Reisen. Ali gibt regelmäßig (live online) Stempeldruck- und Musterdesign-Workshops für Teilnehmer:innen auf der ganzen Welt in Deutsch und Englisch. Ihre originalen Stempeldrucke, ihre siebgedruckten Textilien und Karten sind in ihrem Etsy-Shop erhältlich. Außerdem teilt Ali ihre neuesten Arbeiten und einen Blick hinter die Kulissen auf ihrem Instagram-Account @3dottedpenguins.

Arbeitest du mehr digital oder analog?

Ich arbeite nach wie vor mehr analog als digital. Alle meine Ideen und Skizzen entstehen derzeit (noch) analog. Ich merke aber, wie sich das Digitale langsam stärker in meine Arbeit hineinzieht, und ich denke, es ist nur eine Frage der Zeit, bis auch mein Ideen- und Skizzenprozess viel mehr in der digitalen Welt lebt. Das Stempelschnitzen und -drucken ist ein durch und durch analoger Prozess – was ich sehr schätze. Das analoge Arbeiten mit den Händen hat etwas Meditatives und stimuliert meine Kreativität anders als das digitale Arbeiten.

Wo verbindet sich in deiner künstlerischen Arbeit Digitales mit Analogem?

Meine Arbeit startet mit einer analogen Skizze und einem (oder mehreren) handgeschnitzten Stempeln, aus denen eine Reihe von Drucken und Mustern entstehen. Ich liebe es, mit Stempeldruck Muster zu erschaffen, mit ihnen im Druck zu spielen und zu variieren. Durch die Kombination von verschiedenen Stempeln entstehen wieder ganz neue interessante Muster. Sobald ich meine initialen Ideen umgesetzt habe, lasse ich meinen Händen freien Lauf für weitere Experimente. Ich nenne das „Denken mit meinen Händen", und es ist ein total spannender und häufig überraschender Prozess.

Ali Bäcker
@ 3dottedpenguins
3dottedpenguins.com

In einem zweiten und losgelösten Schritt verwende ich vor allem Adobe Illustrator, um meine analogen Drucke in digitale Muster (im Rapport) umzuwandeln oder auch meine Siebdruckvorlagen zu erstellen. Diese Siebdruckvorlagen belichte ich dann auf ein Sieb und drucke meine Designs wiederum analog per Hand mittels Siebdruckverfahren hauptsächlich auf Textilien. Zudem fertige ich limitierte Kunstdrucke auf Papier an. Für den digitalen Musterrapport greife ich Muster auf, die ich davor gestempelt habe und arbeite mit ihnen digital weiter – entweder ich orientiere mich stark am ursprünglichen Muster oder aber nehme den ursprünglichen Stempel, das ursprüngliche Muster, als Ausgangspunkt und kreiere neue digitale Muster.

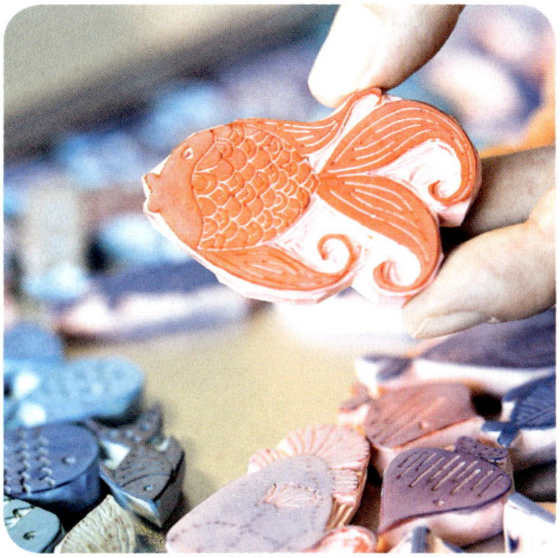

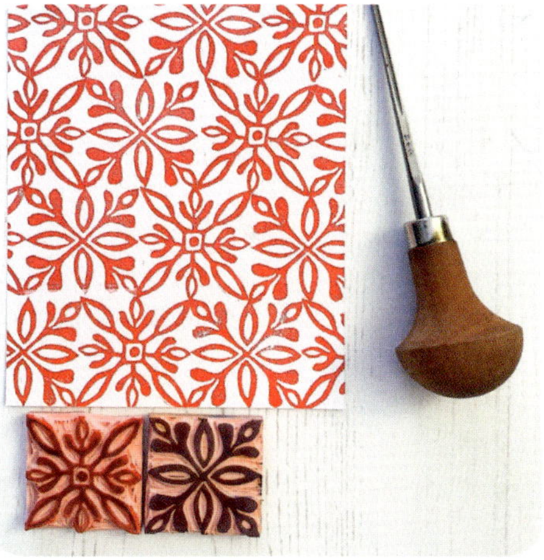

Welche Werkzeuge nutzt du am liebsten analog?
Meine Pfeil-Schnitzmesser sind meine analogen Lieblingswerkzeuge. Mit ihnen entstehen ganz viele Stempel inklusive kleinster Details. Ohne meine Schnitzmesser würden meine Arbeiten nicht existieren.

Und welches Tool am liebsten digital?
Digital nutze ich am liebsten Adobe Illustrator. Es hilft mir, aus meinen Stempeldrucken digitale Muster und Siebdruckvorlagen zu machen.

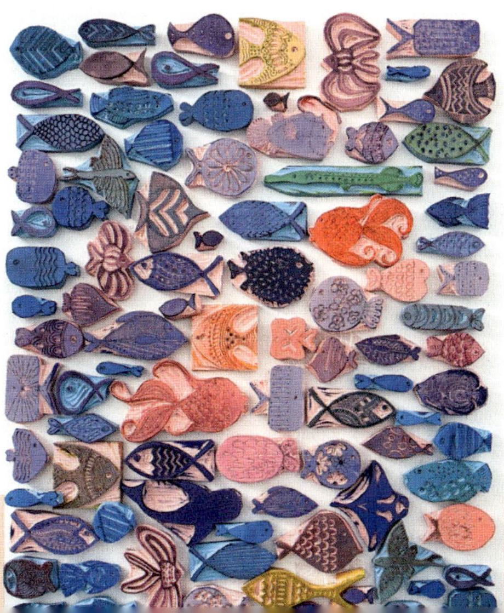

Wo speicherst du deine Ideen?
Viele meiner Muster-Ideen „speichere" ich in meinen (analogen) Skizzen- und Notizbüchern. Ich habe aber auch eine Datei in meiner Notizenapp auf dem Telefon, die nur „Schnitzideen" enthält.

Petra Paffenholz

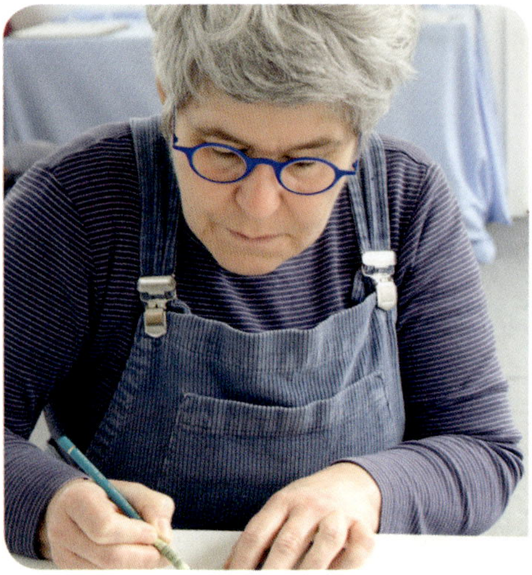

Petra Paffenholz ist bildende Künstlerin und Autorin aus Köln. Ich kenne sie seit mehr als 20 Jahren aus dem echten Leben von vielen gemeinsamen Kunst- und Buchprojekten. Petra ist eine geniale Zeichnerin und arbeitet feinteilig mit Stiften und dem Zufall. Ihre handgebundenen Künstlerbücher sind voller Überraschungen.

Petra Paffenholz
@ppaffenholz
petra-paffenholz.de

Arbeitest du mehr digital oder analog?
Meine künstlerische Arbeit ist überwiegend analog. Zähle ich Fotografie dazu als Ausgangsmaterial für ein analoges Tun, dann ist das Verhältnis ungefähr 80:20. Achtzig Prozent sind analog, denn das Gefühl, etwas mit meinen Händen zu schaffen, möchte ich nicht missen. Gerade eine gewisse Ungenauigkeit, ein „nicht perfektes Ergebnis" machen für mich den Reiz aus.

Wo verbindet sich in deiner künstlerischen Arbeit Digitales mit Analogem?
Wenn ich als Ausgangsmaterial auf meine Fotografien zurückgreife. Zum Beispiel drucke ich mir Fotos aus, um dann analog, in Kleinarbeit, bestimmte Formen auszuschneiden. Die entstehenden Schnitte zeigen immer die Spuren des Handwerklichen, was für mich wichtig ist. Zu perfekt soll es nicht sein. Den Charme eines „OP-Saals" möchte ich vermeiden. Die so entstandenen Schablonen verwende ich, um daraus Künstlerbücher zu gestalten, auch ein analoges Vorgehen. Ein anderer Weg, noch im experimentellen Stadium und langfristig geplant, ist das digitale Zeichnen in ein digitales Foto.

Welche Werkzeuge nutzt du am liebsten analog?
Ganz klar, Stifte aller Art. Farbstifte, Bleistifte oder andere Werkzeuge, die lineare Spuren generieren.

Und welches Tool am liebsten digital?
Auch ganz klar, den Stift, mit dem ich auf dem iPad zeichnen kann. Das fühlt sich fast analog an.

Wo speicherst du deine Ideen?
Auch ganz eindeutig, in meinen themenbezogenen Skizzenbüchern. Das wird immer ein schönes Chaos, alles übereinandergeschrieben, oder noch ganz klein in einen Zwischenraum einen zusätzlichen Gedanken notiert, damit auch nur gar nichts von der sprudelnden Fülle verloren geht. Wenn das Buch voll ist, beginne ich mit einem zweiten, in dem ich versuche, Ordnung und Struktur zu erreichen. Mit einem dritten Buch zum gleichen Thema wiederholen sich zwar die Gedanken, aber die Kategorien und Ordnungssysteme werden klarer. Eventuell entstehen aber auch parallel zwei Skizzenbücher zu einem gleichen Thema, das Chaos ist der Gewinner. Deshalb neige ich zum Improvisieren, wenn ich meine künstlerischen Projekte umsetze, was ich schmunzelnd „genial daneben“ nenne.

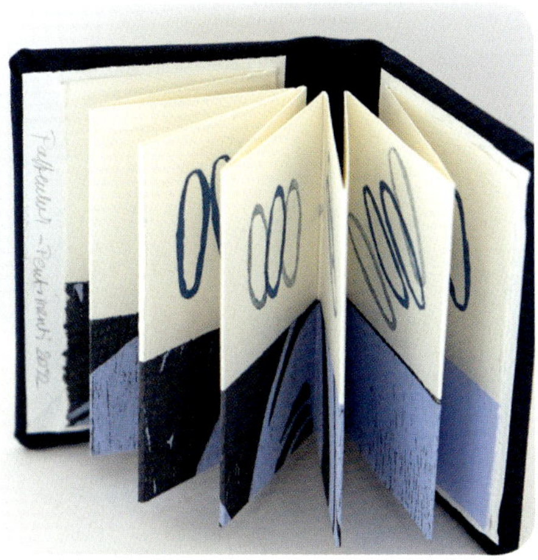

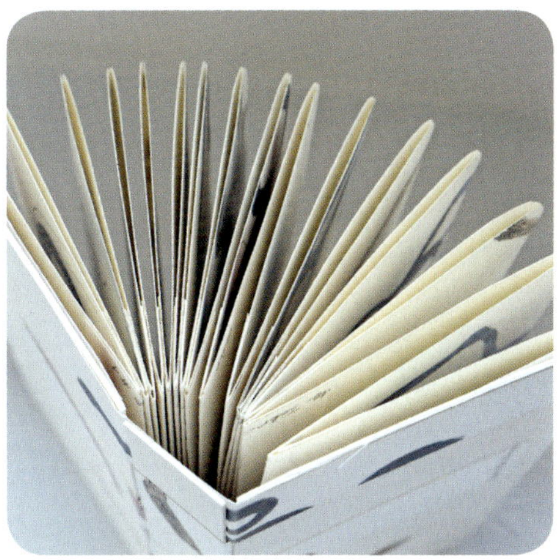

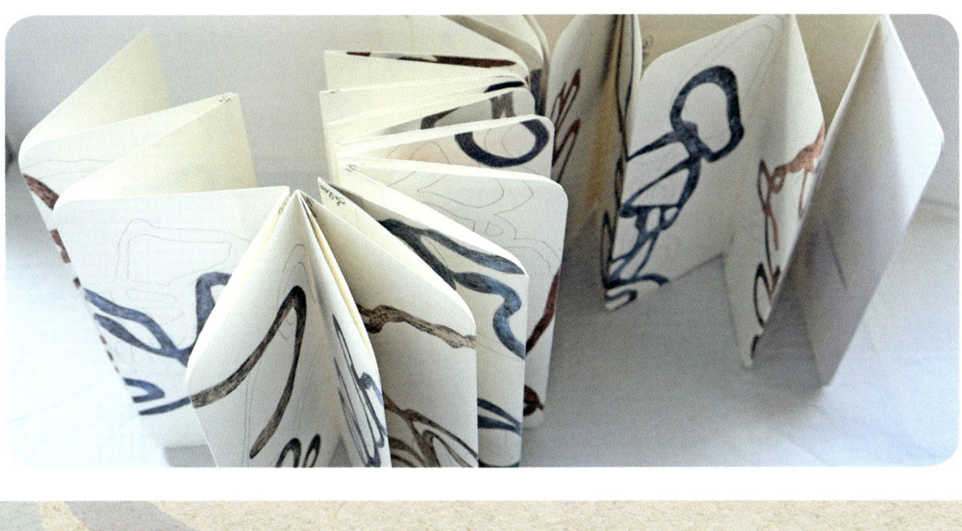

Stefanie von Hösslin

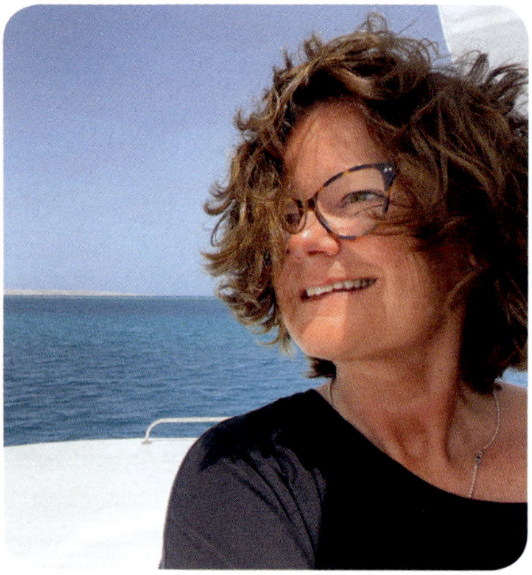

Stefanie von Hösslin hat sich 2020 nach mehr als 30 Jahren als Designerin in Werbeagenturen, in der Industrie und einem Grußkartenverlag mit ihrem Onlineshop Tante Plotta selbstständig gemacht. Sie entwirft erfolgreich Motive zum Download in ihrem freundlichen illustrativen Stil.

Arbeitest du mehr digital oder analog?
Für meinen Shop arbeite ich fast nur noch digital. Nebenher zum Ausgleich zück ich schon mal mein Skizzenbuch, was eher ein Kritzelbuch ist.

Wo verbindet sich in deiner künstlerischen Arbeit Digitales mit Analogem?
Ich liebe es, mit Stift und Farben auf Papier zu kritzeln und beispielsweise am iPad weiterzuarbeiten und auszuprobieren, was alles geht. Dabei kommen oft völlig ungeplante Ergebnisse raus.

Welche Werkzeuge nutzt du am liebsten analog?
Fineliner und Aquarellfarben.

Und welches Tool am liebsten digital?
iPad Pro mit dem Apple Pencil und Adobe Illustrator/Photoshop. Ganz wichtig für mich ist auch die Kamera meines iPhones.

Wo speicherst du deine Ideen?
Ganz analog in meinem Kalenderbuch. Kleine Kritzeleien, die nur ich interpretieren kann. Oft klebe ich auch Inspirationen, die ich im Web finde oder fotografiere, dazu. Digitale Ideensammlungen sind nicht so mein Ding, da ich mir das später nie angucke und ich keine Ordnung halten kann (genauso wie bei mir zu Hause) – beispielsweise bei Pinterest – ein wahlloses Durcheinander.

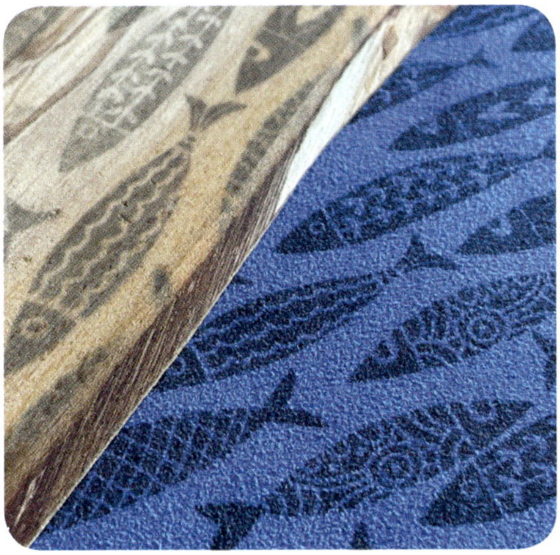

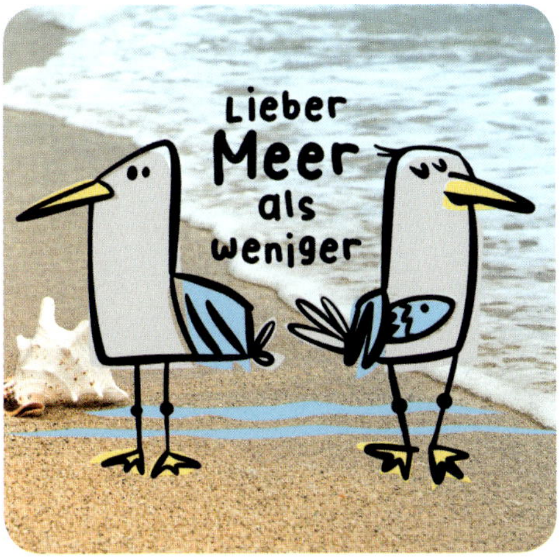

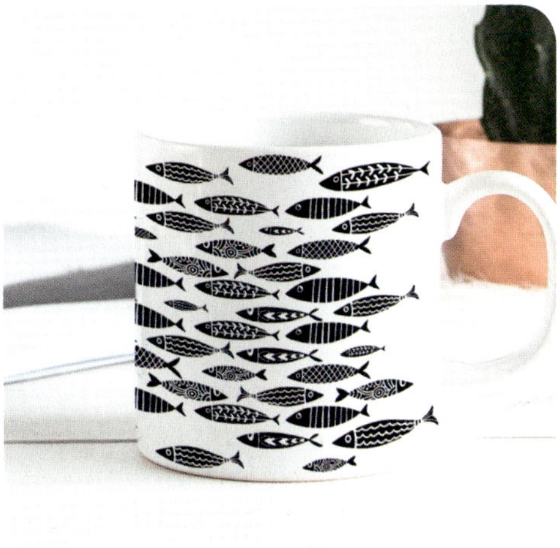

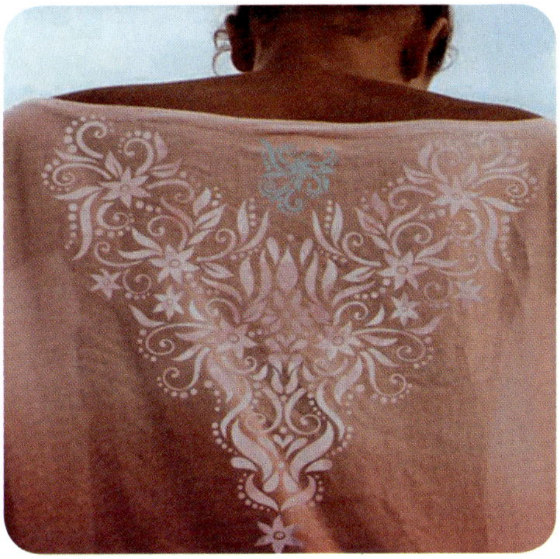

Stefanie von Hösslin
@tanteplotta
tanteplotta.com

Claudia Huboi

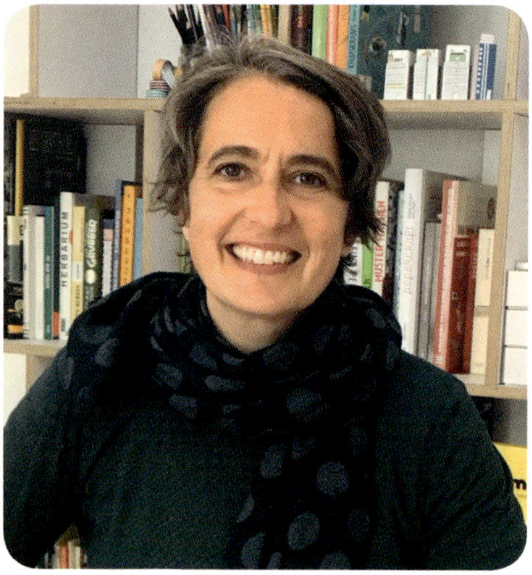

Claudia Huboi macht seit vielen Jahren Bücher: als Autorin, Redakteurin, Lektorin, Illustratorin und Gestalterin. Auch in diesem Buch ist sie für das Lektorat verantwortlich. In den letzten Jahren kam immer mehr Bewegung dazu. Auf Instagram hat sie spannende Community-Projekte angestoßen und bietet einen Onlinekurs über Papier-Animation an.

Claudia Huboi
@kreisrund.wb
kreisrund-redaktion.de

Arbeitest du mehr digital oder analog?
Diese Frage kann ich leider gar nicht so eindeutig beantworten. Beruflich arbeite ich als Gestalterin sicherlich vorwiegend digital. Wenn ich jedoch Bücher oder Schulmaterialien illustriere, zeichne ich anfangs meistens von Hand auf echtes Papier. Ich weiß nicht genau, ob ich mir das einbilde, aber ich habe das Gefühl, dass wenn eine Zeichnung erst einmal analog ist, sie lebendiger und nicht „so versiegelt“ wirkt. Jedenfalls mag ich beides: Beim analogen Arbeiten gefällt mir das Haptische, „Echte“. Beim digitalen Gestalten mag ich die Vielfalt und Freiheit, die einem die diversen Programme ermöglichen. Und natürlich geht es beruflich leider oft um Schnelligkeit – da liegt das Digitale meist vorne …

Wo verbindet sich in deiner künstlerischen Arbeit Digitales mit Analogem?
Seit ein paar Jahren beschäftige ich mich mit kleinen Animationen, denn ich mag erzählte Geschichten. Jedenfalls habe ich dabei schnell festgestellt, dass es mir sehr gefällt, wenn in einer Animation der haptische, „analoge“ Effekt erhalten bleibt. Und so habe ich mich auf Papier-Animationen bzw. Mixed-Media-Animationen spezialisiert. Es geht also immer wieder um die Schnittstelle analog – digital. Und ich wollte, dass meine analogen Werke in Bewegung kommen.

Papier-Animationen starten immer analog: Entweder bestehen die Figuren aus Papier oder die Kulisse – oder beides. Im nächsten Schritt werden die Einzelteile dann digitalisiert und animiert. Meistens ergänze ich kleine handgezeichnete Elemente, um den Handmade-Effekt zu verstärken. Interessanterweise kombiniere ich auch gerne diverse Animationstechniken: Für die Bewegung der Figuren arbeite ich z. B. gerne Frame by Frame. Die Einzelbilder werden also Bild für Bild (von Hand) gestaltet. Bei komplexeren Geschichten kombiniere ich anschließend die animierten Einzelteile in einem anderen Programm. Das ist sehr viel technischer. Aber dieser zweite Schritt ist gar nicht zwingend notwendig, um Papier in Bewegung zu bringen. Das funktioniert auch wunderbar über einfaches Frame by Frame und kostengünstige Apps. Es muss also gar nicht das „feiste“ Animationsprogramm sein, um bewegte Geschichten zu erzählen. Jedenfalls gefällt mir, wenn nicht alles so smooth und reibungslos wirkt, sondern es darf ruhig ruckeln und wackeln.

Welche Werkzeuge nutzt du am liebsten analog?
Papier, Stifte, selbst geschnitzte Stempel und Stempelfarbe.

Und welches Tool am liebsten digital?
Neben den gängigen Adobe-Programmen am Rechner ist mein iPad mit diversen Apps die Errungenschaft der letzten Jahre. Hiermit kann ich wunderbar digital arbeiten, sodass es sich fast analog anfühlt.

Wo speicherst du deine Ideen?
Da bin ich „Team analog“ – immer. Für meine Ideen gibt es diverse Notizbücher. Bei größeren Projekten, wie z. B. eigenen Büchern, habe ich jeweils ein einzelnes Projektheft. Besonders Spaß macht mir mein kleines Trickfilm-Archiv: Da ich gern winzig-klein arbeite, habe ich eine Streichholzschachtelsammlung angelegt, in der ich viele meiner Trickfilm-Zutaten-Ideen aufbewahre und sortiere …

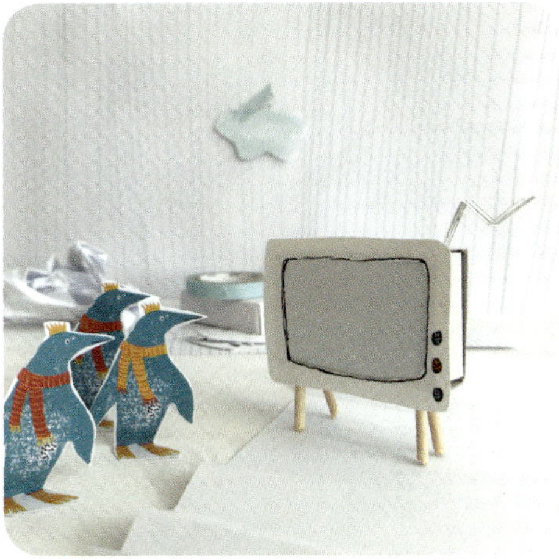

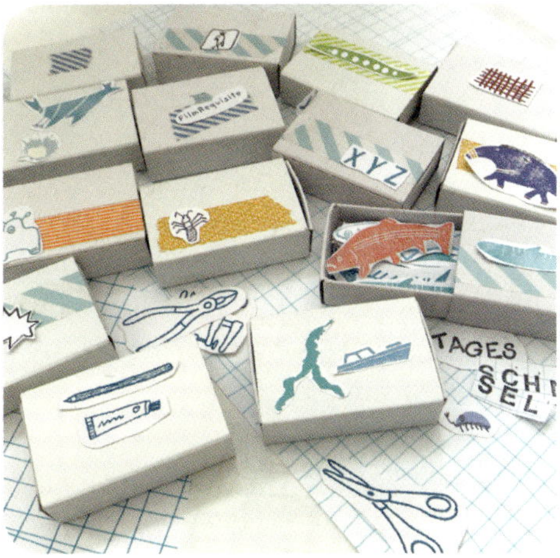

Michaela Müller

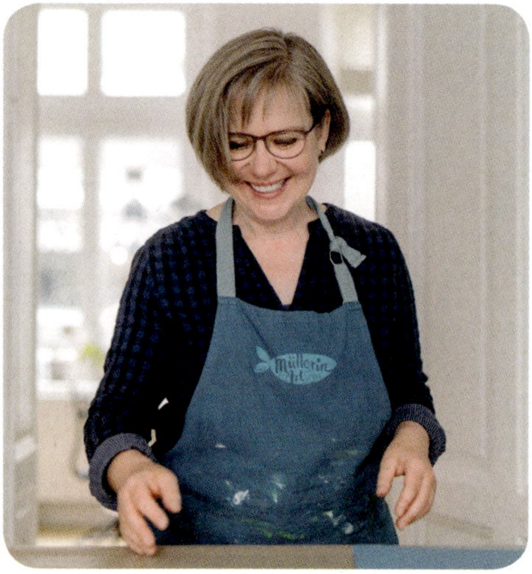

Ok, jetzt bin ich auch noch dran, zum Abschluss noch ein paar Worte über mich. Ich arbeite seit über 25 Jahren freiberuflich als Grafikdesignerin. Die klassischen Designaufgaben sind in den letzten Jahren immer mehr abgelöst worden durch meine freien kreativen Projekte, Bücher und Workshops. Meinen Blog Müllerin Art gibt es seit 2009, mindestens einmal in der Woche zeige ich frische Ideen, Gemustertes, Gefischtes, DIY-Ideen rund um Papier und Stoff, Drucken, Buchbinden und Mail-Art-Aktionen. Seit 2012 gebe ich Workshops rund ums Drucken und Buchbinden, seit 2019 im eigenen Müllerin Art Studio im Zentrum der ehemaligen Papierstadt Bergisch Gladbach vor den Toren Kölns.

Irgendwann zwischendurch bin ich zur Autorin von Kreativbüchern geworden, 2017 erschien im Haupt Verlag *Bunte Bücher*, 2019 *Stoff trifft Papier*, 2020 *Schöne Post*. Dieses hier ist mein viertes Buch. Während des ersten Lockdowns 2020 habe ich in kurzer Zeit Onlinekurse erstellt und viele neue digitale Tools gelernt. Der digitale Raum hat ungeahnte Möglichkeiten eröffnet und plötzlich konnten Teilnehmerinnen aus der Schweiz einfach an einem Nachmittag an meinen Kursen teilnehmen. Trotzdem mag ich den echten Austausch nicht missen und bin froh, wieder vor Ort mit kreativen Menschen zu arbeiten. Auch in den analogen Workshops hüpfe ich immer wieder zwischen analog und digital, plotte die handgeschnittenen Entwürfe der Kursteilnehmerinnen als Schablonen, die sofort auf Papier getestet werden.

Ich bin immer neugierig auf neue Techniken und wollte für dieses Buch eigentlich noch einen 3D-Drucker und einen Lasercutter ausprobieren, aber plötzlich waren die Seiten voll. Ich hoffe, ich kann mit diesem Buch deinen kreativen Akku aufladen, dich mit neuen Impulsen und Inspirationen updaten und dir hoffentlich die Scheu vor der Technik nehmen.

Michaela Müller
@ muellerin_art
muellerin-art-studio.de

100%

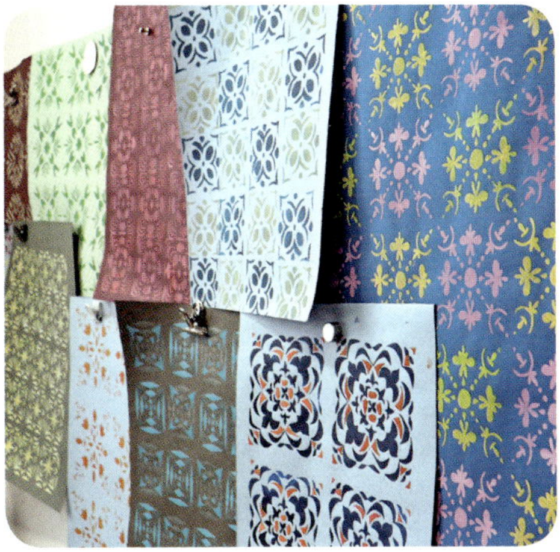

Arbeitest du mehr digital oder analog?
Beides, ich liebe es hin- und herzuspringen, zwischen dem Werktisch und Computerarbeitsplatz. Zeitlich ist die digitale Arbeit wohl etwas mehr, aber ich bemühe mich immer um den analogen Ausgleich.

Wo verbindet sich in deiner künstlerischen Arbeit Digitales mit Analogem?
In diesem Buch und allen Projekten, die ich darin vorstelle. Der Ideen- und Entwurfsprozess geht immer hin und her zwischen Skizzenbuch und App, Plotter und Farbtöpfen. Besonders schön ist es, wenn Menschen, die ich bisher nur virtuell kannte, in echt in meinem Studio auftauchen.

Welche Werkzeuge nutzt du am liebsten analog?
Der Schablonendruck ist meine liebste Technik und dafür brauche ich die Schaumstoffrolle, das Drucken damit hat für mich eine sehr entspannende Wirkung.

Und welches Tool am liebsten digital?
Das wechselt, ich bin sehr neugierig und probiere gerne neue Anwendungen aus. In Adobe InDesign und Illustrator fühle ich mich sehr zu Hause, das iPad und der Plotter haben neue Welten aufgetan.

Wo speicherst du deine Ideen?
In meinen handgebundenen Kalendern und Skizzenbüchern, digitale Notizen verschwinden bei mir und prägen sich nicht so gut ein, da bin ich ganz altmodisch.

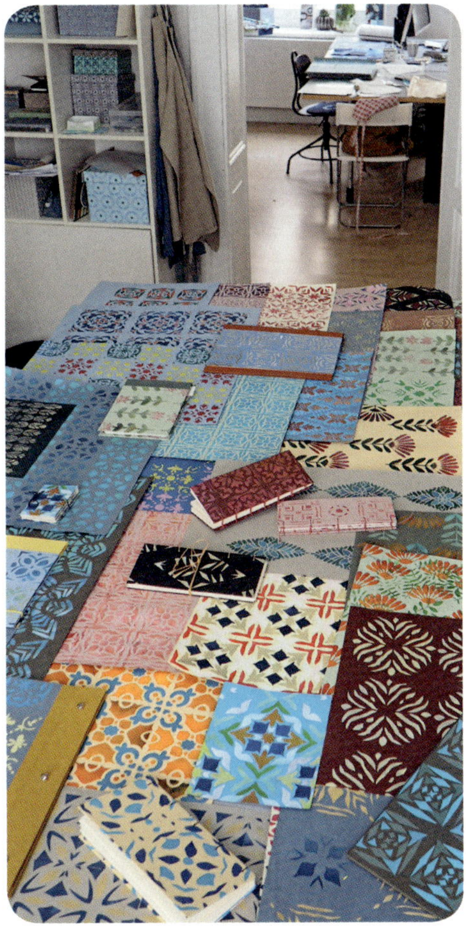

In meinen Workshops entstehen die wunderbarsten Musterpapiere und Bücher.

Literatur

Bunte Bücher
Muster gestalten, Einbände drucken, Bücher binden
Michaela Müller
Haupt Verlag 2017

Stoff trifft Papier
Textile Bücher und andere Verbindungen
Michaela Müller
Haupt Verlag 2019

Schöne Post
Papeterie gestalten, mit Handschrift spielen, Postkunst austauschen
Tabea Heinicker / Michaela Müller
Haupt Verlag 2020

Feste Stoffe
20 starke Nähprojekte
Laura Sinikka Wilhelm
Haupt Verlag 2020

Blaue Wunder
Techniken und Projekte mit Cyanotypie
Marlis Maehrle
Haupt Verlag 2020

Open Print Exchange 2021/22 Catalogue
Katalog der 339 Minidrucke als vergrößerte Abbildungen in hochwertigem Hardcover Buch
openpressproject.com

Bezugsquellen

boesner Versandservice GmbH
Gleiwitzer Straße 2
58454 Witten
www.boesner.com

Johannes GERSTAECKER
Verlag GmbH
Wecostraße 4
53783 Eitorf
www.gerstaecker.de

RPK Robert Paul Kumetat GmbH
Robert-Perthel-Straße 68
50739 Köln-Longerich
www.kumetat-rpk.koeln

Buchbindemeister 24
Tidick Ringbuchtechnik GmbH
Karl-Peters-Straße 5
33605 Bielefeld
www.buchbindermeister24.de

Alle Videos und Downloads findest du über den QR-Code auf der Seite:
muellerin-art-studio.de/schnipsel-und-pixel

Apps + Tools

Professionelle günstige Kreativ-Software:
affinity.serif.com

Kostenlose Vektorsoftware:
inkscape.org

Kostenlose Foto-Software:
gimp.org

Kostenloses Tool zur Umwandlung in Vektordateien:
vectorization.org

Plotter-Software:
hobbyplotter.de/produkte/software/silhouette-studio

Zeichen-App fürs IPad:
Procreate

Animation:
Stop Motion Studio
roughanimator

Links

Vintage Illustrationen:
thegraphicsfairy.com

Animation lernen:
studio-umi.de

Mock ups:
freepik.com

Schlagwortverzeichnis

Impressum

1. Auflage: 2023

ISBN 978-3-258-60253-0

Illustrationen, Fotografie, Gestaltung und Satz:
Michaela Müller, D-Bergisch Gladbach,
www.muellerin-art-studio.de

Fotos und Illustratonen:
S. 39 rawpixel.com/Freepik, S. 48 jcomp/Freepik, S. 42-47 thegraphicsfairy.com,
S. 49 Brigitte Balser, S. 157, 164, 165 Ali Bäcker, S. 159 Rita Wall,
S. 160–161 Open Press Projekt, S. 162–163 Katja Grohe, S. 167 Petra Paffenholz,
S. 168–169 Stefanie von Hösslin, S. 170–171 Claudia Huboi,
Autorinnenfoto S. 172 Kitty Fried

Umschlaggestaltung: Michaela Müller,
unter Verwendung eines Mock-ups, Designed by rawpixel.com / Freepik

Lektorat: Claudia Huboi, D-Köln, www.kreisrund-redaktion.de

FSC
www.fsc.org
MIX
Papier aus verantwortungsvollen Quellen
FSC® C106954

Wir verwenden FSC®-zertifiziertes Papier. FSC® sichert die Nutzung der Wälder gemäß sozialen, ökonomischen und ökologischen Kriterien.
Gedruckt in Slowenien

Diese Publikation ist in der Deutschen Nationalbibliografie verzeichnet.
Mehr Informationen dazu finden Sie unter http://dnb.dnb.de.

Der Haupt Verlag wird vom Bundesamt für Kultur für die Jahre 2021–2024 unterstützt.

Wir verlegen unsere Bücher mit Freude und großem Engagement. Daher freuen wir uns immer über Anregungen zum Programm und schätzen Hinweise auf Fehler im Buch, sollten uns welche unterlaufen sein. Falls Sie regelmäßig Informationen über die aktuellen Titel im Bereich Gestalten erhalten möchten, folgen Sie uns über Social Media oder bleiben Sie via Newsletter auf dem neuesten Stand.

www.haupt.ch